図説 建築設備

村川三郎 監修　芳村惠司・宇野朋子 編著

田邊陽一・永村一雄・ファーナム・クレイグ
近本智行・李　明香・坂本和彦・中野幸夫・安藤康司 著

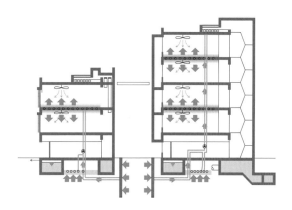

学芸出版社

まえがき

　本書は、大学、工業高等専門学校などで建築学を専攻する学生諸君を対象とした教科書として書かれたものであるが、内容的には、国家資格である一級建築士の受験を目指す参考書としても、その目的を十分果たせるように編纂している。

　近年の建築設備の複雑化、高度化は著しい。建築物において、従来から建築設備に求められてきた機能である安全性、快適性、衛生性、利便性などを満たす設備要素について、機械設備を例に挙げるなら、それぞれ防災設備、空気調和設備、給排水衛生設備、搬送設備などが主な設備として役割を担ってきている。これらの各設備の計画設計に当たっては、当然対象とする建築物に対して特長を活かした最適化が求められることはいうまでもないが、今日ではこれらの設備要素を総合化し、外部へ及ぼす負荷を最小化する環境性、さらには経済性（採算性）などが計画設計条件として要求されてきている。地球温暖化現象への危惧、資源の枯渇問題を考えるなら、省エネルギー・省資源化を図り、環境負荷の低減を求めるサステイナブルな建築の構築を進める上で、その主体となる建築設備が占める位置は重要である。

　また、建築設備の品質確保と維持管理保全は、信頼性、運転コストの削減に大きな影響を及ぼす。したがって、建築設備の計画設計・施工に係わる技術者だけでなく、建築計画設計、建築構造設計および施工に携わる人々も、建築設備に関する基礎知識の取得は必須である。低炭素社会に向けたサステイナブルな建築の普及を図っていくためには、意匠設計を含めた四者による協同が、建築の企画・計画設計の段階から求められる。

　本書では、学生諸君の教科書として、建築の意匠・計画・構造・設備といった分野に限定せずに、建築学を学ぶ初学者が容易に理解できるように図表を多用し、平易に解説するように努めた。また、サステイナブルな建築に向けた建築設備の役割、特に環境負荷低減のための省エネルギー・省資源化の動向、考慮すべき計画設計についてページを割いた。さらに、建築学専攻では疎遠となりがちな電気設備、搬送設備について、類似の書には見られない内容を多く盛り込み、建築設備全体として最適な計画設計が指向できるようにした。

　本書が、建築を学ぶ学生諸君および実務に携わる人びとにとって、きっと有用なものになることを願ってやまない。

2016年7月
村川三郎
広島大学名誉教授

目次

まえがき 3

1章　建築設備と環境・エネルギー

1・1　建築設備 8
1　建築設備とその役割　8
2　建築設備の変遷　9

1・2　建築の環境負荷 11

1・3　建築と環境共生 12

1・4　エネルギーの消費 13
1　世界のエネルギー消費　13
2　日本のエネルギー消費　13
3　化石エネルギーと非化石エネルギー　14

1・5　建築における省エネルギー 14

1・6　再生可能エネルギーの利用 16
演習問題／解説　17

2章　空気調和設備

2・1　空気調和設備の基礎知識 20
1　建物内の空気環境　20
2　空気調和の目的　20
3　熱的快適性　20
4　ゾーニング　22
5　熱の流れとエネルギーの変換　22
6　成績係数（COP）　23
7　通年エネルギー消費効率（APF）　23
8　熱負荷計算　24
9　湿り空気線図　28

2・2　空気調和システム 32
1　空気調和システムの概要　32
2　空気調和方式　32
3　空調設備方式の構成　33

2・3　熱源方式 36
1　熱源の種類　36
2　ボイラー　37
3　冷凍機　39
4　冷却塔（クーリングタワー）　45
5　蓄熱　45

2・4　空気調和装置 46
1　ファンコイルユニット（FCU）　46
2　インダクションユニット方式　47
3　空調機（エアハンドリングユニット）　47
4　全熱交換器　47
5　送風機（ファン）　48
6　ポンプ　49

2・5　空気搬送系 50
1　構成と種類　50
2　ダクト系の設計　53

2・6　空調配管系 57
1　構成と種類　57
2　空調配管系の設計　58

2・7　換気設備 59
1　目的　59
2　換気方式　60
3　必要換気量の決定　61

2・8　自動制御設備 62
1　空調制御の方式　62
2　空調の自動制御　63

2・9　空調設備の省エネルギー 64
演習問題／解説　67

3章　給排水衛生設備

3・1　給排水衛生設備の基礎知識 70
1　役割と構成　70
2　水道施設・水道水の水質　71
3　下水道施設・下水道水の水質　72

3・2　給水設備 72
1　給水方式　72
2　使用水量・給水圧力　74
3　給水ポンプ・水槽　76
4　給水設備の設計　77
5　配管材料　79
6　上水の汚染防止　80

3・3　給湯設備 82
1　給湯方式　82
2　給湯負荷算定要因と原単位　83
3　給湯機器と配管材料　84
4　負荷算定例　86

3・4 排水・通気設備 ……………………………87
    1　排水方式　87
    2　トラップと通気管　88
    3　排水配管方式　90
    4　通気方式　91
    5　排水通気設備の機器と配管材料　92
    6　管径の決定　92
    7　雨水排水と敷地排水　93

3・5 衛生器具設備 ………………………………96
    1　衛生器具　96
    2　設置計画　98

3・6 排水処理・雨水利用設備 …………………98
    1　排水処理方法　98
    2　浄化槽の容量算定　100
    3　雨水・排水再利用設備　101

3・7 ガス設備 ……………………………………102
    1　ガスの種別　102
    2　供給方式　103
    3　ガス機器　103
    4　ガス配管　104

    演習問題／解説　105

4章　電気設備

4・1 電気設備の基礎知識 ………………………108
    1　概要　108
    2　電力供給の安定性　108
    3　電気に関する用語　108
    4　電気関連法規　111

4・2 受変電設備 …………………………………112
    1　概要　112
    2　受電方式　114
    3　受電設備の構成　115
    4　電気方式　116
    5　系統連系設備　116

4・3 予備電源設備 ………………………………117
    1　概要　117
    2　自家発電設備　118
    3　蓄電池設備　119

4・4 幹線設備 ……………………………………120
    1　概要　120
    2　配線方式　120
    3　電線の選定　120

4・5 分岐回路 ……………………………………122
    1　概要　122
    2　配線工事　122

4・6 動力設備 ……………………………………124
    1　概要　124
    2　電動機　124
    3　動力設備計画　125

4・7 照明設備 ……………………………………125
    1　概要　125
    2　照明器具の種類と特徴　126
    3　照明計算　129
    4　照明計画　129
    5　照明器具の選定　131

4・8 コンセント設備 ……………………………131
    1　概要　131
    2　コンセント設備計画　131
    3　コンセント方式　132

4・9 情報通信設備 ………………………………133
    1　概要　133
    2　種類　133

4・10 雷保護設備 …………………………………136
    1　概要　136
    2　雷保護設備が必要な建物　136
    3　雷保護システム　136

4・11 接地設備 ……………………………………137
    1　概要　137
    2　接地工事の種別　137
    3　接地抵抗　138
    4　接地極(接地電極)　138

    演習問題／解説　139

5章　搬送設備

5・1 エレベーター設備 …………………………142
    1　歴史　142
    2　構造　142
    3　用途　144
    4　エレベーターの計画　145
    5　管制運転　146
    6　非常用エレベーター　148
    7　計画時に配慮すること　150

5・2 エスカレーター設備 ………………………152
    1　一般式エスカレーター　152

  2 動く歩道 154

  演習問題／解説 155

6章 防災設備

6・1 消防用設備 …………………………158
  1 役割と構成 158
  2 予備電源設備 158

6・2 自動火災報知設備 …………………159
  1 役割と構成 159
  2 感知器 159
  3 発信機 159
  4 受信機 160
  5 地区音響装置 160
  6 中継器 161
  7 警戒区域 161

6・3 誘導灯設備 …………………………161
  1 役割と構成 161
  2 種類 161

6・4 非常用照明設備 ……………………162
  1 役割と構成 162
  2 設置基準 163

6・5 非常警報設備 ………………………164
  1 役割と構成 164
  2 種類 164

6・6 ガス漏れ警報設備 …………………164
  1 役割と構成 164
  2 種類 164

6・7 消火栓設備 …………………………165
  1 屋内消火栓設備 165
  2 屋外消火栓設備 166

6・8 スプリンクラー設備 ………………166
  1 役割と構成 166
  2 設置基準 167

6・9 その他の消火設備 …………………168
  1 連結送水管設備 168
  2 連結散水設備 168
  3 水噴霧消火設備 168
  4 泡消火設備 168
  5 二酸化炭素消火設備 169
  6 イナートガス消火設備 169
  7 粉末消火設備 170

6・10 排煙設備 ……………………………170
  1 目的と機能 170
  2 設置基準 171
  3 自然排煙方式 171
  4 機械排煙方式 171
  5 防煙区画 172
  6 加圧給気防煙方式 172

  演習問題／解説 173

7章 設備関連技術

7・1 設備の実際と今後 …………………176
  1 建築と設備の接点 176
  2 電気室における配慮 176
  3 機械室における配慮 177
  4 設備用スペース 177
  5 屋外に配置する機器 177

7・2 設備計画と建築構造 ………………177
  1 設備荷重 177
  2 構造体の貫通 177
  3 建築設備の耐震 178

7・3 建築設備の品質と保全 ……………180
  1 建築設備の評価 180
  2 主な評価対象項目 182
  3 建築設備の維持保全 183
  4 品質管理 184

7・4 エネルギー政策と今後の動向 ……187
  1 建築物省エネ法 187
  2 新しいエネルギーの動向 189
  3 ESCO事業 191
  4 ZEB、ZEHへの展望 192

  演習問題／解説 194

付録 196
索引 197
参考・引用文献 200

01

建築設備と環境・
エネルギー

1・1　建築設備

1　建築設備とその役割

建築基準法第1条では、「建築物の敷地、構造、設備及び用途に関する最低の基準を定めて、国民の生命、健康及び財産の保護を図り、もって公共の福祉の増進に資すること」と示されている。建築基準法において、建築設備は、「建築物に設ける電気、ガス、給水、排水、換気、暖房、冷房、消火、排煙若しくは汚物処理の設備又は煙突、昇降機若しくは避雷針をいう」と定義されており、非常に多岐にわたっている。建築設備は、空気調和設備、給排水衛生設備、電気設備、搬送設備に分類することができる。図1・1に給排水衛生設備、図1・2に空気調和設備、図1・3に電気設備、図1・4にオフィスの設備の事例を示す。

建築設備に求められるものとしては、安全・安心・健康はもちろんのこと、快適性・利便性・機能性・信頼性・経済性・生産性、継続性さらに地球や都市の環境の視点から省資源、省エネルギー、低炭素化、環境共生など多種多様である。

現在使われている建築設備は、ほとんどのものが20世紀に入って実用化されたものであり、我が国では第二次世界大戦後に導入されたものが主になっている。

建築設備は、建築分野のなかで最も技術的な進歩が速い。しかし従来は、これらの技術は資源を多く使用し、さらにエネルギーを多く消費することでなりたち、

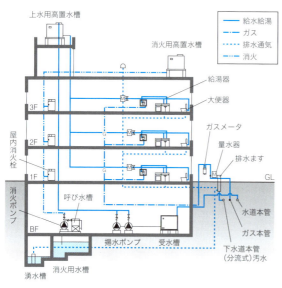

図1・1　給排水衛生設備の事例

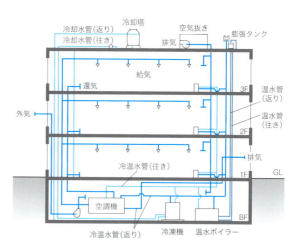

図1・2　空気調和設備の事例

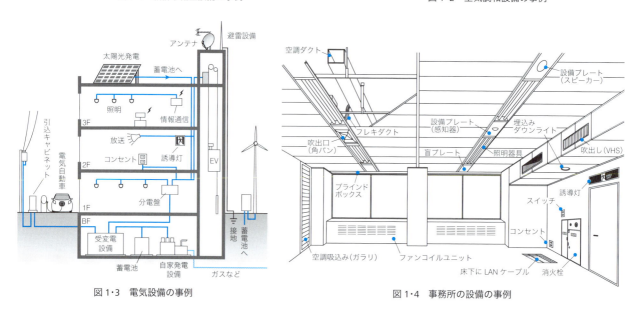

図1・3　電気設備の事例　　　　　　　　　図1・4　事務所の設備の事例

地球温暖化の大きな要因ともいわれている。さらに水質の汚濁や大気の汚染にも影響を与えている。このため社会から省資源、省エネルギー、低炭素にも一層の配慮が求められ、多大な責務がある。

また社会が複雑化するなかで、建築物の用途も多様化し、技術が高度化するのに応じて、建築設備で扱う領域が大きく広がってきている。建築設備を学ぶには、環境工学、電気工学、機械工学、化学工学等の幅広い工学的な知見が必要になる。さらに建築設備は、それぞれの分野が単独で存在することはなく、相互に緊密に関連している。建築物を身体に例えれば、建築設備は神経であり、建築物が機能を発揮するために必要不可欠なものである。さらには建築計画、建築構造などの建築の他分野とも関連し、お互いに密接につながっている。

近年の社会的要望である二酸化炭素の低減のためには、エネルギーや資源の使用量を減らさなければならない。完成後の建物の維持管理には、多くのエネルギーや資源が使われ、維持管理の方法によってエネルギーや資源の使用量が変わり、さらに設備の耐用年数やランニングコストなどにも大きく影響する。建築設備の維持管理は、ハードウェアはもちろんのこと、ソフトウェアが非常に重要であるといわれる理由である。さらに建築設備はきわめて多くの部品によって構成されており、一つの部品不良がシステム全体の機能障害を起こすこともあり、維持管理の重要性が出てくる。

2　建築設備の変遷

(1) 建築設備の始まり

原始時代においては、人類は雨露などの厳しい自然環境や外敵から身を守るため、天然の洞窟を利用したり横穴を掘ったり、木の枝や草などを用いた簡単な屋根を利用していた。これが建築物の原型である。また火を起こして食物の加工をしたり、冬場に暖をとるようになり、生活のなかで火の活用がなされるようになった。これが建築設備の始まりといえる。

狩猟生活から農耕生活に変わる頃には、定住生活が行われ、集落の形成が始まり、竪穴式住居を建てるようになった。竪穴式住居では図1・5の佐賀県の吉野ヶ里遺跡に見られるように、断熱性能のある屋根や地中熱（地盤の熱容量）の利用などにより、室内環境の改善が行われている。遺跡には火を焚いたかまどの跡が残されており、調理や暖炉として利用されていたことがうかがえる。

(2) 近代の建築設備の始まり

チグリス・ユーフラテス、インダス、黄河、ナイル河の流域には古代文明が栄え、図1・6のような古代都市が建設された。これらの都市には都市計画がなされ、神殿や宮殿などの建物とともに多くの住居が建てられた。そこでは水洗便所・大浴場・下水処理場・各種の炊事室など、生活に必要な部屋と建築設備が設けられ、現代にも劣らない建築設備の痕跡が見られる例もある。

文明の発達に伴い、地域の自然や建築材料および生活様式、固有技術、政治、経済構造などの影響も受けながら、各地域の文化の象徴として建築様式や上水設備などの建築設備が発展し、建物が建てられていった。

近代になると、建築はデザインと構造が一体となり、発達し、環境分野でも、採光や通風など、自然環境を巧みに利用して光や温度・湿度を調整する技術が進んだ。今日見られる多様な歴史的建築様式は、これらが結晶化したものである。しかし本格的な建築設備の導

図1・5　吉野ヶ里遺跡の竪穴式住居　(提供：海の中道海浜公園事務所)

図1・6　モヘンジョダロ遺構の下水道遺跡　(提供：上杉彰紀)

人には至らなかった。

その後、産業革命を経て、建築にも多くの技術が取り入れられた。建築設備においても、電気、給排水、空気調和、エレベーターなどの設備システムが構築され、また新しい技術が登場し、現代の建築設備の基礎が築かれた。

(3) 現代の建築設備の発展

我が国では、現在の建築設備は、第二次世界大戦後に開発や提案されたものが多く、主に高度成長期初期の1960年以降に本格的に採用されてきた。

高度成長期は住宅、事務所などの用途で量的充実が求められ、エネルギー・資源の多消費型の建物が多く建設された。しかし、都市部への人口集中、生産や経済活動の拡大によって多くの問題や課題を残した。

二度のオイルショックでエネルギー・資源問題や水不足が深刻化した。また地下水のくみ上げによる地盤沈下が起こり、さらに大気汚染や水質汚濁などの公害問題が深刻になってきた。これらの状況を踏まえ、さまざまな法律が制定され、規制が行われるようになった。例えば1967年の公害対策基本法、1968年の大気汚染防止法および騒音規制法、さらに1976年の振動規制法の公布である。

建築設備の分野では、環境関連のさまざまな技術開発がなされた。まず、建築設備の熱源において、使用されるエネルギーが重油から灯油・ガス・電気へと変換されていった。また地域冷房設備が提案され、実施された。この頃に、冷却水を使用しない空気熱源のヒートポンプ方式が実用化され、多くの建物で採用されるようになった。

(4) 省エネルギーへの動き

エネルギーや資源不足に対応して、設備設計基準の見直しや省エネルギー機器の開発と実用化がなされた。またこれらの状況を踏まえ法的規制も行われるようになった。

1) 法的規制の動き

省エネルギーに関する法律としては、1979年に「エネルギー使用の合理化に関する法律」(省エネ法) が成立した。その後に省エネ法の改正は何回か行われ、2013年の改正では建物などの断熱性能や設備性能の向上を総合的に評価することとなり「一次エネルギー消費量」を指標として、建物全体の省エネルギー性能を評価することになった。全国を8地区に区分して室用途や床面積に応じて計算して評価する。この省エネ法の改正を受け、2015年に制定された建築物省エネ法では省エネ法の基準に適合することが求められ、建築確認申請の手続きに連動することになった ▶ p.187。

2) 建築設備の省エネ化

日本の産業構造が、高度成長を担った重工業型から、精密工業に比重が移るとともに、多様化してきた。LSIの生産やクリーンルームなどに対する施設の需要が増してきた。そこで建築設備においても、新たな技術開発が求められるようになった。

また、生産性の向上や人手不足のためFA[*1]やOA[*2]が導入され、国際化や情報化が進み、さらに24時間快適な室内環境を提供することが求められるようになってきた。このように、建築設備で対処する範囲がさらに広がってきた。

建物内に関しては、室内環境とエネルギー消費のバランスが注目されるようになった。少ないエネルギーで快適な室内環境の実現を可能にする空気調和システムや設備機器の開発がなされた。空気調和システムでは、個別の要求に対応できるパーソナル空調が採用されることとなった。空調機器ではヒートポンプ機器の採用などがあり、電気設備ではインバータ技術の活用やLED照明の導入がある。また複合設備を活用したコジェネレーションシステム(熱電併給システム)の導入など多くの省エネルギー技術が提案され、採用されてきている。

最近は、情報システムや情報機器が発達し、建築設備も大きく影響を受けている。建築の計画・設計段階では図面のCAD化や空調設備での熱負荷計算・室内気流の予測計算などに活用されている。多くの設備機器ではパーソナルコンピュータやマイクロコンピュータが搭載され、その制御などに使われている。また、設備システムや設備機器の効率的な省エネルギー運転を可能にするビルエネルギー管理システム(BEMS[*3])が開発された(図1・7)。BEMSは、ビル管理おけるスケジュール・運転管理、エネルギー管理、ビル・設備管理

[*1] FA：Factory Automation

[*2] OA：Office Automation

支援さらには設備診断などにも活用されている。すなわち中央監視機能が受動から能動へ変わり、非常に高度化された。

(5) 地球環境時代の建築設備

近年、地球温暖化によって異常気象の多発や海面上昇などさまざまな問題が起きている。二酸化炭素やフロンなどの温暖化効果ガスの低減が世界的な課題となり、1992年、大気中の温室効果ガスの濃度を安定化させることを究極の目標とする「国連気候変動枠組条約」が採択され、同条約にもとづき、国連気候変動枠組条約締約国会議（COP）が1995年から毎年開催されている。1997年のCOP3において京都議定書が締結され、先進国を中心とした取り組みが合意された。温室効果ガスの削減量を目標とした京都議定書の第一約束期間（2008～2012年：我が国は原則1990年比6%削減を達成）および第二約束期間（2012～2020年：我が国は不参加）以降の新たな枠組みについては、2015年末のCOP21で「パリ協定」として採択された。これは、途上国など京都議定書で不参加であった国もすべて参加するものである。ここで我が国は、温室効果ガス排出量を2030年度までに2013年度比26%の削減を表明している。

年々増加している二酸化炭素濃度の増加を見るなら、地球規模ですべての国を巻き込んだ温室効果ガスの削減対策を進めることは急務である。

我が国における国内対策としては、総排出量の35%を超える建築関連分野、そのなかでも建物の運用に多大なエネルギーを消費する建築設備における対策が強く求められる（図1・8）。前述したように、住宅およびその他建築物におけるエネルギー管理システム（BEMS、HEMS[*4]）や再生可能エネルギーの導入、さらなる省エネ機器類の開発によって、高効率な運用が必要であり、建築設備の果たすべき責務は大きい。

1・2 建築の環境負荷

建物内部を快適な空間として利用するためには、照明、空調、給排水衛生、給湯、昇降機などの建築設備を適正に稼働させることが必要であり、そこでは多くのエネルギーが消費されている。建築物で消費されるエネルギーの総量は、我が国の全エネルギー消費量の約1/3であり（図1・9）、特に電力消費に限れば、建築物で消費される電力は我が国の全電力消費量の約7割を占めているため（図1・10）、建築物関連のエネルギー

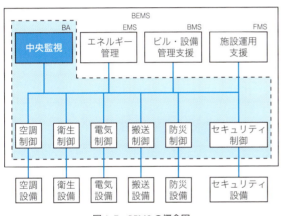

図1・7 BEMSの概念図

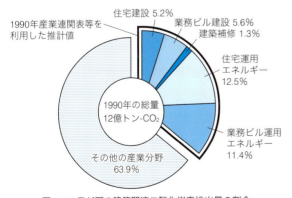

図1・8 我が国の建築関連二酸化炭素排出量の割合
(出典：日本建築学会編「建物のLCA指針」2006年)

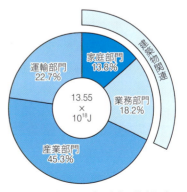

図1・9 我が国の最終エネルギー消費の構成比（2015年度）
(出典：資源エネルギー庁「エネルギー白書2017」)

[*3] BEMS：Building Energy Management System

[*4] HEMS：Home Energy Management System

消費は大きな環境負荷であり、地球温暖化やヒートアイランド現象の一因ともなっている。そのため、建築設備設計においては、省エネルギーや負荷平準化への配慮が強く求められる。

エネルギー消費の主な内訳は、業務用ビルの場合、動力・照明42％、冷暖房29％、給湯14％、厨房6％となり、照明と空調関係の占める割合が高い（図1・11）。一方、住宅の場合は、動力・照明37％、冷暖房25％、給湯29％、厨房9％となる。住宅では、平均的には冷房が低く、暖房が高くなるが、地域的には差異が生じる。また、給湯の占める割合が高くなる。したがって、建築物の省エネルギー対策としては、照明、空調、給湯設備関係の設計に、特に配慮が必要となる（図1・12）。

エネルギー消費以外の建築起因の環境負荷としては、水利用や建設資材・廃棄物、騒音、振動、日照阻害、光害、ビル風などが考えられる。建物の建設や設備の製造から、廃棄に至る建物の寿命のなかで、建築によって環境にさまざまな負荷が発生しており、これらの環境負荷を、全寿命期間を通じてトータルに把握、評価するライフサイクルアセスメント（LCA）▶p.182 という捉え方が重要になっている。

LCAのなかでも、地球温暖化問題に焦点をあて、温暖化ガスの代表である二酸化炭素がどれくらい排出されるかを建物の寿命期間にわたって評価するのが、ライフサイクルCO_2（$LCCO_2$）▶p.183 である。

建築関連の二酸化炭素排出量は、全体の約1/3を占めており、地球温暖化対策の上でも、建築物の環境負荷削減は重要である。

また、その内訳では、住宅・建築物の運用に係るエネルギーが、建設や改修、廃棄に比べて圧倒的に大きく、空調・照明など設備関係から排出される二酸化炭素の削減が重要となる（図1・8）。

図1・10　我が国の電力消費量（2013年度）
（出典：資源エネルギー庁「エネルギー白書2017」）

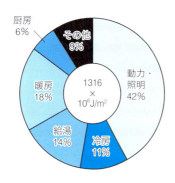

図1・11　業務用ビルのエネルギー消費割合（2015年）
（出典：資源エネルギー庁「エネルギー白書2017」）

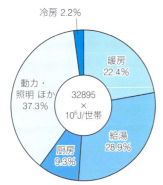

図1・12　住宅におけるエネルギー消費割合（2015年度）
（出典：資源エネルギー庁「エネルギー白書2017」）

1・3　建築と環境共生

建築物は、環境に大きな負荷を与えており、なかでも地球温暖化や省エネルギー、省資源などには、大きな配慮が必要である。社会が持続可能（サステイナブル）であるためには、地球環境や周辺環境に配慮し、省資源・リサイクルに配慮して環境と共生していくことが求められる。

建築物の環境配慮技術は、大別すると、高断熱・高気密化や屋上緑化、壁面緑化、光ダクト▶p.130 などのように、自然エネルギーをそのまま活用し機械的な設備を使わないパッシブ的な手法と、LED照明や人感センサー、全熱交換器、VAV（変風量方式）▶p.34、VWV（変流量方式）▶p.14、二酸化炭素制御、アモルファストランス、コジェネレーション▶p.44、高効率チラー、デシカント空調、BEMS、HEMSなど高効率な設備機器や制御機器を導入し、もしくは太陽光発電、燃料電池、

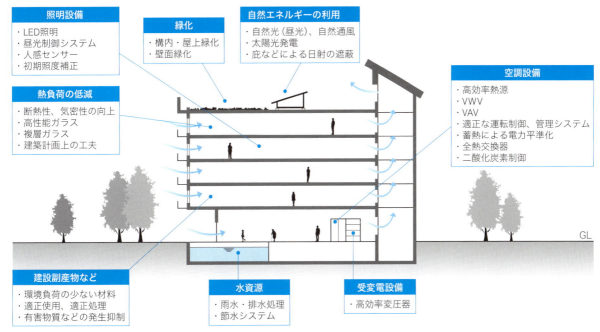

図 1・13　建築物の環境配慮技術の例

氷蓄熱など、新エネルギー・未利用エネルギーを活用するアクティブな手法がある。建築物の環境配慮技術の例を、図 1・13 に示す。環境と共生するためには、機械的な設備を一切使わないパッシブな技術のみで対応することが理想のようにも考えられるが、パッシブな技術は外気の影響を受けて不安定であり、快適な室内温度環境を安定かつ経済的に実現するためには、高効率な設備機器を組み合わせて省エネルギー化を図ることが合理的である。

2014 年 4 月に閣議決定された新しい「エネルギー基本計画」では、2020 年までに、新築公共建築物や標準的な新築住宅で ZEB[*5]（ネット・ゼロ・エネルギー・ビル：年間の一次エネルギー消費量が正味でゼロになるビル）や ZEH[*6]（ネット・ゼロ・エネルギー・ハウス）の実現を目指すとされている▶p.192。

1・4　エネルギーの消費

1　世界のエネルギー消費

世界のエネルギー消費は、経済成長と共に増加を続

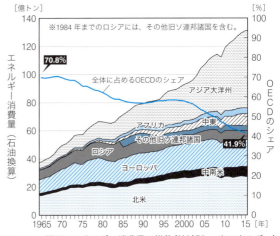

図 1・14　世界のエネルギー消費量の推移（地域別、一次エネルギー）
（出典：資源エネルギー庁「エネルギー白書2017」）

けており、2013 年には、石油換算で 127 億トンに達している。その伸び率は、先進国では低く、開発途上国では高く、特に経済成長の著しいアジア大洋州地域が増大している（図 1・14）。そのなかで、建築関連のエネルギー需要は約 1/3 を占めている。

2　日本のエネルギー消費

我が国のエネルギー消費は、1970 年代までの高度成長期には、国内総生産（GDP）よりも高い伸び率で増

[*5] ZEB：Net Zero Energy Building　一般にゼブと呼ばれる。
[*6] ZEH：Net Zero Energy House　一般にゼッチと呼ばれる。

加していたが、二度にわたるオイルショックを契機に産業部門において省エネルギー化が進んだ。一方、建築関連のエネルギー消費は、業務用ビル部門、家庭部門とも増大を続けており、現在では、全体のエネルギー消費量の約 1/3 を占めるに至っており、建築設備の省エネ化や建築物の高気密・高断熱化が急務となっている（図 1・15）。

3 化石エネルギーと非化石エネルギー

我が国は、消費する一次エネルギー量のうち、石油や石炭、天然ガスなどの化石エネルギーへの依存度が 9 割であり、原子力や風力、太陽光などを積極的に導入しているフランスやドイツに比べると化石エネルギーへの依存度が高く、しかもそのほとんどを輸入に頼っている（図 1・16）。

一次エネルギー消費の約 1/3 を占める建築関係においても、今後、省エネルギー化と共に、再生可能エネルギーの導入を図ることも重要である。

1・5 建築における省エネルギー

建築物のエネルギー消費量について、事務所ビルに着目するなら、業務用ビル全体に比べると、空調関係の占める割合が大きくなり、給湯の割合はかなり低くなる（図 1・17）。

空調関係の省エネ手法としては、最も大きなエネルギーを消費している空調熱源機に高効率な機種を選定することが重要である。また、次に大きなエネルギーを消費している冷温水や空気の搬送動力を低減する必要があり、このために、冷温水ポンプの送水量をインバータによって必要最小量に制御する VWV や、空調

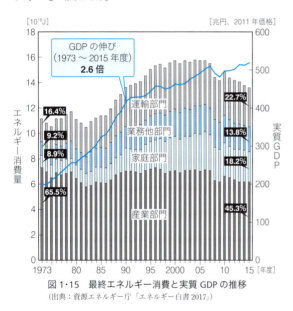

図 1・15　最終エネルギー消費と実質 GDP の推移
（出典：資源エネルギー庁「エネルギー白書 2017」）

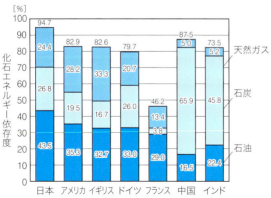

注：化石エネルギー依存度[%]=（一次エネルギー供給のうち原油・石油製品、石炭、天然ガスの供給）/（一次エネルギー供給）×100

図 1・16　主要国の IEA ベースの化石エネルギー依存（2014 年）
（出典：資源エネルギー庁「エネルギー白書 2017」）

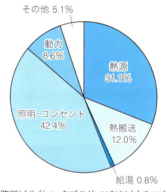

図 1・17　事務所ビル（レンタブル比 60% 以上）のエネルギー消費
（出典：（一財）省エネルギーセンター HP）

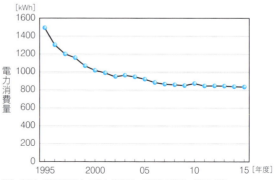

注）冷房・暖房期間中の電力消費量。冷暖房兼用・壁掛け型・冷房能力 2.8kW クラス・省エネルギー型の代表機種の単純平均値。

図 1・18　エアコンの改善例（出典：資源エネルギー庁「エネルギー白書 2017」）

送風機の送風量をインバータによって負荷に応じた必要最小量に制御するVAVの導入、外気取入量を必要最小量に絞る二酸化炭素制御の導入、換気の際の熱損失を小さくする全熱交換器▶p.47の採用なども効果的な省エネ手法である。

照明設備の省エネでは、エネルギー消費の少ないLED照明▶p.127の採用や、照度を必要最小限に絞る調光制御、無人のエリアを消灯する人感センサーの採用などの手法が効果的である。また、室全体を均一に明るくするのではなく、天井・壁・床など作業者の周辺（アンビエント）の必要最小限の照度を確保しつつ、照らすべき対象物（タスク）の近傍から専用の照明を組み合わせ、必要な所へ必要量の光を効率的に照射して省エネを図るタスク・アンビエント照明▶p.129も効果的である。

空調熱源機の省エネルギー性能は大きく向上しており、例えばエアコンでは、期間消費電力量が20年間で約4割も減少している（図1・18）。

建物自体の断熱性能や気密性能を向上させることも、空調熱負荷の低減につながるため重要であり、躯体の

新しいエネルギー

これまでエネルギー源の大部分は、石油・石炭・天然ガスなどの化石燃料が占めてきた。それらが枯渇することが心配されるなか、新しいエネルギーが期待されている。「エネルギー白書2015」によると、次のように分類されている。

- **再生可能エネルギー＝化石燃料以外のエネルギー源のうち、永続的に利用することができるもの。**
 代表例として、太陽光、風力、水力、地熱、バイオマスなどがある。
- **新エネルギー＝化石油代替エネルギーのうち経済性における制約から普及が十分でないもの。**
 「新エネルギー利用等の促進に関する特別措置法」施行令により、以下のとおり特定している。
 ①バイオマス燃料製造、②バイオマス熱利用、③太陽熱利用、④海水・河川水等熱利用、⑤雪氷熱利用、⑥バイオマス発電、⑦地熱発電（アンモニア等利用に限る）、⑧風力発電、⑨小水力発電、⑩太陽光発電。
- **未利用エネルギー＝今まで利用されていなかったエネルギーのこと。**
 代表例として、①生活排水や地中、下水、下水処理水の熱、②清掃工場の排熱、③変電所の排熱、④河川水・海水・地下水の熱、⑤工場排熱、⑥地下鉄や地下街の冷暖房排熱、⑦雪氷熱などがある。

上記以外に「エネルギーの高度利用」として、①クリーンエネルギー自動車、②燃料電池、③ヒートポンプ、④コジェネレーション、⑤廃棄物エネルギーを分類している。

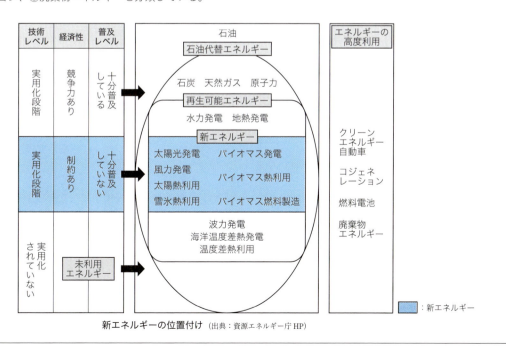

新エネルギーの位置付け（出典：資源エネルギー庁HP）

断熱強化やペアガラスの採用などが効果的である。

　熱需要のある施設では、ガスを使って発電すると同時に、その排熱を給湯や空調に利用して総合的なエネルギー効率を高めるコジェネレーションなどの手法が導入される場合もある。

1・6　再生可能エネルギーの利用

　建築物のZEB、ZEH化を目指すには、建築設備機器・システムの高効率化や建物の高気密・高断熱化によって省エネルギーをいくら進めても建物内で使用するエネルギーをゼロにすることは不可能なため、再生可能エネルギーの導入によって創エネを図り、建物で発生させたエネルギーと相殺することでゼロにする必要がある。

　再生可能エネルギーには、太陽光発電、太陽熱利用、バイオマス発電、地中熱利用、風力発電などがあるが、建築物に直接導入されるのは、もっぱら太陽光発電、太陽熱利用である。

　太陽光発電は、太陽の光エネルギーを太陽電池（半導体素子）によって直接電気に変換する発電方法で、稼動部分がないため維持管理が容易であり、我が国における導入量は近年着実に伸びている。特に2009年の太陽光発電の余剰電力買取制度の開始、2012年の再生可能エネルギーの固定価格買取制度の導入により、飛躍的に伸びた（図1・19）。しかし、天候による発電量の変動が著しいため、電力会社の受け入れに課題が生じている地域もある。

　建築物に太陽光発電を設置するのは、通常、屋上部分となるが、設置にあたっては、十分な耐荷重性能が必要であり、加えて、耐風性や防水性に与える影響などを十分に考慮する必要がある。

　太陽熱利用は、太陽熱を集めて温水をつくる太陽熱温水器や、給湯に加え暖房や冷房までできる高性能なソーラー吸収式冷温水発生機による利用手法もある。太陽熱温水器は、エネルギー変換効率は高いが、給湯利用時間帯と採熱時刻が異なるため貯湯設備が必要で、採熱量が不十分な時期に備え、予備のボイラーも必要である。太陽光発電ほど、その利用が急速に伸びているわけではない（図1・20）。

　その他の未利用エネルギーの導入では、地中熱利用や河川水熱利用なども、一部で導入されている（図1・21）。

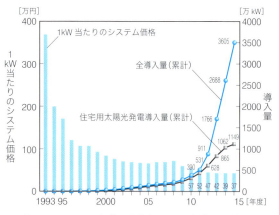

図1・19　システム価格と太陽光発電の国内導入量の推移
（出典：資源エネルギー庁「エネルギー白書2017」）

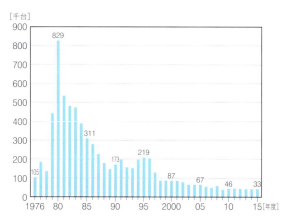

図1・20　太陽熱温水器（ソーラーシステムを含む）の導入実績
（出典：資源エネルギー庁「エネルギー白書2017」）

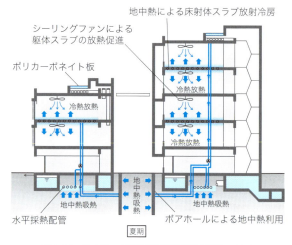

図1・21　地中熱・太陽熱利用躯体蓄熱空調システム
（出典：立命館大学トリシア）

演習問題

問1 環境・設備に関する次の記述のうち、最も不適当なものはどれか。

1. 建築物の総合環境性能評価システムとして、日本ではPAL*があり、他国でのBREEAM、LEEDに相当する。
2. 建築・設備の省エネルギー計画の基本は、第一に建築的手法により熱負荷の軽減や自然を活用すること、第二に性能の高い設備を構築し、適正に運転・管理することである。
3. LCA（ライフサイクルアセスメント）は、建物の生涯を通しての環境側面および潜在的環境影響を評価するものであり、環境影響の領域として、資源利用、人の健康および生態系への影響が含まれる。
4. 再生可能エネルギー源には、太陽光、風力、水力、バイオマス、地熱等がある。

問2 建築設備に関する次の記述が、正しいか誤っているか答えなさい。また誤っているものは、その理由を記しなさい。

1. 事務所ビルのエネルギー消費の主な内訳は、空調関係が約42%、給湯が約10%、エレベーター・動力が約15%であり、照明・コンセント関係は約33%である。
2. ZEBとは年間の一次エネルギー消費量が正味でゼロになるビルのことをいう。
3. アクティブな省エネルギー手法とは、設備機器を利用せず、積極的に自然エネルギーを活用する手法をいう。
4. BEMSとは、設備の運転効率を表す指標であり、省エネルギー運転の目安になる。
5. LCCとは建築物生産での企画・設計・施工・運転・解体の生涯生産コストを表している。

問3 建築の環境負荷に関する記述で（　）に当てはまる言葉を下記より選び記入しなさい。

建築基準法では建築設備は電気、空調、（①）、昇降機の設備をいい、多くのエネルギーが消費されている。特に、エネルギーの最大消費分野は（②）設備の分野であり、環境に大きな負荷を与えている。

これらの環境負荷を建物の全寿命期間を通して評価する方法としては（③）がある。また地球温暖化問題に焦点を当てた場合は（④）を把握し、省エネルギーや自然エネルギーなどの活用が必要となってくる。

イ．LCA　　　　ロ．LCE
ハ．LCCO$_2$　　ニ．電気
ホ．給排水　　　ヘ．空調

問4 空調設備、電気設備、給排水衛生設備の分野で省エネルギーシステムあるいは機器をそれぞれ五つ挙げなさい。

問5 次の建築の省エネルギーの記述で（　）に当てはまる言葉を下記より選び記入しなさい。

我が国の二酸化炭素の排出量は1990年には12億トンであり、そのうち建築関連の排出量は（①）%を占めている。その後も年々増加している。なかでも（②）時での排出量が最も多い。このためには建築分野では（③）な方法として高断熱、屋上緑化、自然換気などが行われている。（④）な方法としては、LED照明、全熱交換器、コジェネレーションなどの採用がある。

イ．アクティブ　　ロ．サステイナブル
ハ．パッシブ　　　ニ．10
ホ．30　　　　　　ヘ．50
ト．建設　　　　　チ．運用
リ．解体

問6 未利用エネルギーを用いた下記の三つのシステムについて説明しなさい。

1. 河川水熱利用
2. コジェネレーション
3. クールチューブ（地中熱利用）

演習問題 解答

問1 〈正解 1〉

1. 建築物の総合環境性能評価システムとして、日本では CASBEE がある。
2. 省エネルギー計画を進めるにあたってはまず、高断熱、屋上緑化、庇の採用などの建築的な工夫を活用する手法（パッシブ手法）がある。また LED 照明、人感・照度センサー、全熱交換器、VAV、二酸化炭素制御換気やコジェネレーション等の設備機器を用いた省エネルギーシステムの手法（アクティブ手法）がある。
3. 建物の環境を評価する場合、建物の建設時における評価を優先し、運用時、改修時や解体時における影響を軽視しがちである。建物のコストや環境などを評価する場合は、建物の生涯（建設から解体・廃棄：ライフサイクル）を考慮して行う。
4. 再生エネルギーとは永続的に利用することができるものであり、太陽光、風力、水力、地熱、太陽熱、バイオマスが規定されている。

問2

1. ×：標準的な事務所ビルのエネルギー消費の主な内訳は、空調関係が約 42％、給湯が約 1％、エレベーター・動力が約 15％、照明・コンセント関係は約 42％である。
2. ○：ZEB とは、建築や設備の省エネルギー化などにより、エネルギーを自給自足し、化石燃料などから得られるエネルギー消費量が正味ゼロとなる建築物のことをいう。
3. ×：アクティブな省エネルギー手法とは、LED 照明、人感・照度センサー、全熱交換器、VAV、二酸化炭素制御換気やコジェネレーション等の設備機器を用いて行うものである。
4. ×：BEMS とは、建物の設備の運転だけでなく、ビル管理おけるスケジュール・運転管理、エネルギー管理、設備診断などを行い、設備システムや設備機器だけでなく、ビル経営の支援も含むシステムである。
5. ○：建築物生産における企画・設計・施工・運転・解体のコストを LCC（ライフサイクル・コスト）で表す。

問3

①ホ　　②ニ　　③イ　　④ハ

問4

【空調設備】
①全熱交換器　　　　②二酸化炭素制御換気
③VAV 換気　　　　④タスク・アンビエント空調
⑤高効率チラー

【電気設備】
①LED 照明　　　　②電動機のインバータ制御
③人感センサー照明　④太陽光発電
⑤コジェネレーション発電

【給排水衛生設備】
①節水便器　　　　②再生水利用システム
③雨水利用システム　④節湯水栓
⑤人感センサー小便器

問5

①ホ　　②チ　　③ハ　　④イ

問6

1. 河川水熱利用

   水冷ヒートポンプシステムで屋外機の冷却、集熱過程において河川水を利用して高効率に運転するもの。河川水は年間を通じて温度が安定しており、空冷式より効率良く屋外機の冷却、集熱をすることができる。

2. コジェネレーション

   自家発電機の運転において、従来利用していなかった排熱を冷暖房や給湯に利用して、発電と熱の両方に活用して機器効率を上げるものである。

3. クールチューブ（地中熱利用）

   地熱の活用は、年間を通じて安定した熱を利用することができる。地中にダクトや配管を埋設し、そこへ外気を通して地中と熱交換し冷却・加熱する方法である。一般的には外気を予冷・予熱する場合に利用し、空調負荷の低減に効果がある。

   なお、暖房にも使う場合は、クールアンドホットチューブという表現もある。

02

空気調和設備

2・1 空気調和設備の基礎知識

1 建物内の空気環境

　生活のための三つの基本的なニーズが衣食住であるといわれている。このうち「住」では、湿りすぎ、寒すぎ、熱すぎと感じられるなど、屋外条件よりも、屋内条件が悪いことがある。空気調和の目的は、私たちの建物内で快適、健康的な環境をつくることである。
　空気調和設備が提供する機能は次の三つである。
　①適切な温度を維持する（冷房と暖房）
　②適切な湿度を維持する（除湿と加湿）
　③きれいで新鮮な空気を供給する（換気と浄化）
　現代の生活では、上に挙げた三つの基本的な機能が容易に満たされている。居住者は、ボタンを押すことにより、ヒーター、エアコン、加湿器、および換気ファンを使用することができる。居住者は、多くの場合、希望する状態を維持する自動制御システムは当然だと思っている。この章では、実際にこれらのシステムが正しく機能しているかを考える。
　建物を快適にするための技術は、通常はコストがかかり、適切な計画がなければ、時間とお金の無駄、健康に有害、あるいは致命的な問題が発生する可能性がある。例えば、最も基本的な加熱技術である火は、大気を汚染、さらに有害な排気ガスを発生し、建物の居住者に死をもたらす可能性さえもある。しかし、21世紀に入っても、ボイラーやガスヒーターなどの多くの加熱システムは火の利用にもとづいている。近代的な建物の冷却技術は、壁内部や表面に結露を発生させることがある。これはカビの原因になり、居住者に被害を与える可能性がある。

2 空気調和の目的

　空気調和の主な目的は、快適、健康的な環境を構築することにある。事務所ビルなどでは、作業環境の快適さと空調効率の最適化を両立させなければならない。
　企業には、空調のコストを最小化するニーズがある。不適切な空調は、低生産性と士気の低下につながる可能性があり、作業者の健康にも影響を与える。
　執務室の空気質の基準は多くの国で、法律により定められている。日本で使用されている基準は、「建築基準法」や「建築物における衛生的環境の確保に関する法律（建築物衛生法）」によって決められている（表2・1）。
　新鮮な空気で適切に換気が行われない場合は、人の呼吸により、短時間で二酸化炭素濃度は基準値を超えてしまうことがある。また、ホルムアルデヒドおよび他の揮発性有機化合物（VOC）などが、プラスチック、家具、塗料、合板などから室内空気中に放出されることもあり、居室を使用せず、換気システムを運転しないときには、時間とともに、この化合物が増加することがある。

3 熱的快適性

(1) 温熱環境要素

　快適な建物内の環境を設計するため、居住者の温冷感や快適性に影響を与える要素を定量化する必要がある。図2・1、表2・2に主な六つの要素を示す。

1) 気温
　暑さ寒さを感じる最も基本的な要素である。

2) 湿度
　湿度が高い場合、十分な汗の蒸発を行うことができ

表2・1　建築物衛生法の空気質基準値の一部

項目	基準
温度	17～28℃
湿度	40～70%
気流	0.5m/s 以下
二酸化炭素（CO_2）濃度	1000ppm 以下
一酸化炭素（CO）濃度	10ppm 以下※
浮遊粉塵量	0.15mg/m³ 以下
ホルムアルデヒド	0.1mg/m³

※：屋外空気の濃度が10ppmを超える場合、基準を20ppmに変える。

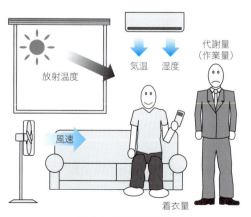

図2・1　温熱環境要素

ない。一般的に、湿度は［％］単位で「相対湿度」として示される。ここで、100％はサウナのような飽和状態である。「絶対湿度」は空気中の蒸気質量比率を指す。これは空調に関する計算によく使用される。

3) 放射温度

窓から入る日射や周囲の壁の温度に応じた等価の放射を与える黒体の表面温度をいう。

4) 風速

空気の対流は、汗の蒸発を促進する働きがあり、人間の体の表面温度を低下させる効果がある。

5) 代謝量（作業量）

人間の体は常に熱を発生しており、これは人が行う作業内容によって大きく変わる。

6) 着衣量

人が身に着けている衣服の断熱・保温性を表したものであり、これを示す単位としてクロ［clo］がある。

(2) 体感尺度

暑さ寒さの感覚は、基本的には気温、湿度、風速、放射温度の四要素から影響を受ける。この四要素は室内環境の物理的な環境側要素であり、体感の温冷感を検討する場合は、人間側の要素の代謝量、着衣量を加えて行う場合が多い。体感を表す尺度と評価手法との関係を表2・3に示す。

1) 不快指数（DI）[*1]

快適性の評価のうち最も簡単な指標で、空気温度（乾球温度）と湿球温度（湿度の指標）から求める。

$$DI = 0.72 \times (乾球温度[℃] + 湿球温度[℃]) + 40.6$$
(式2・1)

DIの値が75以上で「やや暑さを感じる」、80以上で「暑くて汗が出る」、85以上で「全員不快」となる。

2) 作用温度（OT）[*2]

作用温度は人体に対する空気温度と放射温度の影響を示す指数、気温と放射温度の加重平均として計算される。厳密に分析する場合、風速の影響を考慮する。

3) 有効温度（ET）[*3]

感覚温度、実効温度とも呼ばれ、室内の空気温度、湿度、風速の三つの要素の組合せにより求める。温度、湿度、風速と同じ体感状態を与える湿度100％、風速0のときの気温で表す。ET17〜20℃の範囲を快感帯、そのなかで湿度40〜60％の範囲を最適快感帯という。また周囲の放射の影響を考慮した指標に、修正有効温度（CET）がある。

4) 新有効温度（ET*）[*4]

気温、湿度、気流、放射温度などの環境要素だけでなく、代謝量や着衣量などの人体の条件を考慮に入れた体感指標で、いすに座っている状態（代謝量）で、軽装（着衣量）の人に適用され、湿度50％でほぼ無風状態の体感温度になる。

5) 標準新有効温度（SET*）[*5]

新有効温度が任意の代謝量、着衣量で個々に算出されるのに対し、標準新有効温度は、相対湿度50％、いすに座った状態、着衣量0.6clo、風速0m/sの状態を基準にして、異なる代謝量、着衣量のときにもそれぞれの快適性を比較できる。

6) PMV[*6]（予測平均申告）

デンマークのP. O. Fanger教授が提案した快適方程

表2・2 温熱環境六要素と調整例

	項目	単位	例
環境側要素	気温	℃	冷却器や加熱器で調整
	湿度	％	加湿器や除湿器で調整
	平均放射温度	℃	ブラインドやカーテンによる調整
	風速	m/s	窓の開放や扇風機による調整
人体側要素	代謝量（作業量）	met 1met = 58W/m² 皮膚面積	座っている：1.0met 立っている：1.2met 歩行中　　：2〜3met ジョギング：4〜8met
	着衣量	clo 1clo = 0.155(m²·K)/W	ズボン、半袖：0.57clo ズボン、長袖：0.61clo スーツ　　　：0.96clo

表2・3 体感尺度と評価手法

	環境側要素				人体側要素	
	温度	湿度	放射温度	風速	代謝量	着衣量
不快指数	○	○		△		
作用温度	○		○	△		
有効温度	○	○		○		
新有効温度	○	○	○	○	△	△
標準新有効温度	○	○	○	○	○	○
PMV	○	○	○	○	○	○

[*1] DI：Discomfort Index
[*2] OT：Operative Temperature
[*3] ET：Effective Temperature
[*4] ET*：New Effective Temperature
[*5] SET*：New Standard Effective Temperature
[*6] PMV：Predicted Mean Vote

式をもとにしており、環境側四要素に、人体側要素である着衣量、代謝量を加味して算出される。

PMVは不満を呈する居住者の割合（PPD*7）と関係しており、PMVの値は7段階に分けられる（表2・4）。図2・2にPMVとPPDの関係を示す。このうちPMV－0.5～0.5を快適範囲とする。

4 ゾーニング

建物の内部は、用途や方位などによって空調容量が大きく変わり、各部屋の熱負荷や条件が異なるため、空調系統を分ける必要が出てくる。「ゾーン」とは、このように分けて空調された領域をいう。例えば、台所は熱と蒸気を除去するために、居間よりもはるかに多くの換気と空調が必要になる。

建物の方位による熱負荷のバラツキは、建物の壁や窓を介して室内を暖める日射熱によるものである。午前中には、窓が東向きの部屋では冬でも室温が高くなることがある。図2・3に、大阪の代表的な8月の外気温と建物の四方位から外壁が受ける日射量を示す。東の日射量は朝に大きく、午後が小さい。西では、夏期の夕方の日射量が大きい。夏期は日中の太陽高度が高いため、南向きの壁では日射による負荷が小さい。一方、冬期には太陽高度が低くなるため、南は、日射の熱取得が大きくなる。これらの例は、北半球で起こる現象であり、南半球では、北と南が入れ替わる。

図2・4に示すように方位ごとの「ゾーン」に分割し、ゾーンごとに空調を行うのが一般的である。これをゾーニングといい、ペリメータゾーン（外周部）とインテリアゾーン（内部側）の2系統に分けて考えることが多い。ペリメータゾーンは、日射および屋外の気温の影響が強いゾーンで、外壁から5m以内の場所を指す。

インテリアゾーンでは、外気温や日射の影響をあまり受けない。しかし、屋上直下（最上階）で、日射と外気温の影響を受ける。新鮮な空気は、屋外と直接の換気ではなく、換気システムによって供給されることが多い。

5 熱の流れとエネルギーの変換

空気を加熱するには、熱エネルギーを供給し、空気を冷却するには、熱エネルギーを取り去ればよい。熱は温度の高い方から低い方へ自然に流れる。滝の水が滝壺に落ちるのと同じである。

高い所に設けられたタンクに水を送り込むには、ポンプなどを用いる必要がある。これと同様に、後述のヒートポンプなどを使えば、自然の流れに逆らって低温側から高温側に熱を送ることができる。冷蔵庫やエ

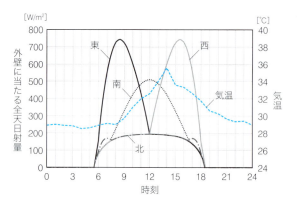

図2・3 方位による日射量の変動（大阪8月15日）

表2・4 体感とPMV

体感	寒い	涼しい	やや涼しい	快適	やや暖かい	暖かい	暑い
PMV	－3	－2	－1	0	1	2	3

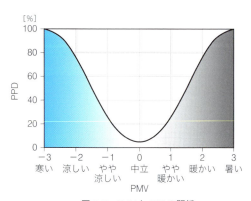

図2・2 PMVとPPDの関係

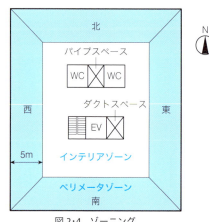

図2・4 ゾーニング

*7 PPD：Predicted Percentage Dissatisfied

アコンはこの仕組みで動いている。

自然の流れに逆らって低温から高温に熱エネルギーを移動させるには、図2・5に示すようなヒートポンプを用いる必要がある。

単純な電気ヒーターやガスヒーターなどのようなヒーター（抵抗発熱体装置）を使用する設備の場合は、電源を入れると、ヒーターは電気エネルギーを熱エネルギーに変換する。ガスヒーターは、化学エネルギーを熱エネルギーに変換する。一方ヒートポンプは、冷媒である二酸化炭素やアンモニア、水を利用して、低温側から高温側にエネルギーを運搬している。この場合、エネルギーの種類は変わっていない。

6　成績係数（COP）[*8]

冷凍機やヒートポンプを使用する多くの空調システムでは、成績係数（COP）と呼ばれるエネルギー効率の評価指数がある。このCOPは、消費された入力エネルギー量 W と、取得する熱エネルギー量 Q の比率（Q/W）で表される（式2・2）。

$$\mathrm{COP} = \frac{\text{取得エネルギー量}（Q）}{\text{入力エネルギー量}（W）} \quad \cdots\cdots\text{（式2・2）}$$

例えば、一般的な家庭用ヒートポンプエアコンでは、電気500Wを消費し、2000Wの暖房熱量を取得する場合、そのCOPは4になる。この例は「ヒートポンプの効率は400%だが、効率が100%を超えることはあり得ず、エネルギー保存の法則に反する」と勘違いされやすい。COPという指標は、あるエネルギーの種類から別のエネルギーの種類に変換をしているわけではなく、移動するエネルギー量のプロセスを評価しているのである。この関係を図2・6に示す。

7　通年エネルギー消費効率（APF）[*9]

多くの設備システムでは、その能力を表すのにCOPを用いてきた。これは、ある一定の温度条件で運転したときの性能評価である。例えば、エアコンなどの実使用時においては、外気温の変化により、出力や消費電力は変化するので、季節に応じたエアコンの実運転状況は反映されていないことになる。そこで実際の条件を考慮した指標として、式2・3に示す通年エネルギー消費効率（APF）が導入されている。

$$\mathrm{APF} = \frac{A+B}{C+D} \quad \cdots\cdots\cdots\cdots\cdots\cdots\text{（式2・3）}$$

A：冷房期間中に発揮した能力の総和
B：暖房期間中に発揮した能力の総和
C：冷房期間中の消費電力量の総和
D：暖房期間中の消費電力量の総和

この指標により、実使用状態に近いエネルギー使用量を評価できることになる。

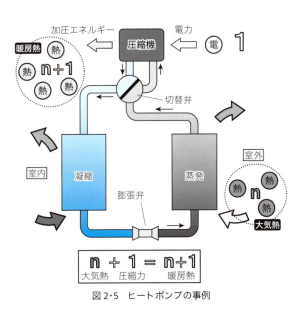

図2・5　ヒートポンプの事例

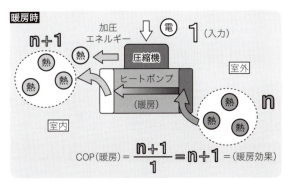

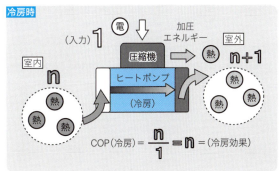

図2・6　COPの概念

*8　COP：Coefficient of Performance
*9　APF：Annual Performance Factor

8 熱負荷計算

(1) 熱負荷

建物の空調設備を設計するには、図 2·7 に示すような内容や手順が必要である。このためには、第一に冷暖房のための負荷容量を把握する必要がある。すなわち、空調設備を選択するための基本的な手順は、建物全体の「熱負荷」を計算することである。例えば、窓からの日射の侵入は熱負荷の一つである。空調の目的はこの熱負荷を処理して、快適な空間を維持することにある。

空調システムの能力や種類を選択するには、建物の熱負荷を予測する必要がある。システムの能力が小さすぎる場合は、さまざまな負荷によって、快適な室内環境を維持できなくなる。反対に、システム性能が大きすぎる場合、低負荷でも運転するので消費電力が多くなり、結果として非効率的となる。適切な能力のシステムで運転すると、大能力のシステムによって低負荷で運転している場合よりもエネルギー消費が少ない。

熱負荷の内容を分析すると、ある部屋やゾーンでは、通年冷房を必要とする場合がある。これは窓や外壁がない内部（インテリア）ゾーンでは外界の影響が少なく、冬でも照明、OA 機器（事務機器）、人などからの発熱が、そのゾーンに発生しており適温に保つ以上の熱負荷が存在しているためである。したがって、夏の冷房負荷はより大きくなり、建物の空調システムの設計に大きな影響を及ぼす。

空調システムには、通年で建物の快適な環境を維持するための適切な能力が必要である。さらに、建物の使用時刻も考慮する必要がある。24 時間営業するデータセンターと、1 日で 9 時間営業する銀行の熱負荷は異なるのが当然であろう。

(2) 熱負荷の要素、顕熱と潜熱

空調システムの熱負荷は、顕熱負荷と潜熱負荷の二つのタイプに分類される（表 2·5）。顕熱負荷は空気の温度変化に由来する。これは、人間がはっきりと感じることができる「熱」の源である。コンピュータルームではコンピュータやモニタからの発熱は大きな顕熱負荷となる。一方、潜熱負荷は空気中の水蒸気の凝縮や蒸発により生じる負荷で、湿度変化を伴う。厨房では、調理に伴う水蒸気発生が非常に大きな潜熱負荷となる。またオーブンおよびコンロからは大きな顕熱負荷が生成する。

熱取得および熱損失は、両方とも「負荷」と呼ばれている。熱取得が正であり、熱損失は負である。

熱負荷の要素のイメージを図 2·8 に示す。顕熱負荷と潜熱負荷については、それぞれ表 2·6 に示すように分類される。

(3) 熱慣性

多くの事務所や店舗のように、1 日中 24 時間連続して空調を使用しない場合（間欠運転）は、使用開始時に室内空気を快適な条件にするために、空調システムを大出力で運転する必要がある。

空調停止時では、建物や室温が変動し、設定温度から離れていく。運転開始後は、建物連続空調の場合よりも建物や室温を設定温度にするために余計な負荷が加わる。これを間欠空調による蓄熱負荷といい、この

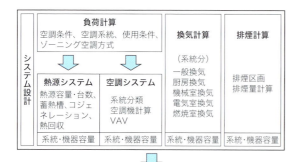

図 2·7 空調設備の実施設計の手順

表 2·5 熱負荷と空調

	負荷種別	空調対応
熱負荷	顕熱負荷 +	冷却
	顕熱負荷 −	加熱
	潜熱負荷 +	除湿
	潜熱負荷 −	加湿

表2・6　顕熱負荷と潜熱負荷

負荷の種類		記号	特徴
顕熱負荷	壁通過顕熱	S_W	内外温度差と日射の加熱効果による壁または屋上を通過する熱。省エネ対策では、外壁断熱の改善に重点を置く。
	窓通過顕熱	S_G	日射による加熱と窓内外の温度差による熱。冬期では日射による熱は大きな熱源になる。ガラスの厚みやブラインドおよびカーテンの種類により影響される。
	間仕切り壁通過顕熱	S_I	隣室が同じ温度の場合は、顕熱の流れはゼロ。内壁の断熱性は外壁より低いため、隣室の室温が維持されていない場合は、熱負荷になる。
	照明器具からの顕熱	S_L	照明効率に関わらず、器具の電気消費のすべては熱になる。
	機器の排熱	S_A	電気製品、パソコン、機械などからの排熱による。
	人間の代謝による顕熱	S_H	部屋にいる人数が急に増えるとき（会議、講義など）、その部屋の温度が上がる原因である。
	窓、戸の隙間からの顕熱	S_{WI}	室内に侵入する異なる温度の空気に起因する負荷。一般に、建物には隙間風がある。
	ダクトにおける顕熱	ΔS	ファンからの発熱などの輸送システムの損失や熱収支の原因で余分な負荷である。これは、多くの場合、安全係数と同様に、上記負荷の合計の割合として計算される。
	換気による顕熱	S_V	換気のための部屋に送られる空気（通常は新鮮な外気）は室内温度と異なる場合、熱負荷になる。多くの場合、換気は最大の熱負荷になる。
潜熱負荷	機器の潜熱	L_A	水蒸気を発生する機械やプロセスの潜熱負荷をいい、一般的には、厨房の潜熱負荷を指す。
	人間の潜熱	L_H	人間の呼吸に含んでいる蒸気や汗の蒸発による潜熱をいい、1人当たりの顕熱と潜熱負荷の合計は約100Wになる。工場の作業や運動する場合、この負荷は2～3倍になる可能性がある。
	隙間風の潜熱	L_I	壁や窓の隙間や戸から室内に侵入する異なる湿度の空気に起因する潜熱負荷をいう。
	換気による潜熱	L_V	換気のための部屋に送られる空気（通常は新鮮な外気）は室内湿度と異なる場合、熱負荷になる。

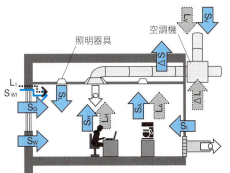

図2・8　熱負荷要素のイメージ

顕熱負荷
S_G：窓
S_W：外壁
S_I：隙間
S_{WI}：内壁
S_L：照明
S_A：機器
S_H：在室者
S_V：外気負荷（換気）
ΔS：ダクト取得等

水蒸気負荷
L_I：隙間
L_A：機器
L_H：在室者
L_V：外気負荷（換気）
ΔL：余裕率
Q：換気流量

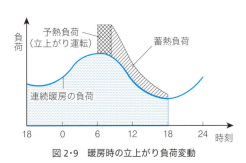

図2・9　暖房時の立上がり負荷変動

表2・7　負荷計算で用いられる室内温湿度の目安

用途	夏期温湿度条件	冬期温湿度条件
事務所 共同住宅	25～27℃ 50～60%	20～22℃ 40～50%
百貨店、銀行	26～27℃ 50～60%	20～22℃ 40～50%
一般工場	27～29℃ 50～65%	18～20℃ 40～50%

現象を「熱慣性」という。

一般には、この負荷を減らすために、空調システムを部屋の使用が始まる以前に運転して室温を設定値にする。これを予熱または予冷といい、暖房運転立上がり時の負荷変動を図2・9に示す。

(4) 環境条件

1) 室内環境条件

設備設計における室内環境条件は、表2・1に示した基準にもとづいて定められている。最近では、人体の温冷感について、さまざまな研究がなされ、いくつもの新たな提案がなされている。

熱負荷計算を行うには、建物種別や用途などによって、室内環境条件が異なる。通常、設計で用いられる室内温湿度の目安を表2・7に示す。

2) 外部環境条件

外気の温湿度条件は、その土地の気象条件をもとに定めるが、一般に用いられているのはTAC[10]温度と呼ばれるものである。これは、ある期間の気象記録上のデータを統計的に処理した値であり、危険率（期間中にその温度を超過する確率）は、2.5%あるいは5.0%の値が用いられる。表2・8にTAC2.5%で定められた主な都市の設計外気条件を示す。

[10] TAC：Technical Activities Committee

表2・9　ガラス面からの標準日射熱取得（東京、夏期、7/23）[W/m²]

方位	時刻														日積算
	5	6	7	8	9	10	11	12	13	14	15	16	17	18	
水平	16	122	308	498	654	765	829	843	807	723	591	419	224	63	6862
日影	8	24	33	38	42	43	43	43	43	43	40	36	30	20	486
北	20	100	55	38	42	43	43	43	43	43	40	38	76	99	722
東	43	480	604	591	491	319	121	43	43	43	40	36	30	20	2902
南	8	24	33	40	77	131	171	180	157	108	56	36	30	20	1071
西	8	24	33	38	42	43	43	50	202	400	543	609	572	349	2957

表2・8　TAC2.5%の主な都市の設計外気条件

都市名	夏期			冬期		
	乾球 [℃]	湿球 [℃]	絶対湿度 [g/kg(DA)]	乾球 [℃]	湿球 [℃]	絶対湿度 [g/kg(DA)]
札幌	30.7	24.0	16.1	−8.3	−9.7	1.1
仙台	32.0	26.0	18.9	−2.0	−4.3	1.8
新潟	34.2	26.4	18.6	−1.1	−3.1	2.2
東京	34.8	26.6	18.6	2.0	−2.5	1.2
名古屋	35.6	26.8	18.7	0.2	−2.6	1.9
大阪	35.3	26.9	18.9	1.8	−1.1	2.2
広島	34.3	27.1	19.7	0.1	−2.1	2.3
福岡	34.2	26.9	19.5	1.9	−1.3	2.1
鹿児島	34.3	27.2	19.8	3.1	−0.2	2.4

2004～2013年の気象データ

表2・10　日射遮蔽係数

ガラスの種類	厚み [mm]	遮蔽係数 (SC値)	平均日射熱取得率 (η_A)
透明ガラス	3	1	0.88
	6	0.95	0.84
	8	0.94	0.82
	12	0.89	0.79
熱線吸収ガラス	6	0.82	0.72
	8	0.78	0.69
	12	0.7	0.61
熱線反射ガラス	6	0.63	0.55
	8	0.62	0.54
	12	0.6	0.53
透明複層ガラス	8＋A6＋8	0.8	0.71
	10＋A6＋10	0.77	0.68
熱線吸収複層ガラス	8＋A6＋8	0.65	0.57
	10＋A6＋10	0.59	0.52
熱線反射複層ガラス	8＋A6＋8	0.5	0.44
	8＋A12＋8	0.49	0.43
高遮熱断熱複層ガラス	8＋A6＋A8	0.45	0.4
	10＋A6＋10	0.45	0.4

A：空気層

表2・11　ガラスの種類による日射取得特性

ガラスの種類	ブラインド	遮蔽係数
普通単層	なし	1.0
	明色	0.65
	中等色	0.75
吸熱単層	なし	0.8
	明色	0.55
	中等色	0.65
普通二重（中間ブラインド）	明色	0.4
普通複層	なし	0.9
	明色	0.6
	中等色	0.7

(5) 冷暖房負荷計算

1) 窓ガラス面からの日射による負荷

窓ガラス面から侵入する日射負荷は、窓ガラスからの標準日射熱取得（表2・9）、および遮蔽係数（SC[11]）（表2・10）を使って式2・4により計算をする。日射遮蔽係数は、窓ガラスの種類やブラインドの有無により表2・11の遮蔽係数を考慮する。

$$q_g = A \times Sn \times SC \quad \cdots\cdots\cdots\cdots（式2・4）$$

- q_g：窓ガラスの日射熱 [W]
- A：窓ガラス面積 [m²]
- Sn：ガラス面の標準日射熱取得 [W/m²]
- SC：日射遮蔽係数[12]

2) 外壁・屋根からの熱負荷

夏期は外壁や屋根から室内に熱が侵入し、冬期は逆に室内から外部へ熱が逃げる。これは、外部と内部の温度差による熱移動現象であり、日射の影響も大きく受ける。外気温や日射量は時々刻々と変化しているため、この熱移動の現象は非定常になり、種々の計算方法がある。

いずれも熱移動の式を用い、日射の影響を加味して算出する。通常は実効温度差法が用いられている。これは時刻別の侵入熱量を簡単な伝熱の式で計算できるようにしたものである。

①相当温度差法

日射の影響を加味して外気温を修正したものを相当外気温度（SAT[13]）といい、定常伝熱式の通過熱量

---

[11] SC：Shading Coefficient

[12] 日射遮蔽係数 = 遮蔽装置を設けたときの日射熱取得量 / 遮蔽装置がないときの日射熱取得量

となり、遮蔽係数が小さい方が遮蔽効果が大きい。

[13] SAT：Sol-Air Temperature

(貫流熱量)＝面積×熱通過率×温度差を用いて、簡便に計算できるようにしたものである。従来は多く採用されていたが、最近は材料の熱容量を考慮した実効温度差法や動的熱負荷計算法が採用されるようになってきている。通過熱量 q_w は式2・5のとおりである。

$$q_w = A \times K \times (SAT - t_R) \quad \cdots\cdots(式2・5)$$

q_w：外気に面する壁・屋根からの熱負荷 [W]
A：外気に面する壁・屋根の面積 [m²]
K：その部位の熱通過率 [W/m²・K]
t_R：室温 [℃]
t_o：外気温 [℃]
$SAT：t_o + \dfrac{a_s I}{\alpha_o}$　相当外気温度 [℃]
I：外壁面全日射量 [W/m²]
a_s：外壁の受照日射吸収率
α_o：外表面熱伝達率 [W/m²・K]

②実効温度差法

相当外気温度を利用した場合と同様に定常熱移動の式で計算できるようにした方法である。相当外気温度差をもとに蓄熱を考慮したもので、実効温度差（ETD[*14]）といい、外壁や屋根の構成種別や外部条件（季節、方位、時刻）から表2・12などを利用して求めることができる。貫流熱量 q_w は式2・6のとおりである。

$$q_w = A \times K \times ETD \quad \cdots\cdots(式2・6)$$

q_w：外気に面する壁・屋根からの熱負荷 [W]
A：外気に面する壁・屋根の面積 [m²]
K：その部位の熱通過率 [W/m²・K]
ETD：実効温度差 [K]

また、多層で構成される壁体の熱通過率 K は、式2・7によって求める。

$$K = \dfrac{1}{\dfrac{1}{\alpha_i} + \dfrac{d_1}{\lambda_1} + \cdots\cdots + \dfrac{d_n}{\lambda_n} + R + \dfrac{1}{\alpha_o}} \quad \cdots\cdots(式2・7)$$

α_i：内表面熱伝達率 [W/m²・K]
α_o：外表面熱伝達率 [W/m²・K]（表2・13）
R：中空層の熱抵抗 [m²・K/W]
λ_n：各材料の熱伝導率 [W/m・K]
d_n：各材料の厚さ [m]

③動的熱負荷計算法

熱の伝わり方を、日射も加味した内外温度差を用いて、時系列計算して貫流熱量を求める方法である。

これはコンピュータで計算するもので、構造体の形・熱定数、室の使用条件、外部条件をインプットすれば、年間の全時刻に対して計算できるので、普通は年間負荷のシミュレーションなどに使われる。

3）隙間風による熱負荷

一般ビルの場合、その部屋への給気量が隙間風量を上回り、室内気圧が正圧になることが多い。ただ、隙

表2・12　夏期実効温度差（ETD）の例（東京、室温26℃）

壁タイプ	方位	時刻											
		午前							午後					
		6	7	8	9	10	11	12	1	2	3	4	5	6
厚さ20～70mm 木造壁 屋根	水平	1.1	4.6	10.7	17.6	24.1	29.3	32.8	34.4	34.2	32.1	28.4	23.0	16.6
	北	1.3	3.4	4.3	4.8	5.9	7.1	7.9	8.4	8.7	8.8	8.7	8.8	9.1
	東	3.4	11.2	17.6	20.8	21.1	18.8	14.6	10.9	9.6	9.1	8.8	8.0	6.9
	南	0.3	1.0	2.3	4.7	8.1	11.4	13.7	14.8	14.8	13.6	11.4	9.0	7.3
	西	0.3	1.0	2.3	4.0	5.7	7.0	7.9	10.0	14.7	19.6	23.5	25.1	23.1
厚さ70～110mm 重量壁 コンクリート ＋断熱材	水平	0.8	2.5	6.4	11.6	17.5	28.5	27.6	30.7	32.3	32.3	30.3	36.9	22.0
	北	0.8	2.1	3.2	3.9	4.8	5.9	6.8	7.6	8.1	8.4	8.6	8.6	8.9
	東	1.7	5.3	11.7	16.0	18.3	18.5	16.6	13.7	11.8	10.6	9.8	9.0	8.1
	南	0.5	0.7	1.5	2.9	5.1	8.2	10.8	12.7	13.6	13.6	12.5	10.8	9.2
	西	0.5	0.7	1.5	2.7	4.1	5.4	6.6	8.0	11.1	15.1	19.1	21.9	22.5

表2・13　外表面熱伝達率 [W/m²・K]

	季節	屋内面	屋外面
垂直外壁面	冬：風速	9	23
	夏：風速	9	17
屋根面	冬：風速	9	35
	夏：風速	9	23

表2・14　換気回数の概算値

建築構造	換気回数 n [回/h]	
	暖房時	冷房時
コンクリート造 （大規模建築）	0～0.2	0
コンクリート造 （小規模建築）	0.2～0.6	0.1～0.2
洋風木造	0.3～0.6	0.1～0.3
和風木造	0.5～1.0	0.2～0.6

*14 ETD：Effective Temperature Difference

間風は、その量を正確に把握することが困難なため、換気回数による概算値を用いて算定することが多い（表2・14）。

隙間風の負荷 q_{si} の算定は、式2・8により顕熱負荷と潜熱負荷とに分けて行う。

①隙間風の顕熱負荷

$$q_{si} = C_p \times \rho \times \Delta t \times \frac{Q}{3600} \quad \cdots\cdots\cdots (式2\cdot8)$$

q_{si}：隙間風の顕熱負荷［W］
C_p：空気の定圧比熱＝1.0×10^3［J/kg・K］
ρ：空気の密度＝1.2［kg/m³］
Δt：室内外の乾球温度差［K］
Q：隙間風の風量［m³/h］

②隙間風の潜熱負荷

$$q_{li} = r \times \rho \times \Delta x \times \frac{Q}{3600} \quad \cdots\cdots\cdots (式2\cdot9)$$

q_{li}：隙間風の潜熱負荷［W］
r：空気の蒸発潜熱＝2.5×10^3［J/g］
ρ：空気の密度＝1.2［kg/m³］
Δx：室内外の絶対湿度差［g/kg(DA)］
Q：隙間風の風量［m³/h］

4）建物内部発生の熱負荷

①照明器具よる熱負荷

近年、事務所ビルでは、照明器具から発生する熱量は大きく、空調の負荷計算に大きく影響を与えることがある。表2・15に照明用電力の概略値を示す。これを参考にして、照明器具の消費電力を熱量とすることができる。

②人体の熱負荷

表2・16に人体からの発生熱量を示す。人体からの発生熱量は、室温や作業状態や用途によって変わる。

③機器の熱負荷

最近の事務所ビルではOA機器の目覚ましい普及があり、内部発熱負荷が増加する原因となっている。ただ、OA機器の使用台数は職種や用途などにより大きく変わるので、その内容の把握が重要である。またOA機器の技術の進歩は目覚ましいものがあり、困難なことではあるが、その将来予測も必要である。

9　湿り空気線図

（1）空気の物性と湿り空気線図の構成

空気調和の分野では、空気は二つの主要な成分から構成されている。その一つは、「水蒸気」という空気中の水分、もう一つは、他のガス類のすべて（酸素、窒素、二酸化炭素など）を含むものである。明確化のために水蒸気を含む空気は「湿り空気」、水蒸気を含まない空気は「乾き空気」と呼ばれる。

湿り空気の状態は、乾球温度、湿球温度、相対湿度、絶対湿度、比エンタルピー、比容積、露点温度、顕熱比、熱水分比（表2・17）や大気圧によって表される。このうちの三つ値を与えると他の値も定まる。通常は大気圧のもとで使用することが多く、大気圧を一定とし

表2・15　照明用電力の概略値［W/m²］

設計照度［lx］	室の例	蛍光灯			LED照明
		下面開放形	ルーバー有	アクリルカバー有	下面開放形
750	事務室、上級室、設計室、製図室	19	20	28	14
500	電子計算機室、会議室、講堂、厨房、監視室、制御室	12	13	19	10
300	受付、食堂	7	8	11	6
200	電気室、機械室、書庫、湯沸室、便所、洗面所、更衣室	5	5	8	4
150	階段室	4	4	6	3
100	玄関ホール、廊下、倉庫	2	3	4	2
75	車庫	2	2	3	1

表2・16　人体からの発生熱量［W/人］

作業状態		28℃		26℃		24℃		22℃	
		顕熱	潜熱	顕熱	潜熱	顕熱	潜熱	顕熱	潜熱
劇場	静座	44	48	51	41	58	34	65	27
事務	軽歩行	47	72	55	64	63	69	71	48
	座位・歩行	48	84	56	76	64	67	73	58
食事	座位	51	94	59	86	67	77	78	67
工場	座作業	50	148	63	135	76	122	88	109
	重作業	70	194	84	180	99	165	114	150

表2・17　空気線図に表される用語

用語名称	記号	単位	通称
1) 乾球温度	t、t_a	℃、K	気温、温度、室温
2) 湿球温度	t_w	℃、K	
3) 相対湿度	ϕ	％	湿度
4) 絶対湿度	x	kg/kg(DA)　g/kg(DA)	
5) 比エンタルピー	h	kJ/kg(DA)	
6) 比容積	v	m³/kg(DA)	
7) 露点温度	t_{dp}、t_d	℃	
8) 水蒸気圧	p_w、p_v、e	Pa、hPa、kPa	
9) 顕熱比	SHF	—	
10) 熱水分比	u	kJ/kg	

て二つの項目の値を与えると、他の値も求められる。これらの変数を座標とした線図で空気の状態（状態点）を表すことができる。この線図を湿り空気線図と呼び、資料▶p.66 に示す。

湿り空気線図は、横軸に乾球温度 t、縦軸に絶対湿度 x、斜軸に比エンタルピー h が採用されており、飽和空気線（飽和曲線）や顕熱比、熱水分比なども示されている。

比エンタルピー h と絶対湿度 x とを斜交軸とした $h-x$ 線図、乾球温度 t と絶対湿度 x を用いる $t-x$ 線図や乾球温度 t と比エンタルピー h を用いる $t-h$ 線図なども使用され、空調の負荷計算や空気の状態変化の解析に用いられる。

1）乾球温度

天気予報などで一般的に使われる空気の温度であり、空気調和設備の設定温度は普通、乾球温度（t または t_a）が用いられる。乾球温度は図 2・10 に示す乾湿温度計の左側のように、温度計感温部の球が濡れておらず、太陽の強い日射にさらされない状態で測定した空気の温度である。乾球温度は空気線図下部の横軸である。

2）湿球温度

図 2・10 に示す乾湿温度計の右側のように温度計の球部を常に湿ったガーゼで包んで測定した温度を湿球温度といい、測定する測定器を湿球温度計と呼んでいる。相対湿度100%では、乾球温度は湿球温度と同じである。

例えば水たまりの表面やゆったりとした衣服の中の空気中の水粒子（霧、ミストなど）は、湿球温度と近い値になるが、湿球温度以下にはならない。

3）相対湿度

天気予報で一般的に使われる湿度である。空調システムの設定湿度は、普通、相対湿度（ϕ）で表される。

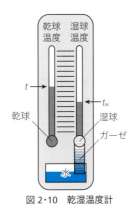

図 2・10　乾湿温度計

相対湿度は空気中の水蒸気圧とその空気が含みうる最大の水蒸気圧（飽和水蒸気圧）との比を示している。ϕ が100%になった状態を飽和状態といい、また相対湿度100%と表現する。この状態に水蒸気を加える場合、水粒子が空気から凝縮（結露）する。空気中に凝縮し浮かんだ水粒子は雲、霧、サウナの蒸気の発生源である。水蒸気は透明で、可視の成分は水粒子である。これが凝縮して雨となる。

空気線図上の相対湿度100%の一番上の線は、飽和線と呼ばれている。地球上の自然環境で0%になることはまずなく、砂漠においても約10%程度である。

空気中の水分量が同じでも温度が異なると相対湿度の値が変化するため、空調計算では相対湿度ではなく絶対湿度を用いる。

4）絶対湿度

湿り空気中の乾燥空気の質量と蒸気の質量の比である。普通、乾燥空気 1kg 当たりの蒸気質量を［kg］または［g］として表す。これは、空気を完全に除湿したとき、凝縮される液体の水の量である。

5）比エンタルピー

湿った空気の単位質量当たりのエネルギーの相対的な量である。空気調和設備で、空気をある状態から別の状態に変化させるのに必要なエネルギー量を決定するための計算に比エンタルピーを使用する。

空気線図に示される比エンタルピーは絶対値ではない。0℃、相対湿度0%の空気のエンタルピーを基準（ゼロ）として表したものを、比エンタルピーという。これは、空気中のエネルギーがゼロということではない。温度0℃と同様に、相対の原点であり、負の摂氏温度があるように、負の比エンタルピーもある。湿り空気 t℃における比エンタルピーは、式 2・10 のとおりである。

$$h = \underbrace{1.005}_{①} \times t + (\underbrace{2501}_{②} + \underbrace{1.86 \times t}_{③}) \times x \cdots\cdots（式2・10）$$

h：比エンタルピー［kJ/kg(DA)］
t：気温［℃］
x：絶対湿度［kg/kg(DA)］
① 乾燥空気の定圧比熱［kJ/kg(DA)℃］
② 0℃における水の蒸発潜熱［kJ/kg］
③ 水蒸気の定圧比熱［kJ/kg℃］

6）比容積

乾燥空気の 1kg を含む湿った空気の体積である。空

気の温度、湿度が上昇するにつれて、比容積は増加する。すなわち、空気の密度は低下する。

水蒸気は、乾燥した空気よりも密度が低いので、水蒸気が多い湿った空気の密度は乾燥空気より低い。水の分子（H_2O）は、空気のほかの主要な構成要素（酸素 O_2、窒素 N_2、アルゴン Ar など）よりも軽い。空気を加湿すれば、空気は軽くなる。

比容積の単純な逆数は湿った空気の密度であると認識しがちであるが、これは誤りである。比容積は乾燥空気の質量にもとづく。したがって、絶対湿度を含むことにより、水蒸気を考慮する必要がある。湿った空気の密度は $(1+x)/v$ である。単なる逆数 $1/v$ と数％の差異になる。これは、自然換気の分析やモデル化、送風機の厳密なデザインや選択に影響を及ぼす可能性がある。一般の空調機システムデザインでは、空気密度は単純に一定値（$1.2 kg/m^3$）としている。

7）露点温度

湿り空気中の水分が凝縮する温度である。日常生活では、氷水の入ったガラスコップの外表面が濡れる現象が見られる。ガラスの表面が露点温度以下になれば、接触する空気中の水蒸気が凝縮される。壁内温度が露点温度以下になるところでは、水蒸気が壁内に凝縮し結露水となって、カビを発生させる原因となり、建物などに損害を及ぼす可能性がある。

冷却コイルの上に湿り空気を通過させることにより、空気を除湿することができる。コイルは露点温度以下でなければ、水分が空気から凝縮せず、除湿されない。

露点温度は飽和線（$\phi = 100\%$）で示されている。

8）水蒸気圧

湿り空気の水蒸気の分圧である。水の蒸発速度の計算などに使用される。いくつかの気象台のデータは、相対湿度がなく、代わりに水蒸気圧を示していることがある。蒸気圧と温度を用いて、相対湿度などが求められる。

9）顕熱比（SHF）

顕熱比は、図 2・11 において、点①から点②に変化したときの全熱量の変化に対する顕熱量の変化の比率として表される。顕熱比の変化は、湿り空気線図上では斜線で表され、湿り空気線図上の顕熱比の目盛で示される。

基準点 O と目盛り上の S とを結ぶ直線と平行な直線が顕熱比の値である。逆に顕熱比が与えられた場合は、顕熱比目盛の値の点と基準点 O を結び、これと平行な直線を引けば、この直線上の点が顕熱比となる。

10）熱水分比

熱水分比 u [kJ/kg] は、比エンタルピーの変化と空気中の水蒸気量の変化との比で、$u = \Delta h / \Delta X$ で示される。

この熱水分比も、湿り空気線図上では斜線として表され、基準点 O 対して熱水分比の目盛で表される。

図 2・11 において、点①の空気に蒸気加湿を行い、空気状態が点④に変化したとすると、絶対湿度の変化は $\Delta x = x_4 - x_1$ であり、熱水分比は、直線①④に平行に基準点 O から直線を引き、熱水分比目盛上の U の値として求められる。

(2) 空気線図の使い方

各種空調装置を通過する際に、空気の状態が変化する。多くの空調計算はこの変化の過程を示している。空気線図を用い、線上のある地点から別の地点への状態変化を見ることで、空調のプロセスを捉えることができる。

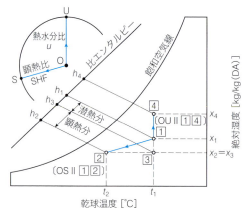

図 2・11　顕熱比・熱水分比

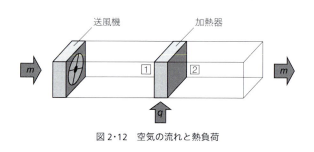

図 2・12　空気の流れと熱負荷

＊15　SHF：Sensible Heat Factor

1）暖房・加熱

ダクトに加熱装置を入れ、9℃（乾球温度）、相対湿度70%の外気①を加熱して、22℃の空気②とする場合を想定する（図2·12）。空気線図における加熱プロセスの例を図2·13に示す（加湿、除湿はしない）。

①は、乾球温度9℃および相対湿度70%であるので空気線図において特定の点で表すことができる。比エンタルピーの勾配斜線を使い、①の比エンタルピーは22kJ/kg(DA)となる。絶対湿度は、0.005kg/kg(DA)である。

22℃まで加熱すると、乾球温度22℃の縦線と絶対湿度0.005kg/kg(DA)の線の交点が②の特定点になる。点②の比エンタルピーは35kJ/kg(DA)である。すなわち $h_2 = 35$ kJ/kg(DA) と $h_1 = 22$ kJ/kg(DA) である。

そこで、加熱に必要なエネルギー量（比エンタルピー変化）は、$q = m(h_2 - h_1)$ で求められる。

- q ：必要エネルギー量 [kW]
- m ：室の空気量 [kg/s]

また、相対湿度で見ると30%となる。これは、空気中の水蒸気量が変わっていないのに、湿った冷たい空気を加熱すると、暖かくて乾燥していると感じられる現象である。また乾燥した環境では、静電気が発生しやすくなるため、工場では、製品の電子品質、印刷、塗装などの分野で問題を引き起こす可能性がある。空気中のウイルスは、乾燥空気では活発となり、高湿度では迅速に死滅するともいわれている。そこで建物を暖房する際には、多くの場合は、空気を加湿することが必要となる。

2）加湿

22℃（乾球温度）、相対湿度30%の空気を加湿し、気温を変えずに、相対湿度50%にしたときの加湿プロセスの例を図2·14に示す。

乾球温度22℃の縦線と $\phi = 30\%$ の曲線の交差点②から22℃の縦線に沿って相対湿度50%の曲線と交差した点③を求める。点③の横線を用いると絶対湿度は、$x_3 = 0.0083$ kg/kg(DA)である。元の状態②の絶対湿度は $x_2 = 0.005$ kg/kg(DA)であるので、空気質量単位当たりの必要な水量はこの絶対湿度の差となる。室内に供給する空気量 m_{air} がわかれば、単位時間当たりの必要な水量は $m_{air} \times (x_3 - x_2)$ で求めることができる。

一般的には、水が蒸発するにはエネルギー（蒸発潜熱）が必要であり、この場合、水は空気からエネルギーを奪うことになる。空気の顕熱が蒸発潜熱として使われる。プロセスが継続している間、空気の温度が低下し、湿度は上昇する。

汗の蒸発により涼しく感じる現象とほぼ同じである。このときは、水の蒸発エネルギーは皮膚から奪われ、冷却される。

空気線図上では、この蒸発現象は比エンタルピーの斜線上の変化になって現れる。水温が気温と異なる場合、その温度変化による顕熱を考慮して修正する必要がある。

3）冷却と除湿

空調機中の冷却コイルでは、冷却と除湿が同時に行われている。

通常、冷却コイルの温度は空気の露点温度以下に設定されている。室内空気は送風機のコイルを通過すると温度が下がり、空気中の蒸気がコイルで凝縮し、空気の絶対湿度が低下する。しかし、相対湿度は温度に影響され、高くなりがちである。

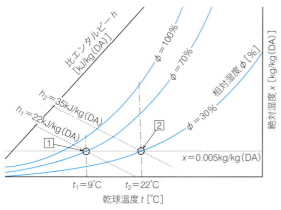

図2·13　空気線図：暖房プロセス

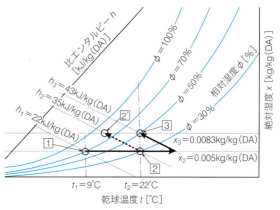

図2·14　空気線図：加湿プロセス

送風機を通過する風速が遅くなれば、その空気の温度はコイルの温度まで下がる可能性がある。この温度を装置露点温度といい、空気の相対湿度は100%となり、飽和状態になる。空調される空気の最低温度は装置露点温度である。したがって、空調機はコイルの設定温度より低い空気を除湿することは不可能である。空調機を通過する室内空気が全部、コイルに接触しない、または接触時間が短いので、露点温度までは下がらない。

図2・15に上記の冷却・除湿プロセスを示す。空調機に吸い込む空気の状態点①と装置露点温度②を結ぶ線上に、吹出空気の状態点③が示される。

①から③までの変化と①から②までの最大可能な変化の比率を、バイパス係数といい、この例では0.5である。バイパス係数がゼロになるとき、吹出空気は露点温度になる。

4) 空気の混合

乾球温度26℃、相対湿度50%の空気量1000m³と乾球温度32℃、相対湿度68%の空気量500m³を混合する場合の混合プロセスの例を図2・16に示す。乾球温度32℃、相対湿度68%の空気①と乾球温度26℃、相対湿度50%の空気②を混合して、空気③になったとする。

混合した空気の状態点③は、二つの空気の状態点①、②を結んだ直線L上にあり、その風量比の逆内分（500：1000）となる点で示される。なお、状態点①の絶対湿度は0.0205kg/kg（DA）、状態点②の絶対湿度は0.0105kg/kg（DA）であり、混合の空気の状態点③の絶対湿度x_3は0.0138kg/kg（DA）となり、温度は26＋(32－26)×500/(1000＋500)＝28（℃）となる。

2・2 空気調和システム

1 空気調和システムの概要

空気調和システムは、さまざま機能を持った機器が一体となって連携し、居住空間を快適に維持するための建築設備の一つである。この機能と機器は、以下のように分類できる。

①空気調和に必要な熱エネルギーをつくる熱源設備。電気、ガス、石油などによって稼働する。
②熱源と空調空間との間で、熱エネルギーを搬送する設備。搬送媒体には、水、空気、冷媒がある。
③排ガスや排熱を排出するための換気設備。
④空調用機器。空調機、ファンコイル、加湿器、エアフィルターなどのさまざまな機器がある。
⑤システムを制御する制御機器。弁類や各種の電装機器などが必要となる。

2 空気調和方式

空気調和方式は、熱の供給元である熱源と各室との

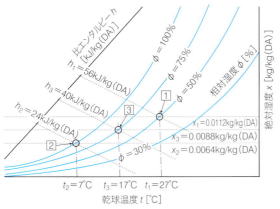

図2・15　空気線図：冷却・除湿プロセス

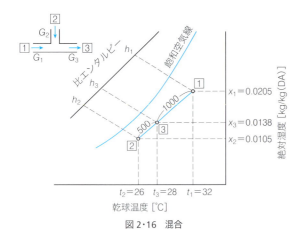

図2・16　混合

表2・18　空気調和方式の分類

熱源方式	供給方式	空気調和方式
中央熱源式	空気供給式	定風量単一ダクト方式
		変風量単一ダクト方式
		二重ダクト方式
		マルチゾーン方式
		各階ユニット方式
	空気・水併用式	ファンコイルユニット方式
		インダクションユニット方式
個別分散熱源式	冷媒式	ルームエアコンディショナー方式
		パッケージユニット方式

関係により、中央熱源式と個別分散熱源式とに大別される（表2・18）。中央熱源式は冷温熱源設備を中央の機械室に集中して設けた方式であり、各室へはダクトや配管により連絡されている。

中央熱源式は空調設備装置が1ヶ所に集中しているため保守管理が容易であり、騒音、振動や省エネルギー等の対策も機械室内で処理できるため便利である。しかし建物内にはダクトや配管のため、多くのスペースが必要となる。個別分散熱源式はパッケージユニット内に熱源を内蔵した方式である。

3　空調設備方式の構成

(1)個別分散式空調システム

1)ルームエアコンディショナー（エアコン）

中・小規模ビルや住宅などに設置されることが多く、熱源を分散するシステムである。エアコンでは、室外機と室内機に分かれたスプリット型が一般的だが、それらが一体化したウインドウ型や一つの室外機に複数の室内ユニットを接続したマルチ型もある。マルチ型を小中規模のビルに適するよう開発されたものをビル用マルチユニット型（ビルマル）と称し、冷暖房を同時に必要とする場合にも対応できるシステムになっている。中小規模のビルでよく用いられる。

2)パッケージユニット方式

冷凍機を内蔵した空調機でパッケージ型空気調和機によって空調をするシステムである。凝縮器の冷却に用いる媒体により、水冷式と空冷式がある。圧縮機の容量が5.5kW程度以下のものは直吹きで、直接居住室内に置くもので、7.5kW以上のものは空調機室などに配置し、騒音対策を行ったうえで、ダクトによって必要な箇所まで空気を供給する。中規模以下の建物でかつ中級以下の建物に多く用いられており、非住宅では最も多く採用されている。高級な建物用途でなければ設備費は安く、運転も容易で適用範囲はかなり広い。

(2)中央式空調システム

中規模以上の建築物では、必要とする熱エネルギー量が大きいため、一般的に、空調用の機械室を設け、そこに設けられた熱源機器で冷温水や蒸気などをつくり、これを配管によって空調機に導き、空気と熱交換をして室内空間まで供給している。通常は大型の建物で用いられることが多く、熱源と空調空間との距離は長い。熱を供給する媒体の種類によって、空気供給式と空気・水併用式に分けられる。個別分散式と中央式の空調システムを図2・17に示す。

1)ダクト方式(全空気方式)

空気を主な媒体とし、ダクトで熱源から室内へ熱を供給するシステムで、冷温ダクトの分離の有無や吹出風量を変化させるか否かで方式が細分化される。

①単一ダクト方式

空調機（エアハンドリングユニット：AHU[16]）によって、循環してきた空気と外気を混合しコイルを通過させて調温し、さらに加湿器により調湿した後、建物全体に空気ダクトで供給する方式（図2・18）。

媒体として空気を用いる利点は、換気システムと組み合わせてシステムを構築できる点にある。一方、ダクトは水などの媒体に比べると供給する空気量が大きいため、ダクトスペースを考慮しなければならないという制約がある。また、ダクトからの損失は比較的多く、空気漏れが生じても検出するのが難しい。

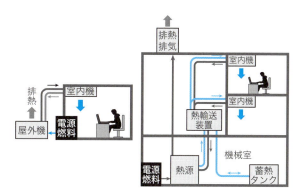

図2・17　個別分散式（左）と中央式（右）

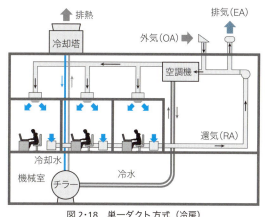

図2・18　単一ダクト方式（冷房）

* 16 AHU：Air Handling Unit

(a)定風量方式（CAV）*17

吹出温度を変化させて室温を制御する方式で、その際、吹出風量を一定に保つ方式をいう。室温の制御は、一つの室温、あるいは環気ダクトの温度検知器で行うため、空調空間の暖冷房負荷の違いから、室温のバラツキが生じやすい。

(b)変風量方式（VAV）*18

空気の吹出温度を一定に保ったまま、吹出風量を変化させて室温を制御する方式で、各室の個別制御が可能となり、送風機動力が定風量方式（CAV）より少ない動力で運転できる利点がある。ただし、必要換気量などに起因する制約で、吹出風量を絞るには限度があり、それを最小吹出風量という。また、このシステムは、インテリアゾーンや区切られた個室が多い建物の空調に適している。

②二重ダクト方式

図2・19に示すように、二重ダクト方式は、冷風と温風をそれぞれ個別のダクトで供給するため、空間に吹き出す前に混合ボックスで温度調節して吹き出さなければならない。定風量方式と可変風量方式がある。ダクトが二重のため設備費は高く、ダクトスペースも大きい。加えて混合ボックスでは熱損失が生じるため、高度な温度制御を要求される建物の空調システムなどに採用されるが、ケースは限られる。

③マルチゾーンユニット方式

図2・20に示すように、一つの空調機に加熱コイルと冷却コイルを組み込み、ゾーンごとに温度制御する方式である。ダクトはそれぞれのゾーンで単一ダクト方式となっている。比較的小規模の建物で、多くの用途を持つ建物に対応することができる。

④各階ユニット方式

各階ごとに空調機が設置された方式である。各階を貫通する大きなダクトがなくなるため、防災上の利点があり、ダクトスペースの面積が小さくすむため、平面計画上は有利になる。各階によって運転時間が異なっても残業運転に対する適応性に優れている。一方、空調機の分散、小型化により保守管理が繁雑になるほか、設備費が割高となる。風量方式では、軽負荷時のファン効率が下がる。本方式は中級以上のグレードの建物でよく採用される。

2）冷温水方式

熱容量が大きい物質は単位質量当たり、温度当たりの熱量が大きい。水は安価であり、他の媒体に比べ熱容量が大きいので空調システムの媒体としてよく採用される。水の搬送技術は技術的にも確立されており、水ポンプや配管の信頼性が高く、コストは低い。

冷温水配管網では、空調機、ファンコイルユニット

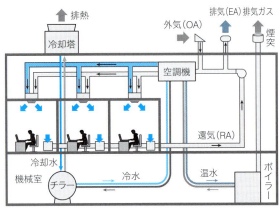

図2・19 二重ダクト方式

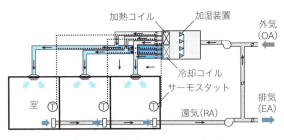

図2・20 マルチゾーンユニット方式

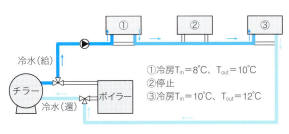

図2・21 単一パイプ方式

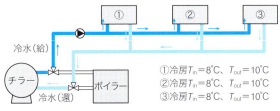

図2・22 2パイプ方式

*17 CAV：Constant Air Volume
*18 VAV：Variable Air Volume

などの端末装置に冷水および温水が送られる。端末装置は、部屋にエネルギーを伝達したり、反対に不要なエネルギーを取り除く。使用された冷温水は配管を介して熱源に戻され、再利用される。

① 単一パイプ方式

一つの配管系統で冷水または温水を送ることにより、冷房や暖房を行う方式である（図2·21）。冷房と暖房を同時に行うことはできない。中間期では、ゾーンごとの日射熱取得が異なり、冷房と暖房を同時に行う場合には問題が生じ、他の冷暖房装置が必要となることもある。この方式は、一般的には採用が少ない。

また端末機器が連続的に配置される場合、最初のユニットの流出が次のユニットの流入となる。そのため各ユニットの流入冷温水は、前のユニットより能力が低下していく。単一パイプ方式は循環ループの形になるように最後の端末機器から直接、熱源につながっている。

② 2パイプ方式

この方式は往配管と返配管の2系統で構成されている（図2·22）。返配管（リターンパイプ）に各端末機器の出流がつながり、各端末機器で使用された冷温水が直接、この返配管に流れる。配管からの熱損失による冷温水の温度変化を除いて、全端末機器の流入冷温水はほとんど同じ温度であり、流出する冷温水は他の端末機器に影響を及ぼさない。最初と最後の端末機器の性能がほとんど同じになり、単一パイプ方式に比べ、安定的に全部屋を冷房または暖房できる。しかし、部屋ごとに冷房と暖房を同時にできない。

さらに、各端末機器の流量バランスを保つ方式としては、ダイレクトリターン方式（図2·23）とリバースリターン方式（図2·24）がある。ダイレクトリターン方式では、温冷水配管の各端末器までの距離が異なり、ポンプに近い端末機①の配管総距離は短く、遠い端末機③の移動距離が長くなり、流量バランスが崩れやすい。そこで、減圧弁、サーモスタット、センサーと自動制御システムを使用することで、この問題を解決している。

リバースリターン方式では、全端末機までの冷温水配管はほとんど同じ長さになり、システムの圧力抵抗の合計はダイレクトリターン方式より少し増えるが、システムの圧力バランスが安定し、各端末機へ同じ冷温水流量を送ることができるようになる。

③ 4パイプ方式

部屋やゾーンごとに冷房または暖房を自由にいつでも使用できる方式である（図2·25）。この方式は冷房専用の2パイプ方式と暖房専用の2パイプ方式で構成されている。各端末機器とパイプは4ヶ所でつながっている。コストや必要なスペースが多くなるが、返管（リターン）の水温は、他と混合せず熱源に戻されるため、システムの効率は上がる。

この方式の簡易型として3パイプ方式がある。冷房専用の返管と暖房専用の返管を同じ配管で共用して戻される方式である。温度が大きく異なる冷房の返冷水と暖房の返温水が配管で混合されるので、4パイプ方式に比較してシステムの制御が複雑になり、効率も落ちる。

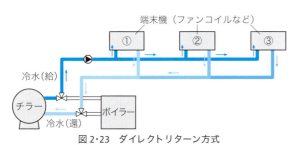

図2·23　ダイレクトリターン方式

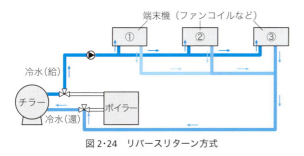

図2·24　リバースリターン方式

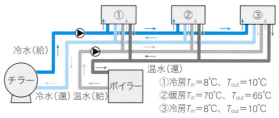

①冷房 $T_{in}=8℃$、$T_{out}=10℃$
②暖房 $T_{in}=70℃$、$T_{out}=65℃$
③冷房 $T_{in}=8℃$、$T_{out}=10℃$

図2·25　4パイプ方式

2・3 熱源方式

1 熱源の種類

空気調和設備に使用される熱源機器は数多くの種類がある。熱源機器は、建物ごとに設置されることが一般的であるが、地域冷暖房のように多くの建物に1ヶ所から熱エネルギーを供給する場合もある（表2・19）。また使用駆動方式によって表2・20のように分類することもできる。

(1)電気・燃料方式

一般のビルでは、従来最も多く用いられていた方式である。冷房用に電動圧縮式冷凍機を、暖房用に石油やガスなどの化石燃料を用いたボイラーなどを使用するものである。近年ヒートポンプや吸収式冷温水発生機の性能が向上してきたことなどから、最近はこの方式の採用が減少している。

電気・燃料方式に使用される圧縮式冷凍機ではターボ冷凍機、スクリュー冷凍機、往復動冷凍機が多い。また空冷チラーや水冷チラーを使用する場合もある。

ボイラーでは、鋳鉄ボイラー、炉筒煙管ボイラー、真空式温水機などが用いられる。図2・26にターボ冷凍機とボイラーを使用した方式を示し、図2・27に空冷チラーとボイラーを使用した方式の事例を示す。

(2)全電気方式

年間を通して（冷暖房とも）電力による空調を行う場合に採用される方式である。主にヒートポンプが使用されるが、夏期と冬期の負荷容量のアンバランスが

表2・19 熱源の設置場所による分類

対象建物	方式	内容
多数建物	地域冷暖房方式	熱源機器から多数の建物へ冷温水などを供給
単独建物	集中熱源方式	機械室に熱源機器を集中設置
	分散熱源方式	パッケージ空調機などの分散設置

表2・20 熱源の種類

駆動方式		冷熱源機器	温熱源機器
電気・燃料方式		圧縮式冷凍機（電動）	ボイラー
全電気方式		ヒートポンプ（電動）	
全燃料方式		吸収式冷温水機（直火式）	
		吸収式冷凍機	ボイラー
		圧縮式冷凍機（蒸気タービン駆動）	ボイラー（蒸気）
		ヒートポンプ（内燃機関駆動）	
その他	太陽熱	吸収冷凍機（ランキンサイクル機関駆動冷凍機）	集熱器（温水）
	温排水	吸収式冷凍機	熱交換器（温水）
	高温ガス	吸収式冷温水発生機	

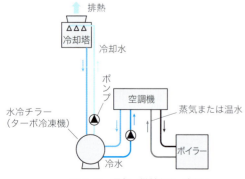

図2・26 電気・燃料方式 事例1

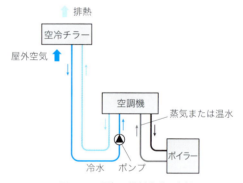

図2・27 電気・燃料方式 事例2

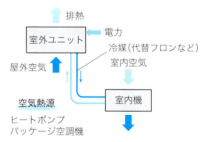

図2・28 全電気方式の各種の構成例

表2・21 化石燃料のエネルギー量

燃料	熱量 LHV
都市ガス 13A	40.5 MJ/Nm^3
都市ガス 6B	18.8 MJ/Nm^3
LPガス	96.3 MJ/Nm^3
水素ガス	10.7 MJ/Nm^3
灯油	34.0 MJ/ℓ
ガソリン	43.4 MJ/kg

Nm^3：1Nm^{3}とは、標準状態（0℃、1気圧）に換算した1m^{3}のガス量を表す。

大きい場合には、冷房専用の冷凍機を併用したり、補助暖房として電気ボイラーや電気ヒーターを用いることもある。この方式は設置スペースが少なくすみ、大気汚染も（熱汚染以外は）起きない。

ヒートポンプは高い成績係数（COP）で運転できるので、経済的にも優れている。図2・28に空冷ヒートポンプを使用した事例を示す。

(3) 全燃料方式

この方式は、熱源機器の主要なエネルギー源として表2・21に示す化石燃料である石油やガスを使用するものであり、電力は補機だけに使用される。

この方式では、建物の電力消費量を大幅に削減できる。使用燃料は石油の方がガスより熱量単価は低いが、危険物の貯蔵が必要となる。また、ガスの方が石油よりも大気汚染が少なく、割安なガスの冷房契約料金が適用されることもあり、都心部のビルではガスを使用するものが多くなってきている。

一般ビルで最もよく用いられているものであり、吸収式冷温水発生機を用いる方式である（図2・29）。これは1台の機械で温水も冷水もつくることができ、設置スペースが小さくなる。

また、ボイラーを使用して、吸収式冷凍機と組み合せて冷房と暖房の熱源とする方式もある（図2・30）。

2 ボイラー

(1) ボイラーの概要

かつては、ボイラーは水を沸騰させて蒸気を大量に発生させ、工業への利用、建物への蒸気熱の供給、蒸気機関車を駆動させるのに用いられてきた。

温水暖房システムの熱源としてよく使われているが、最近の建物では、蒸気はほとんど使用されていない。ただ産業用や発電設備では今でもまだ使用されている。

「給湯器」は飲料水や風呂のために水道水を加熱する別のシステムであるが、スペースとコスト低減のため、暖房用温水と給湯用温水を結合したシステムが提案されている。

化石燃料の燃焼効果を上げるために、ボイラーに新鮮な空気を送る必要がある。また安全に排気ガスを排出する経路が必要となる。普通、ボイラーの排気ガスは煙突を介して屋上に排出される。

ボイラーは、図2・31に示すような仕組みになっており、主要な装置である熱の発生装置（バーナー）と水を加熱する装置（熱交換器）からなる。他に送風装

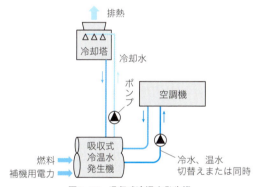

図2・29 吸収式冷温水発生機

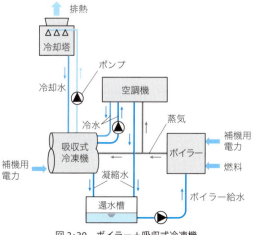

図2・30 ボイラー＋吸収式冷凍機

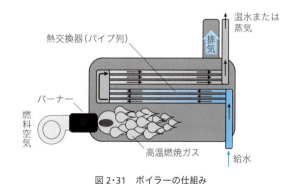

図2・31 ボイラーの仕組み

表2・22 ボイラーの種類

	容量 [t/h]	効率 [%]	対象
鋳鉄ボイラー	0.05～5	80～85	ビル用
炉筒煙管ボイラー	0.1～24	90～92	ビル用、産業用
水管（パッケージ形）ボイラー	3～40	90～92	地域暖房用産業用
貫流（小形）ボイラー	0.5～10	83～87	産業用
立てボイラー	～0.6	70～75	住宅用小規模産業用

置、給水装置、自動制御装置、安全装置などで構成されている。

通常、ボイラーの圧力は大気圧以上であるが、最近は大気圧以下（真空圧）で蒸気を発生させ、温水をつくるものが現われている。また、ボイラーに係る法律として「労働安全衛生法」があり、設置や取扱いについて定められている。

(2) ボイラーの種類

空調用のボイラーには表2・22に示すものが用いられることが多い。

一般ビル用などには鋳鉄ボイラーや炉筒煙管ボイラーが多く用いられる。小規模な建物では、立てボイラーが最も多く用いられる（図2・32）。

空調用には蒸気ボイラーや温水ボイラーが用いられる。蒸気ボイラーの場合は、加熱には主として潜熱を利用するので高い圧力が必要なく、鋳鉄ボイラー（図2・33）のように低い圧力のものも用いられる。

大規模な設備では蒸気の輸送のために管路抵抗が増えるので、やや高い圧力を用いた方が良い。

近年は温水ボイラーが採用されることが多い。温水ボイラーの場合には一般に80〜90℃の温水をつくるが、大規模な暖房装置や吸収式冷凍機の熱源としては120〜180℃の加熱、加圧した高温水も用いられる。

炉筒煙管ボイラー（図2・34）は、炉筒で石油などの燃焼を行い、煙管を通った燃焼ガスにより胴内の水が加熱される。煙管は炉筒内を1〜3回往復するようになっている。煙管内のガス流の圧力損失が大きいので、燃焼空気の押込み用の送風機を設置している。炉筒煙管ボイラーは比較的効率が高く蒸発量が毎時数トン程度の、大きなビルの暖房用などとして多く用いられている。

図2・35に示す真空式温水機は、内部を密閉にし、抽気することによって、大気圧に対し、−250mmHg程度の真空を維持しながら水を沸騰させて低温蒸気をつくり、内部に設けた熱交換器により暖房用および給湯用の温水を取り出すようにしたものである。大気圧以下で運転されるために、労働安全衛生法上のボイラーに該当しないので、設置届や取扱資格者を必要としない。取扱いが容易で、安全性も高く、耐腐食性もあるので、最近は各種の建物で利用されるようになってきた。

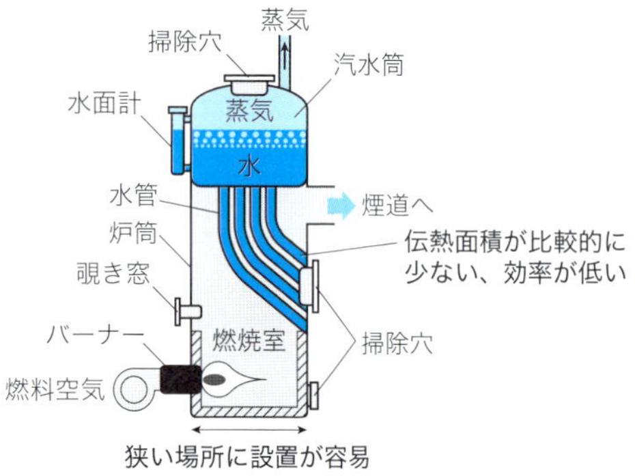

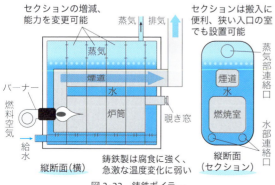

図2・32　立てボイラー

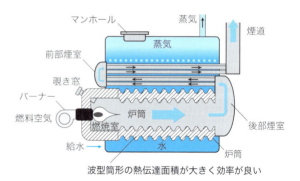

図2・34　炉筒煙管ボイラー

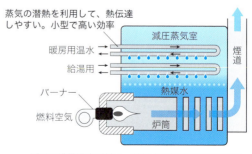

図2・33　鋳鉄ボイラー

図2・35　真空式温水機

(3) ボイラーの出力

ボイラーの熱出力は、熱量［kJ/h］または換算蒸発量［kg/h］で表される。換算蒸発量はボイラーで発生する蒸気と給水とのエンタルピーの差を、100℃の飽和水から同温度の蒸気を発生させるのに必要な蒸発熱2257［kJ/kg］で除した場合の蒸発量に換算したもので、式 2・11 で与えられる。

$$G_E = \frac{G_A(i_2 - i_1)}{2257} = \frac{G_S}{2257} \quad \cdots\cdots（式 2・11）$$

G_E：換算蒸発量［kg/h］
G_A：実際の蒸発量［kg/h］
i_1：給水の比エンタルピー［kJ/kg］
i_2：発生蒸気の比エンタルピー［kJ/kg］
G_S：ボイラー熱出力［kJ/h］

ボイラーの出力には定格出力と常用出力があるが、定格出力は連続運転時の最大出力で、常用出力は始動時の負荷割増を減じたものである。

また、ボイラー効率 μ［%］を式 2・12 で示す。

$$\mu = \frac{G_S}{G_f \times H_L} \times 100 \quad \cdots\cdots（式 2・12）$$

G_f：燃料消費量［kg/h］
H_L：燃料の低発熱量［kJ/kg］

3 冷凍機

(1) 冷凍機の基本

1) 冷却効果

チラーは、建物を冷却するために使用される冷水または低温冷媒を供給するために、冷凍サイクルで使用される大規模な設備である。

一般的には、大規模建物で、大きな冷却熱源（チラー）を必要とする場合に使用される。雑音や振動が発生するため、多くの場合、地下室や機械室または屋外に設置される。冷却エネルギーは、冷水により建物全体に冷水配管網を介して供給される。冷却水は、空調機やファンコイルユニットなどの端末装置で使用され、温度が上昇し、チラーに戻されて再利用される。

室内から取得した熱は、冷却水配管系を介して、冷却塔などの排熱装置に移動する。排熱装置は屋外へ高温の空気などを排出し、建物や周りの環境に影響を与える。そこで、このような影響を減らすために、排熱装置を建物の屋上に設置する場合が多い。

建物の周辺に川や池があれば、より効率的に大量の排熱を処理できる。発電所、産業設備、大規模建築物は川などを冷却装置として使用する。しかし、これも「熱汚染」を起こす可能性がある。水温が上昇するにつれて、水中の溶存酸素濃度は低下する。酸素が少ないと魚類に悪影響を及ぼし、嫌気性細菌が増加するなど、水中生態系被害の原因になるので、水中の排熱には考慮しなければならない。

2) 冷凍機の原理

冷凍機の原理は、蒸発冷却効果を利用することにもとづいている。蒸発冷却に関する人間の最も一般的な経験は、汗の冷却効果である。体から失った水分を補充するために、人は水を飲む必要がある。連続的に使用されるときに水が失われたり、補充される過程は「開放サイクル」と呼ばれる。開放サイクルを利用して、建物の冷房需要を満たすためには、冷たい水が大量に必要となる。

そこで、冷却のために液体を繰り返し蒸発、再利用するように、閉鎖循環方式（図 2・36）を採用する必要がある。

蒸発冷却の一般的な例としては、消臭スプレー缶が挙げられる。噴射剤として沸点温度の低い液体を使用し噴射させると、液体噴射剤が気体に蒸発し、消臭剤を押し出す。

水とは異なり、噴射剤液体が室温で気化（沸騰）する。蒸発するときには、熱エネルギーが必要となり、缶、消臭剤、使用者の手から熱エネルギーが奪われる。この缶は低性能で小型の冷凍機として一時的に使用することができる。ここで噴射剤は「冷却剤」または「冷媒」という役割を果たし、缶は「蒸発器」の役割を果たす。

この缶を利用して繰り返し冷却剤を再利用できる閉サイクルをつくろうとしたら、蒸発器と呼ぶ缶の吹出口を別の缶につないで、噴射された冷却剤を回収しなければならない。また再利用するためには、気体冷却剤を液体に戻す必要がある。このため、蒸発器の吹出

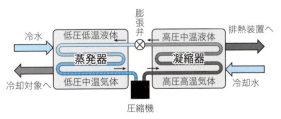

図 2・36　冷凍サイクル

口と二つ目の缶の吸込口の間に圧縮機を設置し、高圧で気体の冷却剤が液体になるまで圧縮して、回収する。

二つ目の缶の中で凝縮が起こるので、ここを「凝縮器」と呼ぶ。凝縮は蒸発の逆過程なので、凝縮中の気体は発熱し、この熱を処理する必要が出てくる。凝縮器の熱を低い温度の空気などで冷却して、低い温度の高圧液体に凝縮する。これを再び蒸発器に移すことにより閉サイクルを形成できる。

サイクルの効率を上げるためにはさまざまな工夫がある。

① 蒸発を推進するため、スプレー缶の弁の働きをする「膨張弁」を蒸発器の吸込口の前に設置し、蒸発器で蒸発させる。熱伝達を推進させるため、缶の代わりに、細長い金属製のパイプである「コイル」を使用する。
② 熱伝達を増加させるため、「フィン」と呼ばれている羽根を何枚もコイルに付ける。

これらを一つの機械にまとめたものが冷凍機である。

フロンガス（例えば、R-12）は冷却剤性能に優れ、毒性もなく、不燃性、非腐食性を有するなどの理由で、20世紀の後半に冷媒として広く使用された。しかし、1980年代にオゾン層破壊の原因であることが明らかになり、モントリオール議定書によって、フロンR-12などの製造や消費が規制された。その代わりに使用が認められた代替フロンのR-134aなども地球温暖化への影響があるといわれ、後に使用が規制された。

100年前に使われていた自然冷媒（アンモニア、二酸化炭素など）が再び使用されるようになったが、毒性や燃焼性などの欠点がある。

3）冷凍理論

圧縮式冷凍機内では、冷媒と呼ばれている物質が封入されており、適切な温度や圧力によって蒸発、凝縮を繰り返している。

液体状態の冷媒（冷媒液）を蒸発し気化させると、周囲から熱を奪って冷却する。これを冷凍作用という。気化した冷媒ガスを循環使用するために圧縮し、液化しなければならないが、このときに圧縮に伴う潜熱を発生し、それを冷却する必要がある。圧縮には、圧縮機を用いる。圧縮機の方法の違いにより、往復式冷凍機、遠心式冷凍機、スクリュー式冷凍機などに区別される。

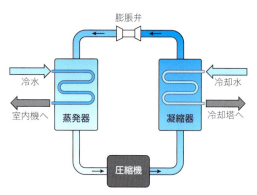

図2·37　圧縮式冷凍機の構成

表2·23　主な冷凍機の種類と運転条件

種類	運転	運転条件
圧縮式冷凍機	冷房	冷水 7/12℃、冷却水 32/37℃
	暖房	温水 40/45℃、冷水 7/12℃
空気熱源ヒートポンプチラー	冷房	冷水 7/12℃、外気 35℃
	暖房	温水 40/45℃、外気 7℃
空冷式ヒートポンプパッケージ	冷房	室内 27℃、外気 35℃
	暖房	室内 21℃、外気 7℃
水冷式ヒートポンプパッケージ	冷房	室内 27℃、冷却水 32/37℃
	暖房	室内 21℃、熱源水 15.5℃
吸収式冷温水発生機	冷房	冷水 7/12℃、冷却水入口 32℃
	暖房	温水出口 60℃

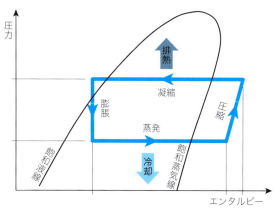

図2·38　モリエ線図と冷凍サイクル

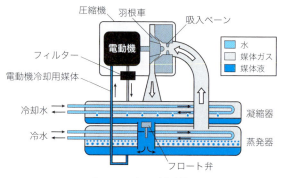

図2·39　ターボ冷凍機

圧縮式冷凍機は、圧縮機、凝縮器、膨張弁、蒸発器より構成されている（図2・37）。冷媒ガスは圧縮機で加圧され高圧・高温のガスになり、凝縮器で冷却されて液化する。この液は膨張弁を通って低圧の蒸発器で気化し、周囲から熱を奪う。蒸発した低圧の冷媒ガスは再び圧縮機に戻る。このように冷凍機では蒸発器で熱を奪って冷凍作用をする。凝縮器では熱を外に出し冷媒が液化する。この冷凍サイクルを表すのに、モリエ線図（または$p-h$線図ともいう）を用いる。縦軸に圧力、横軸にエンタルピーをとり、冷媒の液またはガスの状態、温度、比容積、飽和度等も表示する（図2・38）。

(2) 冷凍機の種類

主な冷凍機の種類とそれぞれの運転条件を表2・23に示す。

1) 圧縮式冷凍機

①ターボ冷凍機

羽根車（タービン）の高速回転による遠心力で冷媒ガスを圧縮する装置で、電動密閉式（図2・39）がほとんどである。空気調和設備では、冷水をつくるものとして使われており、大型ビル、工場、地域冷房など大容量のものに使用されることが多い。ターボ冷凍機は回転数、蒸発温度や凝縮温度などが、冷凍能力に大きく影響する。また、容量制御は、圧縮機入口の吸入ベーンの開度によって行われている。

②スクリュー冷凍機

近年になって広く普及してきており、中・大型のヒートポンプチラーや空気熱源ヒートポンプ等に用いられている冷凍機である（図2・40）。スクリュー形には、2本のねじ状のローターのかみあいによってガスを圧縮する2軸形と1本のねじ状のローターと2枚のゲートローターからなる1軸形のものとがある。この冷凍機は、一般に圧縮効率が高く、バランスのとれた回転運動のため振動は少ない。容量制御はスライド弁を軸方向に移動させて吸込ガスをバイパスして行う。

③レシプロ（往復動）冷凍機

圧縮機はシリンダ内をピストンが往復動して冷媒ガスを圧縮するもので、小容量のものに用いられる。圧縮比が大きく、圧縮機ケーシングから冷媒ガスが漏れやすいので精度の良い軸封装置が要求される。このため、最近は従来の開放式圧縮機よりも、冷媒ガスの漏洩をなくした密閉式圧縮機（図2・41）が用いられるようになった。

2) 吸収式冷凍機

①吸収式冷凍機（冷凍専用）

吸収式冷凍機は蒸発した冷媒を液体に戻すために、機械的な圧縮機の代わりに、化学的な作用を利用する。吸収式冷凍サイクルの原理を図2・42に示す。冷媒として水を使用し、吸収剤には臭化リチウム溶液が用いられる。

冷媒（水）の蒸発器と吸収器は連絡しており、蒸発する水は吸収剤で吸収され、臭化リチウム水溶液にな

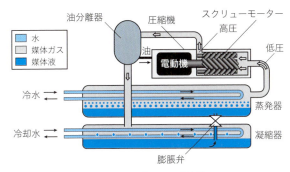

図2・40　スクリュー冷凍機

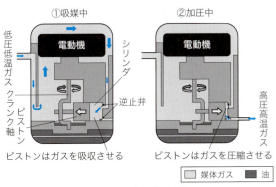

図2・41　密閉式圧縮機

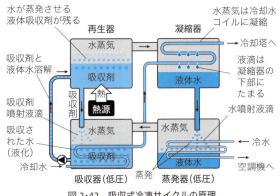

図2・42　吸収式冷凍サイクルの原理

る。この溶液はポンプにより「再生器」に運ばれ、そこで加熱され、冷媒は高圧になり蒸発して、凝縮器に移動する。冷媒は凝縮器で低温液体（水）になって、再び蒸発器に移動させる。吸収剤は濃縮され、吸収器に戻されて再利用される。

この方式の利点は、ポンプの消費エネルギーが機械圧縮機より少なく、平均故障間隔も長く、信頼性が高いことである。しかし、機械的な圧縮式冷凍機の効率に比べると低い。

吸収式冷凍機は冷房負荷を賄う熱に対応する装置である。気体の冷媒を再び利用できる液体に戻すために必要なエネルギーは、機械エネルギーでなく熱エネルギーを使用する。建物の他の設備（ボイラー、給湯器、蒸気発生器など）の排熱または省エネ的な熱源（太陽熱吸収装置）を冷却の起動エネルギーとして利用できる。効率は良くないが、この未利用エネルギーを使うことで、吸収式冷凍機はビルの総エネルギー消費を減少させることができる（図2・43）。また温暖化やオゾン層破壊への負荷が少ない装置として、多く採用されるようになってきている。

② 吸収式冷温水発生機

吸収式冷凍機を改良したものである。再生器をガスなどの熱源で直接加熱し、再生器で温水をつくることにより、冷水と温水を切り替えて取り出したり、冷水と温水を同時に取り出すものである（図2・44）。温水をつくるのにボイラーなどの加熱源を別に設置する必要もない。温水の取出し方法には、他に冷却水から取り出すものや、高温再生器の外部に温水熱交換器を設けて取り出すものもあり、省エネルギー熱源として広く採用されている。

3）ヒートポンプ

①ヒートポンプの原理

ヒートポンプは図2・45に示すように、自然の流れとは反対に、低温の側から高温の側に、または高温から低温に熱を移動させるものである。

ヒートポンプは可逆性の冷凍機として考えることができる。つまり冷媒の流れを逆にして、蒸発器と凝縮器の機能を交換できる機器である。冷房の場合、ヒートポンプは一般の冷凍機と同様に働く。暖房の場合、冷媒のループの切換え弁で流れを逆にし、ループの中にもう一つ膨張弁を追加して、冷凍モードの凝縮器の中で蒸発させる。圧縮機の入出流を入れ替えて、高圧

図2・43　吸収式冷凍機外観（出典：Panasonicカタログより）

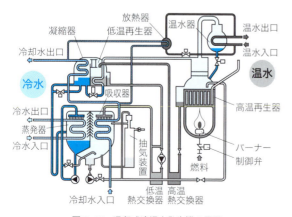

図2・44　吸収式冷温水発生機の原理

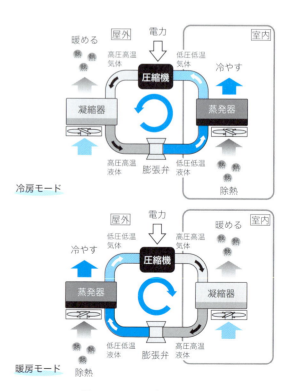

図2・45　ヒートポンプの原理

冷媒を冷房モードの蒸発器の中で凝縮させる。すなわち、凝縮器が蒸発器になる。これは屋外を冷房し、その排熱を室内で処理していると考えることができる。

ヒートポンプは冷房モード（図2・46）と暖房モード（図2・47）で使用できる柔軟な熱源である。一般のヒートポンプのエネルギーは電気を利用している。電気を用いて、冷房も暖房もできることになる。

一般のヒートポンプの成績係数（COP）は3〜5程度なので、消費電気量の3〜5倍の冷暖房性能がある。ヒートポンプとボイラーの選択に関しては、ヒートポンプの成績係数（COP）がランニングコストの検討のポイントとなっている。一般的には、ヒートポンプのコストは冷凍機やボイラーより高いといわれている。

また、蒸発器と凝縮器は専用ではないので、冷房専用の設備より性能はわずかに低下する。

②空冷式ヒートポンプ（空気熱源ヒートポンプ）

多くの場合、ヒートポンプは屋外の空気を熱源として使用する。冷房モードで屋外に排熱し、暖房モードで屋外空気から熱を取り込んで、室内へ移動させる。この空冷式ヒートポンプは比較的、低価格で簡単に設置できる（図2・48）。

しかし寒冷地では、熱力学的な問題と機械的な問題から暖房モードの効率が悪くなる。熱力学的な問題では、気温が低くなるにつれて、空気中の熱エネルギーをくみ上げて、室内へ移動させる成績係数（COP）が悪くなる。機械的な問題では、外気温は氷点に近いか氷点下の場合、屋外の蒸発器コイルも氷点下になることがあり、外気中の水蒸気はコイルに付着して凍ってしまう。氷がコイルに蓄積するにつれて、コイルと空気の熱伝達が低下する。氷の蓄積が長く続けば、コイルとフィンに損害を与える可能性がある。

このため、一般の空気熱源ヒートポンプは自動的に除霜モードに入る。すなわち、暖房モードが停止し、冷房モードに変わり、蓄積氷が溶けるまで蒸発器は凝縮器となり、排熱して温度を上げ、除霜を行う。

しかし、この除霜中は、室内側の凝縮器が蒸発器となるため、部屋は冷房モードになってしまう。これを避けるため、空調の室内機とは別の熱源（一般的に電熱器がよく使われている）を設置する。この状態は冷房と暖房を同時に行うことになり、システムの効率を低下させる。

冬期によく氷点下になる地域では、空気熱源ヒートポンプはあまり使われていない。

③水冷式ヒートポンプ（水熱源ヒートポンプ）

空気熱源ヒートポンプの空気熱交換器を水熱交換器とし、水で冷却するのが水冷式ヒートポンプである。

一般的には冷却塔により排熱するが、河川水を利用した方式も採用されている。空冷式ヒートポンプに比べて安定した高い成績係数（COP）が得られる。

④地中熱源ヒートポンプ

地中の約10m以下の範囲では、地中温度は季節に関わらず比較的安定しており、地域の年間平均気温に近いので、真夏には外気温より低く、真冬には外気温より高い。地中熱源ヒートポンプは、地中の土壌、石、

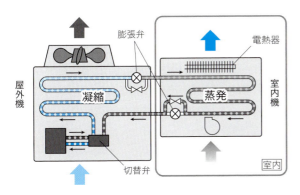

図2・46　冷房モード中のヒートポンプ

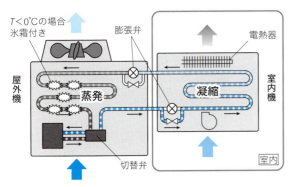

図2・47　暖房モードで着霜中のヒートポンプ

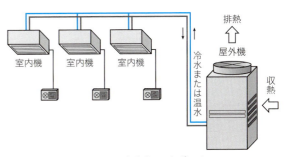

図2・48　空冷式ヒートポンプ

地中水などを熱源として利用する。地中に採熱管や熱交換器を埋め込んで、冷房モードの凝縮器に接続し、採熱管に水を流す。この水は凝縮器の排熱を採熱して、地中に戻されて、そのエネルギーを放熱する。暖房の場合、地中を熱源として利用する逆のプロセスを行う。

多くの場合、地中熱源ヒートポンプの成績係数は空気熱源ヒートポンプより高くなる。システムの欠点は採熱配管や熱交換の装置と設置コストが高いことである。その上、水漏れやパイプ劣化の補修コストも高い。

⑤ガスヒートポンプ（GHP）

ガスヒートポンプは化石燃料（ガス）を使用し、ガスエンジンで圧縮機を駆動させ、ヒートポンプ運転によって冷暖房を行う（図2・49）。

普通、ガス料金は電気料金より安いので、ガスヒートポンプのランニングコストは低い。暖房モードの場合、エンジンの排熱を回収し、暖房として利用できる。これは、ヒートポンプの欠点である冬期のCOP低下問題を抑え、経済的な暖房が可能となる。

⑥その他の熱源のヒートポンプ

空気と地中以外にも、他の設備の排熱を利用できるなど、さまざまな熱源が使用されている。

建物の周辺に一定の温度の水域があれば、地中と同様に1年を通じて熱源として利用できる。ハイブリッドヒートポンプは複数の熱源を使用できるので、温度条件によって最も効率的な熱源に切り替えることができる。

4）コジェネレーションシステム

コジェネレーションは、発電機による電力とその排熱を利用するシステムである（図2・50）。通常は、建物で使用するシステムは、化石燃料を熱源として、エンジンを回転させ発電機（電動機）で電力をつくり、エンジンの排熱を回収して、給湯や暖房に利用する。

熱回収には、一般に二つの方法がある。一つは、熱交換器を介してエンジンの高温排気を利用するもので、水は熱交換器内の配管を流れ、排気ガスから熱を取得し、高温にして回収する方法である。もう一つは、水冷エンジンの冷却水を取り出し、温水として利用する

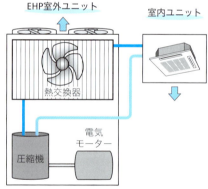

図2・49 ガスヒートポンプ（左）と電気式ヒートポンプ（右）

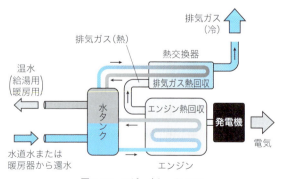

図2・50 コジェネレーション

図2・51 冷却塔の外観

方法である。エンジン冷却水は、必ずしも水質が確保できないので直接給湯用に使用できない。この温水は熱交換器に送られ、別の配管中の水を加熱し、温水タンク内に貯蔵する。

多くの化石燃料の発電機システムの効率は約30〜40％であり、燃焼のエネルギーの多くは排熱となる。この排熱は全部を回収できないが、コジェネレーションシステムの総合効率は高く、70〜80％程度となる。

本システムは、小規模で経済的に競争力があるが、初期コストが高いのが課題である。大規模の発電所や産業設備では、コジェネレーションシステムを用いて、周辺の建物に暖房用温水を提供し、総合効率を上げることができる。

4　冷却塔（クーリングタワー）

冷却塔は、水の蒸発熱を利用して排熱を処理する装置である（図2・51）。チラーなどの熱源の排熱によって温められた冷却水は、冷却塔に送られる。一般に使用される開放式の冷却塔では、温かい冷却水は冷却塔の中の放水装置から散水され、メッシュ状の充てん材に付着し、ゆっくり冷却塔の底に設置された水槽に落下する（図2・52）。水槽に溜った水は冷却水として再利用される。なお、冷却塔に供給する水は、水道法の水質基準▶p.69に適合することが建築物衛生法で定められている。

冷却水は充てん材を通して、蒸発作用により冷却される。理論的には、冷却水は湿球温度までしか低下しないので、湿度が高くなるにつれて、蒸発速度は落ちて、冷却塔の排熱性能が低下する。

充てん材は冷却水と外気との接触面積と蒸発時間を増やす役割を果たす。蒸発速度をさらに上げるため、送風機で充てん材を換気している。

冷却水は循環して使用されるため、水中のカリウムなどの濃度が高くなって、冷却塔だけではなく、チラーの冷却水配管に汚れや劣化などをひき起こす。また開放型の冷却塔の運転条件（45℃前後、循環）ではレジオネラ属菌が繁殖しやすく、この菌が冷却水から飛散し、周辺に大きな影響を及ぼす。周辺の人の肺に吸入されると、肺炎症状を起こし、レジオネラ症となる可能性がある。冷却水の飛散によるレジオネラ症の拡散防止には、滅菌を行い、冷却塔の設置場所としては、外気取入口から10m以上離し、居室の窓、風向きに十分配慮する必要がある。

5　蓄熱

(1) 蓄熱方式

一般の建物は、蓄熱システムをもたないので、深夜に空調機や熱源機器が稼働することはなく、また建物の空調負荷は、季節、日また時刻により変動している。空調設備の設計をする場合、このような負荷条件に対して、空調負荷の最大値に対応するように設計されている。このため設備費が高くなり、また低負荷運転によって熱源機や空調システムが低効率となる。

蓄熱システムは、このような状態を改善するために提案されたもので、空調用熱エネルギーの需給の調整を目的としている。ここでは氷蓄熱システムを例としてその調整方法を述べる。まず、一つの方法として、夜間の低価格な深夜電力によりチラーを運転して氷をつくり、それを「冷熱エネルギー」として氷蓄熱槽に蓄熱する。そして昼間はチラーの運転を停止し、蓄熱された氷蓄熱槽を冷熱源として冷房をする。この方法は、昼間に氷蓄熱槽だけを使用して冷房をし、チラーの運転を停止することができ、建物の昼間の使用エネルギー低減に貢献することができる。これはピークシフトと呼ばれている手法である。

もう一つの方法としては、夜間では同じく低価格な深夜電力によりチラーを運転して氷をつくり、それを「冷熱エネルギー」として氷蓄熱槽に蓄熱する。しかし昼間はチラーを運転し、蓄熱された氷蓄熱槽と併用して冷房をする（図2・53）。この方法は、昼間に氷蓄熱槽とチラーの併用運転をすることにより、チラーの容量を小さくして昼間の消費電力を減らすことができる。

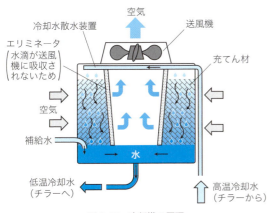

図2・52　冷却塔の原理

これは使用エネルギーの平準化や省資源に貢献することになる。

(2)蓄熱システムの種類

1)水蓄熱

大気に開放した開放式蓄熱槽と、大気と遮断した密閉配管系に接続した密閉式蓄熱槽とがある。我が国では建物の最地下階の床下部分を活用した開放式蓄熱槽が一般に採用されている。

この開放式蓄熱槽は、通常は建物の地中梁などで囲まれた多数の空間を連通管で連結し蓄熱槽としたものである。連通管方式は槽内に死水域をつくりやすく、槽内の水を効果的に利用できないという欠点がある。

密閉式蓄熱槽は一般に鋼板タンクでつくられており、円筒形のものが多い。採用例は多くはない。水蓄熱槽は冷水または温水を別に設置するか、同じ水蓄熱槽を冷水と温水とを切り換えて利用する方法がある。

2)氷蓄熱

「相変化」を生じる物質を蓄熱媒体に用いてその潜熱を利用すると、単位質量あたり、より多くのエネルギーを蓄えることができる。安価で安全な物質の代表は水であり、10℃から0℃までの温度差の冷水を利用する場合と比較すると、同じ容積ならば氷は冷たい水の約10倍の冷熱エネルギーを貯めることができる。したがって、水蓄熱槽と比較すると、1/10の容量で済む。ただし、氷をつくる過程で熱移動効率が低下したり、システムが複雑になったりするなどの課題もあるので、熱移動の効率が低下するのを防ぐため、氷の代わりに氷スリラー（シャーベット状の氷）を用いることがある。

3)躯体蓄熱

建物のスラブや柱などを蓄熱材にしてピークシフトや熱源の小型化を図ることができる。例えば、深夜電力を利用し、スラブなど熱容量の大きなものを冷やし、その冷熱エネルギーを昼間の冷房に利用する方法がある。これは蓄熱槽などが不要であり、近年事例が増えつつある。

4)その他蓄熱

蓄熱媒体としては、水、氷以外にも岩、レンガ、溶融塩、液化空気などを使うこともある。また、自然の帯水槽や岩盤を利用することもあり、この場合、貯蔵タンクは不要となる。

(3)蓄熱システムの特徴

消費エネルギーを少なくするのではなく、エネルギー需給の時間帯をシフトさせることにより、エネルギー需給を調整することを主眼としている。すなわち、多くの建物で同時間帯にピーク需要を集中している現状を改善するには、このピークシフト、ピークカットができる蓄熱システムは有効な手法となる。ただし、エネルギーを貯蔵・回収する際には、若干の損失が生じることも認識すべきである。

地域や都市全体のエネルギー総量を節約するには、蓄熱システムは非常に効果的である。蓄熱システムの課題点は、貯めた熱を貯蔵するタンク、機器類を設置するスペースが大きくなることである。

2・4 空気調和装置

1 ファンコイルユニット（FCU）

ファンコイルユニットは、最も基本的な室内機の一つであり、ホテルや事務室のペリメータゾーンで多く使用されている（図2・54）。

加熱および冷却するため、ファンコイルユニットの中のファンにより、コイルを介して室内空気を吹き出す。冷暖房負荷に応じて、コイルには建物の熱源から温水、または冷水が供給されている。多くの場合、冷暖房負荷に応じて、ファン速度や冷温水の流量を調整できる。吸込口には埃をとるためのフィルターが設置

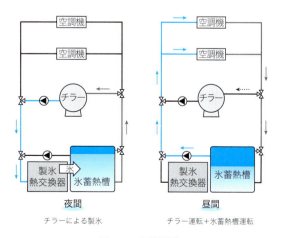

図2・53　氷蓄熱運転

されている。

ファンコイルユニットは室内において使用されるが、換気機能を持っていないので、別の換気装置が必要である。冷房の場合、ファンコイルユニットで除湿もできる。コイルの温度が室内空気の露点温度より低い場合、空気中の水分がコイルに付着、凝縮する。凝縮した水は、水滴になり落下して、コイルの真下のドレンパンに溜まり、ドレンパイプによって排水される。水滴をドレンパンに落下させるには、コイルに勾配が必要である。またドレンパンは埃などで詰まることがあり、水漏れの原因となるので、定期的にファンコイルユニットの点検と洗浄を行う必要がある。

普通、ファンコイルユニットには加湿機能がなく、冬季にFCUで暖房すれば、室内空気は乾燥し、不快で健康に悪影響を及ぼす可能性がある。

2 インダクションユニット方式

ダクトからユニットに一次空気を送り、吹出ノズルで吹き出し、その誘引効果により室内の二次空気を循環させる。室内二次空気の循環時に、ユニット内のコイルにより冷却または加熱する方式である（図2・55）。

一次空気は一般に新鮮空気（外気）とすることが多く、ユニット内で冷却減湿や加熱加湿が行われる。

この誘引ユニットはペリメータゾーンを受け持つもので、ファンコイルユニット方式とは本質的に差はない。しかし設備費が高く、また一次空気が床を貫通することから防災上の問題もある。そのため各貫通部に耐火等の処理が必要で、近年は少なくなっている。

3 空調機（エアハンドリングユニット）

構造はファンコイルユニットに似ている（図2・56）。主な違いは、冷暖房ダクトに接続する設備であること。一般的には、ファンコイルユニットと違い、空調機は室内に設置されない。

通常、コイルは温水専用と冷水専用のコイルがある。これらは直列または並列に設置する。別々に設置することによりダクト系統を分けることができ、ゾーン別に暖房と冷房を行うことができる。

ファンとフィルターが付いており、通常は加湿装置も設けられる。一般の空調機は冷暖房、加除湿の負荷をすべて満たすことができる。多くの場合、室やゾーンの排気は空調機の流入空気として使用され、ダクトによって室内に戻される。室内空気が屋外に排気される際に熱回収し、外気の負荷を低減することができる。

4 全熱交換器

(1)効果

空調システムでは、法令上、新鮮外気の導入（換気）が不可欠になってくるが、この換気は、熱収支でみれ

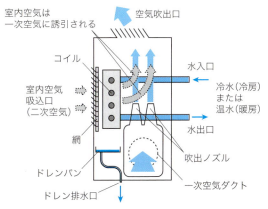

図2・55 インダクションユニットの構造

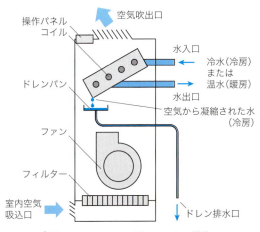

図2・54 ファンコイルユニットの構造

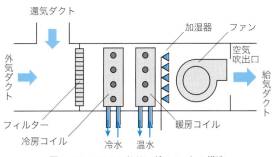

図2・56 エアハンドリングユニットの構造

ば、熱損失になっている。夏の空調で新鮮外気を取り入れる場合、高温多湿な外気を室に送り込むには、空気の温度を下げ、湿度を下げるために除湿する必要がある。空調された室の空気は、換気によって同量が外気に排出されることになる。

全熱交換器は、空調している室からの排気と取入外気との熱交換（顕熱と潜熱）により、取入外気の空調負荷を減少するものである。通過風速や風量比によって変わるが、交換効率は60〜70%といわれている。

(2) 種類

全熱交換器には回転式全熱交換器と固定形全熱交換器とがあり、一般的にはフィルターや送風機などを組み込んでユニットになっているものが多い。

1) 回転式全熱交換器

回転式全熱交換器の内部構造を図2・57に示す。取入外気と排気の空気ダクトが互いに接して配置され、その間にローターが組み込まれている。ローターが回転することで、取入外気側の熱が排気側の空気に伝達され、結果として、熱の回収が行われ、取入外気の熱が排気に移動する。湿度も同じ原理で、ローターを介して水分が移動することにより、高湿な取入外気を低い湿度に抑えることができる。

ローターと仕切板との間に隙間があると、空気漏れが起こることがあるが、通常は数%である。

2) 固定形全熱交換器

固定形全熱交換器は、外気流路と排気流路を和紙などの特殊加工紙でつくり、この仕切板を通して熱伝達と透湿を行うものである（図2・58）。外気と排気の流路は隔離されているので、空気漏れは起こらないが、小形のユニットでは、外気取入口と排気口が近接する場合にショートサーキットが起こることがあるので注意が必要である。

5 送風機（ファン）

送風機（ファン）は、空調システム内の各所で使われる。ダクト系統での空気搬送、空調機、ファンコイルユニットの送風、火災での排煙、室内空気の循環など各所で使われている。自然換気のごく一部の例外を除いて、ほとんどの空調システムには、ファンまたは送風機が設けられている。

送風機（ファン）は、表2・24に示すように、遠心式、軸流式、横流式の3種類がある。

空気調和設備の分野では、軸流式では「ファン」と呼ばれ、遠心式は「送風機」と呼ばれる。軸流ファンはプロペラの形をしており、羽根は平板であったり、翼形状をしている。翼形状は決まった回転速度のため、一定の風速をつくるのには効率が良いが、風速がよく変化するシステムでは、平板の方が良い。入口と出口は同じ方向に流れる。プロペラは電動機軸に取り付けられることが多い。気流によって電動機を冷却する効果がある。

遠心式送風機は、軸流ファンと同様に回転する羽根車によって送風する。空気はファンの横から円筒の中

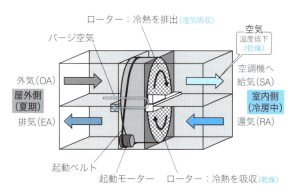

図2・57　回転式全熱交換器（冷房の場合）

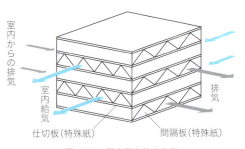

図2・58　固定形全熱交換器

表2・24　送風機（ファン）の種類と特徴

種類	風力範囲 [m³/h]	静圧範囲 [Pa]	効率 [%]	羽根車	用途
遠心式	600〜150000	100〜2500	3〜85		換気 空調機 ダクト換気
軸流式	1200〜300000	10〜150	10〜65		局所通風 換気扇 ヒーター 冷却塔
横流式	180〜1200	10〜80	40〜50		FCU 空調機 サーキュレーター

心に向かって流入する。羽根車のケーシングは放出された空気をすべて出口に集中させるためのものである。通常は、入口と出口の角度は90°になる。

遠心式送風機のデザインやケーシングによっては、高い圧力を得ることができるが、エネルギー消費は大きくなる。この送風機は軸流より騒音が高くなる傾向があるので、普通、室内空間には使用しない。入居者から遠く離れている空調機や排気システムなどでよく使用される。

横流式送風機は、断面の形状が遠心式送風機によく似ているが、流入と流出の向きが異なる。この送風機は比較的小さい口径でも多くの風量が確保できる。また騒音は比較的小さく、空調の室内機によく使用されている。

空調システムでは、長いダクトを介して空調する場合、そのダクト内を流れている空気の流量抵抗が大きくなるので、遠心送風機がよく使われる。抵抗が小さい場合、例えば、室内から屋外への排気や室内の空気の循環などには、軸流式ファンがよく使われる。

一般的には、送風機（ファン）は電動機軸に取り付けられているが、電動機と直接つなげず、ベルトやチェーンでファンを回転させるものもある。これによりファンは電動機の回転数と異なる速度で使用できるようになる。電動機の排熱と騒音が気流やダクトに影響しにくく、メンテナンスや点検も容易である。しかし、電動機を固定できる丈夫で安定したスペースが必要である。

6 ポンプ

ポンプの動きや原理はファンに似ているが、ファンは気体を搬送するのに対し、ポンプは液体を搬送する機械である。

ポンプには多くの種類があるが、空気調和の分野では水用の循環ポンプを使用する。密閉系管路におけるポンプ容量は、配管系統および空調機器の抵抗を考慮して、必要な水量を算出し決定する（図2·59）。ただし開放系管路においては、管路の高低差（揚程）の圧力水頭を考慮する。

ポンプの能力は使用条件によって変わり、一般的に高揚程で低流量、低揚程で大流量を送り出す（図2·60）。ポンプの効率は作動範囲によって変化する。多くの場合、ポンプの最大効率は、最大能力近傍で生じる。一方、ポンプ能力を絞り過ぎると、羽根車などが無駄に回転し、流量が確保できない。この場合の効率はゼロである。ポンプによっては、流量が絞られた場合、「サージング」という流量などの周期的な振動を起こす現象が発生する。これはポンプやパイプ系統に損害を与える。

多くの水量が必要な場合は、複数台のポンプを設置する。通常は、パイプ系統の圧力抵抗に合わせて、ポンプの容量や圧力を決定する。配管抵抗は配管長さに比例する。さらに、弁やエルボーなどにも抵抗があり、このことを考慮して決定する。

冷温水ポンプは水が充満されていなければ、機能を果たすことができず、無駄な回転をさせることになり、オーバーヒートしてポンプ電動機などを損傷する可能性がある。これを防ぐには、起動する前に、ポンプを水で充満する「呼び水」が必要である。最も一般的な解決策としては、ポンプを水系統の最も低い位置に配

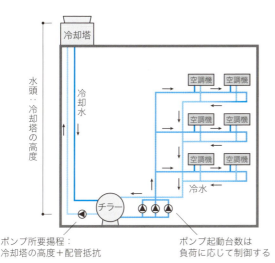

図2·59 ポンプの配置、冷却塔の水頭

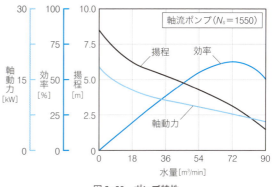

図2·60 ポンプ特性

置することである。タンクや水系統の水は自然にポンプに入る。呼び水用手動ポンプが付いている設備もある。また、ポンプと配管に入っている空気は自然に高い位置に上がるので、この位置に、空気抜き弁を設置するなどの方法をとる。

2・5 空気搬送系

1 構成と種類

(1) ダクト空調

図2・61に、空気搬送系の構成例を示す。これは比較的大きな空調機を設置する例であるが、空調機を天井に吊ったり、窓下に設置する場合（いずれもファンコイルユニットと呼ぶ）や、パッケージ型空調機を利用する場合は、空気搬送系は短くなる。空気搬送系とは、もちろん空気を搬送するものであるが、空気の温度や湿度を制御するために熱や水分を供給する給気（SA）、フレッシュな外気を導入する外気導入（OA）、汚染質や臭気を排出する排気（EA）のほか、室内から空調機空気を戻す還気（RA）がある。火災発生時に煙を排出する排煙系統もある。搬送経路はダクトと呼ばれ、上記の役割に応じたダクト名称をつけることが多い（例えばSA（給気）ダクト）。また空気を送る装置をファン（送風機）と呼び、ファンも上記役割に応じ

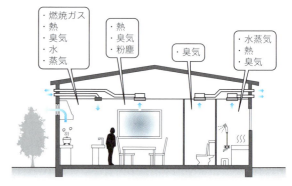

図2・62 室内の発生汚染質

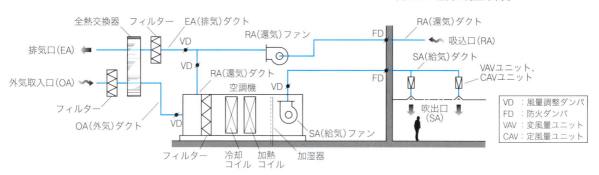

図2・61 空気搬送系の構成例

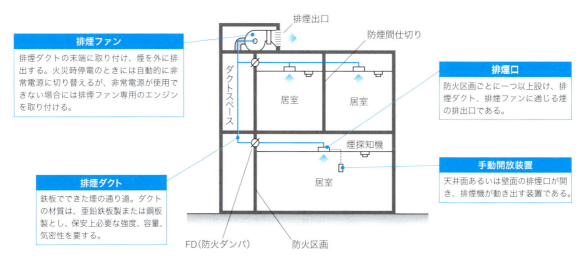

図2・63 機械排煙の構成

たファン名称とすることが多い（例えばSA（給気）ファン）。空気が出入りするところは、その役割に応じ吹出口、吸込口、排気口、外気取入口と呼ぶ。空気の量はファンの風量を変えることでも制御できるが、ダクト途中にあるダンパや定風量ユニット（CAV）▶p.34、変風量ユニット（VAV）▶p.34などの風量制御装置で調整する。空調機は、温湿度調整や空気の埃・臭気をとるために、加熱・冷却コイル、フィルター、加湿器が組み込まれている。

図2・62に室内の発生汚染質を示す。換気には、室内の汚染源から発生する粉塵・燃焼ガス・化学物質・臭気・熱・水蒸気などを取り除く局所換気（厨房換気、トイレ換気、浴室換気など）と居住者や燃焼器具に必要な酸素を供給する全般換気（通常換気）がある。

また、火災時に発生する煙が充満し避難ルートに煙を侵入させないことを目的とした排煙設備がある▶p.170〜171。自然の力で排煙する自然排煙と区別し、機械排煙と呼ばれるが、ダクトを通してすみやかに煙を排出し、煙の拡散と煙層の降下を防止する。機械排煙の構成例を図2・63に示す。

空調機と各室にダクトを通す場合、屈折点や分岐点などでダクト同士を接続する必要がある。さまざまな変形に対応するダクトがあるが、変形が多いほど抵抗が大きくなり、騒音や振動の原因となることもある▶図2・70。

フレキシブルダクトは、機械が排気する際の振動や騒音の吸収、ダクトが熱膨張した際の伸張・収縮を調整する上でも利点がある。

(2) ダクトレス空調

1) 床吹出空調

事務所ビルなどではOA化が進み、事務所の床をフリーアクセスフロア▶p.123とする場合が増加している。床吹出空調は、図2・64に示すように、そのフリーアクセスの床下空間を利用して、床から空調空気を居住域（通常床上1.8m以内）に吹き出すことで、タスク空間を効率的に空調する手法である。床から吹き出された空気が、人体や室内の熱で上昇し、天井などに設けた吸込口から排出されることで、冷暖房のみならず汚染質や臭気の排出にも理にかなっている。床に設置する吹出口（床吹出口）には図2・65のようなプレッシャー式（ファンなし）、ファンユニット式（ファンあり）がある。床下空間に十分な圧力をかけることができる場合はプレッシャー式でもいいが、圧力分布が発生したり、吹出風量を確保したい場合にはファンユニット式とする。居住域近くで吹き出すため、冷気による不快感を防ぐため冷房時吹出温度は天井吹出方式に比べ高めにする必要がある。

2) 熱負荷をかけない窓まわりの工夫

室内で発生する熱負荷（インテリア負荷）は、年間を通じて比較的安定しているものの、窓や外壁から侵入してくる熱負荷（ペリメータ負荷）は、季節変化はもちろん、一日の中でも時々刻々と変化する。このた

図2・64　床吹出空調方式

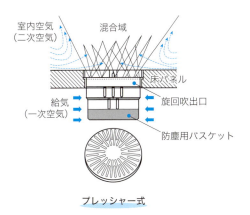

プレッシャー式

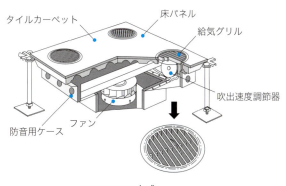

ファンユニット式

図2・65　床吹出口

め、多くの建物でペリメータ負荷を単独で処理する空調機を設置している。一方、できる限り負荷をかけない工夫として、複層ガラスやLow-Eガラスなど、窓ガラスの対策のほか、下記のような窓まわりの工夫が挙げられる（図2·66）。

①エアバリア

窓付近の熱負荷やコールドドラフトを遮ってくれる窓付近に設けるファンである。コールドドラフトが落ちてくる窓下に設置し、上向きに空気を吹き出す。

②ダブルスキン

窓まわりの外側にもう一層ガラスの外装を設け、この間に外気を通す。ファンは設置せず、日射により空気が暖められ上昇しながら日射負荷などを排出する。

③エアフローウィンドウ

窓まわりの内側にガラス層を設け、この間を通過する空気と一緒に、日射負荷や外皮負荷を排気ファンで排出する。さらに、入口などから負荷が侵入するのを防ぐ対策も挙げられる。

④エアカーテン

出入口に気流の膜を形成し、人や物の通過は可能であるが、室内外の空気は混ざり合わないようにする設備である。

(3) 特殊空調

1) パーソナル空調

図2·67に、一例としてデスクトップベースのパーソナル空調方式を示す。パーソナル空調とはその名のとおり個人を対象とした空調で、自分の周辺環境だけを好みに合わせて空調できる。机上面や机下に吹出口

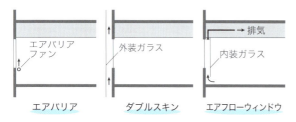

図2·66　できるだけ負荷をかけない窓まわりの工夫

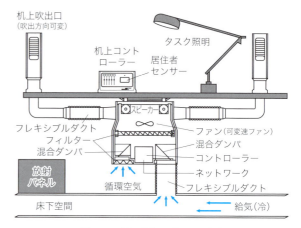

図2·67　デスクトップベース方式

クリーンルーム

クリーンルームとは、空気中における浮遊微小粒子、浮遊微生物を限定された清浄度レベル以下に管理し、必要に応じて温度、湿度、圧力などの環境条件についても管理している空間をいい、工業用クリーンルームとバイオクリーンルームに分けられる。

①工業用クリーンルーム（ICR）は、半導体集積回路、液晶パネル、プラズマパネル、マイクロマシンなどの電子工業や精密機械工業の製造工場においては必須となっている。この部屋の清浄度が製品性能の確保に極めて重要である。

②バイオクリーンルーム（BCR）は、主としてバイオテクノロジーの分野で用いられるクリーンルームをいう。特に空気中の浮遊微生物の管理が重要となる。すなわち、浮遊粉じんを減少させ、清浄な作業環境の確保を必要とする食品工場、薬品工場、病院の手術室などで採用される。

③クリーンルームの規格は次表のように、1 ft³中に存在する0.5 μmの粒子の個数による清浄度クラスで表現されている。超LSI製造工場のスーパークリーンルームでは、クラス10以下のクリーンルームが実用化されている。

Fed Std. 209D 清浄度クラスの上限濃度 [個/ft³]

粒径 [μm]	清浄度クラス					
	クラス 1	クラス 10	クラス 100	クラス 1000	クラス 10000	クラス 100000
0.1	35	350	—	—	—	—
0.2	8	75	750	—	—	—
0.3	3	30	300	—	—	—
0.5	1	10	100	1000	10000	100000
5.0	—	—	—	7	70	700

を設置し、温度調整された空気や外気を給気する方式のほか、さまざまな種類のものが提案されている。天井に設けた吹出口から執務者個人を狙う方式もある。これらはダクト空調方式であるが、ダクトで空気を供給せずに気流感を与える方式や、椅子に設けた吹出口から給気する方式などダクトレス空調方式もある。

2）置換空調（置換換気）

　置換空調は、空間下部から新鮮で室温より冷たい空気を供給し良好な温熱環境や空気質を得ると共に、居住域から上昇する暖かく汚染した空気を天井付近で排出する手法である。置換空調の概念図を図2・68に示す。床から上方へ吹き出す床吹出空調とは異なり、静穏な流れ場で上下方向の温度分布（温度成層）をつくる。このため天井の高さが3m以上あるような空間に適している。ただし、居住域に直接吹き出すため、吹出温度を低くしすぎるとドラフトによる不快感が発生する。

2　ダクト系の設計

(1) ダクトの構造と種類

　空気、熱や水分、外気、汚染質や臭気、煙などの経路であるダクトは、通過する風量、温度差や通るルートのスペースに応じて、さまざまな素材・大きさ・形状がある。一般的には亜鉛メッキ鋼板（亜鉛鉄板）などを利用した角形ダクトや丸形ダクトがある（図2・69、70）が、薄いアルミやポリエステルを用い、蛇腹状の構造をとることで自由に形状を変化することのできるフレキシブルダクトなどもある。SAダクトやOAダクトには温度差により結露が発生するのでグラスウールなどで保温する。

(2) ダクトの設計留意点

　必要な風量・圧力で空気を搬送できるようダクト寸法・ルートを設計するには、一般的に次の点に留意する。

　①ダクトの単位長さ当たりの摩擦損失を1.0～1.5Pa/mに設定し、すべてのダクトをこの摩擦損失に等しくなるようにダクト断面寸法を設計する。

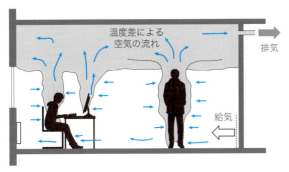

図2・68　置換空調の概念

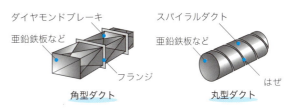

図2・69　ダクトの形状

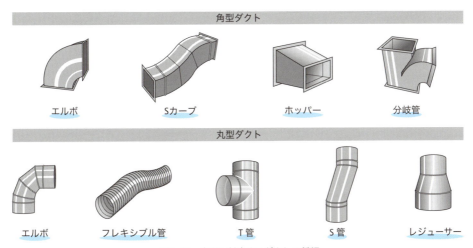

図2・70　変形に対応するダクトの種類

②ただし、空調機から各吹出口までの抵抗が異なる場合、各吹出口からの風量にばらつきが生じるため、抵抗の少ないダクトルートに関してはダクトルートを長くする、ダンパを設ける、ダクトサイズを狭めるなど実施し、摩擦損失を均一にする。

③ダクトからの騒音発生を抑えるため、ダクト内風速を極端に大きくすることは避ける。ダクトからの騒音が生じる場合は、室内の騒音基準を満たすため、ダクトルートの途中に消音装置を設置、ダクトに鉛シートを巻くなどを行う。

④ダクトの急拡大・急縮小は抵抗を大きくするので避ける。また長方形ダクトではアスペクト比が極端にならないよう注意する。

直管ダクト内の摩擦損失と局部ダクトの圧力損失を表2・25に示す。

(3) 吹出口・吸込口

1) 室内空気分布

気温、放射、風速、汚染質の濃度などは室内で必ずしも一様ではなく、熱負荷や汚染源の偏在、空調や換気設備の性能・システム、使い勝手に応じた分布が生じている。これにより室内で感じる温冷感や空気質は室内の各部で異なることが多い。

空調設備の計画においては、居住域を、目標とする状態に効率良く保つため、空調・換気システムや吹出口・吸込口、空調制御用センサーの位置等を適切に計画することが大切である。これらの室内分布を十分考慮できていない場合、季節ごとに負荷発生源や浮力による吹出気流の挙動が異なるため、居住域で暑さ・寒さや汚染質にさらされ、不快を感じることにつながる（図2・71）。

2) 吹出口の分類

吹出口からの気流は噴流となり、周囲空気を誘引して混合し、流量を増して広がり、速度や温度差を減じていく。空間が十分に広く、周壁の影響を受けないときを自由噴流、周壁や障害物のあるときを制限噴流といい、周囲の空気と温度差のあるときを非等温噴流という。

吹出口には各種の形状のものがあるが、以下では、図2・72のように、軸流・スロット型・ふく流の3種類に大別する。

軸流吹出口からの気流は、点源から円すい状に広がる軸対称噴流となる。連続スロット型吹出口からの気流は、線源から二次元的に広がる平面噴流となる。ふ

表2・25　摩擦損失および圧力損失の計算式

		計算式
ダクト直管部の圧力損失		$R = \lambda \dfrac{l}{d} \dfrac{v^2}{2} \rho = \lambda \dfrac{l}{d} P_v$ λ：直管の摩擦係数 l：直管部の長さ [m] d：ダクトの内径 [m] v：流速 [m/s] ρ：空気の密度 [kg/m³] P_v：動圧 [Pa]
ダクト局部の圧力損失	局部全圧損失係数によるとき	$R_l = \zeta \dfrac{v^2}{2} \rho = \zeta P_v$ ζ：局部抵抗係数
	相当長によるとき	$R_l = \lambda_l \dfrac{l_e}{d} \dfrac{v^2}{2} \rho = \zeta P_v$ $l_e = \zeta \dfrac{d}{\lambda}$ l_e：局部の相当管長 [m] λ_l：局部の摩擦係数

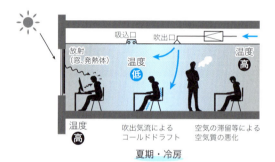
夏期・冷房

中間期・冷房（自然換気時）

冬期・暖房

図2・71　室内空気分布

く流吹出口からの気流は、環源から放射状に広がる放射状噴流となる。

長方形の吹出口からの気流は、アスペクト比（縦横比）が大きい（細長い）ときはスロット型吹出口に近づき、アスペクト比が小さいときは楕円状から円すい状に広がり、ある程度以上の距離では軸流吹出口からの気流と同様の気流になる。多孔パネル型吹出口からの気流は、小孔からの噴流が重なり、長方形吹出口と同様になる。

実際に吹出口は、吹出方向や拡散性を調節する羽や格子が付いたもの、複雑な形状のものがあり、その気流も単純ではない。

3）吹出気流と吸込気流

空調・換気の吹出口からの気流が室内空気分布に与える影響は非常に大きい。等温時の吹出気流の軌道は直線であるが、非等温時、浮力により冷風は下降し温風は上昇する。鉛直下向きの気流では、冷風は加速され、温風は減速する。壁面や天井面に接した噴流は、その面に吸い寄せられるように流れ、風速の減衰は小さく、到達距離が増す（コアンダ効果）。表2・26に吹出気流（空間が十分に広く、周りの影響がない自由空間において）の挙動を示す。このような近似式を用いることで、吹出気流の勢力範囲（例えば風速0.25m/s以上の範囲）や気流の停滞域などを、ある程度予測することができる。

図2・73に吸込気流の挙動を示す。吸込気流は吹出に比べて、強い方向性はなく、周囲から一様に気流が向かい、勢力範囲も狭くなる。

4）吹出口・吸込口の種類

吹出口・吸込口には、丸型、角型の天井取付用やノズル型、線状型、床置型などさまざまな種類がある。表2・27に、取付位置ごとの吹出口・吸込口の種類を示す。また、各種吹出口は、室用途に応じた特徴をも

表2・26 吹出気流（非等温時、軸流吹出口）の挙動

吹出口の種類	中心軸の速度・温度差・軌道
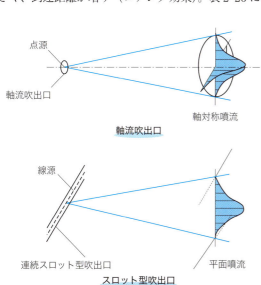	$\dfrac{V_X}{V_0} = K \dfrac{D_0}{X}\left\{1 \pm 1.9 \dfrac{Ar}{K}\left(\dfrac{X}{D_0}\right)^2\right\}^{\frac{1}{3}}$ $\dfrac{\Delta t_x}{\Delta t_0} = 0.83 K \dfrac{D_0}{X}\left\{1 \pm 1.9 \dfrac{Ar}{K}\left(\dfrac{X}{D_0}\right)^2\right\}^{-\frac{1}{3}}$
	$\dfrac{V_X}{V_0} = K \dfrac{D_0}{X}$ $\dfrac{\Delta t_x}{\Delta t_0} = 0.83 K \dfrac{D_0}{X}$ $\dfrac{Y}{D_0} = \pm 0.42 \dfrac{Ar}{K}\left(\dfrac{X}{D_0}\right)^3$

【記号】
X：吹出点（≒吹出口）からの距離　V_0：吹出口流速 [m/s]
V_X：Xにおける最大流速 [m/s]　Δt_0：吹出口温度差 [℃]
Δt_x：Xにおける最大温度差 [℃]　K：吹出口定数
Ar：アルキメデス数（$= g\beta\Delta t_0 D_0/V_0^2$）
g：重力加速度（= 9.8 [m/s²]）　β：気体熱膨張率（≒ 1/300）
D_0：吹出口有効直径 [m]　r：中心軸からの距離 [m]
Y：軌道の下降または上昇距離 [m]

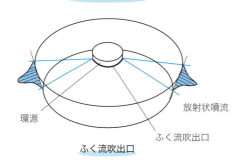

図2・72　吹出口の分類

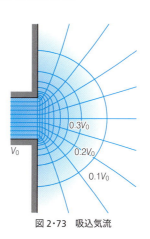

図2・73　吸込気流

とに選定される（表2・28）。

5）配置計画

吹出口や吸込口の配置計画にあたっては、吹出気流の到達範囲、空調ゾーニング、空調負荷分布、柱や間仕切りの位置に留意する必要がある。事務所などでは照明や防災設備と合わせたモジュール設計を行うことが多く、意匠性やコストも重要な側面となる。図2・74は、一般的によく使用される配置パターンである。夏の冷風のみならず、冬の温風に対しても、気流分布、空気質などに留意する必要がある。

(4) ダンパ・風量制御装置

1）ダンパ

風量の調節、系統の切換えを目的とした風量調整ダンパ（VD）、逆流防止を目的としたチャッキダンパ（CD）、火災時の遮断を目的とした防火ダンパ（FD）などがあり、ダクト途中に取り付ける。表2・29にその種類と取付位置を示す。

2）風量制御装置

定風量ユニット（CAV）は給気量を自動的に一定に保つもので、変風量ユニット（VAV）は室内の負荷の大きさに応じて自動的に風量を変化させるものである。

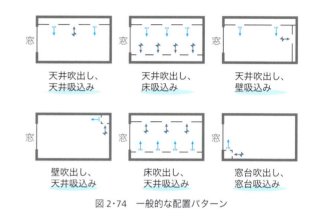

図2・74 一般的な配置パターン

表2・27 吹出口・吸込口の種類

取付位置	吹出口の種類	吸込口の種類
天井面	アネモ型、パン型、スロット型、ライン型、多孔板型、ノズル型	グリル型、ガラリ型、スロット型、ライン型、多孔板型
壁面	ユニバーサル型、グリル型、ノズル型、スロット型、多孔板型	グリル型、ガラリ型、スロット型、多孔板型
窓台	ユニバーサル型、グリル型	—
床面	グリル型、スロット型	グリル型、スロット型、多孔板型、マッシュルーム型（劇場など）

表2・28 各種吹出口の特性

種類		特徴
点吹出口	ノズル	距離到達が長いので、広い空間に用いられる。
	パンカールーバー	吹出気流の性状はノズルと同様であるが、向きを変えられるルーバーが付き、吹出気流の方向を変えられる。
	アネモ型	数層に分かれたコーンから放射状に吹き出す。
	パン型	アネモ型と似て、パンに当たった気流が放射状に吹き出す。
線吹出口	スロット型	アスペクト比（縦横比）が大きく、全体として細隙状の形をしている。
	エアカーテン	気流で異なった空間の熱の出入りを制限する。
	ライン型	スロット形式であるが、建築天井材として一体化している。
面吹出口	多孔板	天井に設けた多孔板を通して、気流が吹き出される。
	格子板 固定羽根（グリル型）	羽根が固定されているので、一般には吸込口に用いる。
	格子板 可動羽根（ユニバーサル型）	羽根の角度の変更で、自由に到達距離や下降度を調節できるので、一般には吹出口として用いる。

表 2・29 ダンパの種類

ダンパの種類		主な使用目的
風量調整ダンパ VD		・風量調整用 ・切換運転用 ・圧力調整用
モーターダンパ MD		・風量の自動調整用 ・切換運転の自動化
チャッキダンパ CD		・逆流防止用
防火ダンパ	温度ヒューズ式 FD、HFD（排煙用）	・火災がダクトを通じて他の部屋に延焼するのを防ぐ
	煙感知器連動式 防煙ダンパ SD	・煙感知機と連動して閉鎖する ・間仕切り区画を貫通し FD を兼用する場合は SFD となる

VAV は絞り型、バイパス型に分けられる。

絞り型は抵抗を与えることで負荷の変動に応じて風量を変化させるため、全体の送風量も変化する。バイパス型は室内に吹き出す風量と、天井や還気ダクト内にバイパスさせる風量の比率を変えるもので、送風量は変化しない。現在は、絞り型が主流となっている。

2・6 空調配管系

1 構成と種類

空調設備で利用される液体や気体などの流体には以下のものがある。
①水（冷水、温水、冷温水、冷却水など）
②氷水、不凍液
③蒸気
④冷媒
⑤燃料（灯油、軽油、重油、都市ガス、LP ガスなど）
⑥空気（通気など）
表 2・30 に空調配管系の種類および用途を示す。

(1) 水配管、氷水・不凍液配管、ドレン配管

水配管には、冷水配管（冷房）、温水配管（暖房）、冷温水配管（季節や負荷に応じて冷暖切替え）があり、熱源機から空調機まで 5 ～ 10℃の冷水、40 ～ 50℃の温水で、冷熱、温熱を供給している。供給される熱量は流量と往き還りの温度差に比例する。しかしながら、流量を増やすとポンプ軸動力は流量の 2.5 ～ 3 乗で増加する。すなわち 3 乗の場合、流量が 2 倍になると、軸動力は 8 倍になるため、省エネのためには往き還りの温度差を十分確保することが重要となる。

熱源機（冷凍機、吸収式冷温水発生機）で除去した余分な熱は冷却水配管で冷却塔まで運び、気化熱を利用して大気に放熱する。あるいは、海水・河川水、井水などを利用して冷却する場合もある。冷却水の温度は 20 ～ 40℃で利用されている。

氷蓄熱方式では、水と微細な氷粒が混合した流動性のある状態として熱供給する場合がある。また不凍液などを用いるときもある。いずれも通常の冷水より極めて低温のため、高品質な冷熱が確保できる。また氷を混ぜることにより、水の融解熱を利用することができるため、少ない流量で、ポンプ動力を削減した上、多くの熱を搬送することができる。

空調機側でも吹出温度を下げることにより（大温度差空調）、風量を削減し、ファン動力削減につながる。一方、低い温度の氷・水を生産するには、通常の温度の冷水を生産する場合に比べて、熱源の成績係数が低下する。

表 2・30 空調配管系の種類

目的	流体	配管の種類	使用温度・圧力範囲・用途
熱搬送	水	冷水配管	5 ～ 10℃
		冷温水配管	5 ～ 10℃、40 ～ 50℃
		温水配管	100℃未満、一般に 40 ～ 80℃
		高温水配管	100℃以上、一般に 120 ～ 180℃
		冷却水配管	20 ～ 40℃
		熱源水配管	（熱源の種類による）
	氷・水	アイススラリー配管	～ 0℃
	不凍液	不凍液配管	氷蓄熱（－ 10 ～－ 5℃）・ソーラーシステム
	蒸気	（低圧）蒸気配管	0.1MPa 未満、一般に 0.01 ～ 0.05MPa
		（高圧）蒸気配管	0.1MPa 以上、一般に 0.1 ～ 1MPa
	冷媒	冷媒配管	フロン
	空気	空調ダクト	—
物質搬送	燃料	油配管	重油・灯油
		ガス配管	都市ガス・プロパン・ブタン
	水	ドレン配管	冷却コイルなどの凝縮水
		給水配管	補給水用など
		排水配管	—
	空気	換気ダクト	—
		排煙ダクト	—
その他	水	膨張管	—
	空気	通気管	—
		圧縮空気配管	計装用

また配管内では、水の温度変化が大きいと膨張・収縮も大きくなる。膨張すると機器を破壊する恐れがあるため、これを吸収する密閉式膨張タンクを設ける。

冷房を行うと、室内の空気温度を冷やすと共に、露点温度を下回り、空気中の水分が蒸発器に結露することで潜熱が処理される。この水を屋外へ排出するのがドレン管である。

(2) 蒸気配管

蒸気は、暖房用や加湿用などとして用いられる。温水に比べて高温で、大きな熱量を供給でき、放熱器なども小型化できる一方、温度制御が難しい。配管は温度や圧力変化、腐食に留意する必要がある。

(3) 冷媒配管

圧縮式の冷凍機やヒートポンプで、冷媒としては一般にフロンが使用されている。特定フロン（CFC、HCFC）はオゾン層保護対策として生産・輸入が規制されている。このため代替フロン（HFC）への転換が図られてきたが、温室効果があるため、ノンフロン・低GWP（地球温暖化係数）化が進められている▶p.180、表7・7。

2 空調配管系の設計

(1) 密閉回路と開放回路

冷却塔や水槽（蓄熱槽など）で大気に開放されているような箇所が含まれている配管方式を開放回路と呼び、一切、大気に開放されている場所のない方式を密閉回路という（図2・75）。開放回路では水を持ち上げるための押上げ揚程が加わり、必要なポンプ動力が大きくなる反面、密閉回路では主に配管内の摩擦損失のための揚程のため、ポンプ動力は小さくてすむ。このため開放回路とする場合は機器の設置位置（特に上下）

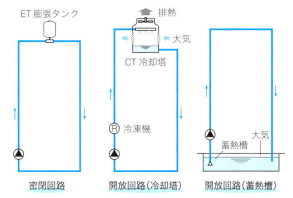

図2・75 密閉回路と開放回路

外気冷房とナイトパージ

外気冷房

一般的に、空調設備では冷房期には外気量を必要最小限にして空調運転を行う。中間期などでは、外気の熱エネルギー（エンタルピー）が室内の熱エネルギー（エンタルピー）より低い場合には、取り入れる外気量を増やし、チラーを運転せずに室内を冷房することがある。このシステムを外気冷房といい、エネルギーの低減を図ることができる。このシステムは、室内の発生熱が大きいほど省エネルギーの効果が大きい。

ナイトパージ

ナイトパージとは、在室時間前に夜間の比較的低温な外気を使い、建物や室内の温度を下げ、冷房の予熱負荷（運転開始時の負荷）を減らし、エネルギーの削減をはかるものである。

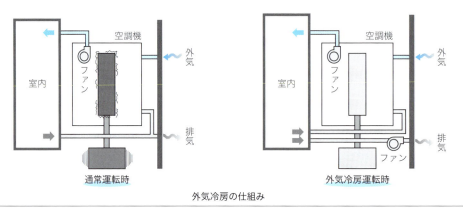

外気冷房の仕組み

に留意する必要がある。また開放回路では空気に触れるため、溶存酸素が増え配管内の腐食が起きやすく、水処理装置や薬液注入が必要となる。

(2) 水量

循環水量は、式2・13で与えられる。

$$L = \frac{3600H}{\Delta t_w C \rho} \quad \text{(式2・13)}$$

- L：循環水量 [m³/h]
- H：搬送熱量 [kW]
- Δt_w：出入口水温度差 [K]
- C：水の比熱 [kJ/kg・K]
- ρ：水の密度 [kg/m³]

(3) 送水圧力・揚程

配管系のポンプに必要とされる全揚程 H [m] は、式2・14で与えられる。

$$H = H_s + \frac{h_p + h_a + h_m + h_d}{g \rho} \quad \text{(式2・14)}$$

- H：ポンプの全揚程 [m]
- H_s：実揚程 [m]
- h_p：直管部分の圧力損失 [Pa]
- h_a：配管の局部抵抗 [Pa]
- h_m：機器類の圧力損失 [Pa]
- h_d：吐出口動圧（速度水頭）[Pa]
- g：重力加速度（= 9.8 [m/s²]）
- ρ：水の密度（= 1000 [kg/m³]）

(4) バルブ・流量制御装置

1) バルブ (弁)

配管内を通過する流路の開閉や切替え、流量や圧力の調整などに用いられる。主なバルブは、ゲートバルブ（仕切り弁）、グローブバルブ（玉形弁）、チャッキバルブ（逆止弁）、ボールバルブ、バタフライバルブなどがある。また配管中の異物やゴミを分離・排除するためにストレーナが設けられる。

2) 流量制御装置

流量の調節は、開閉（オン・オフ制御）による方法と、負荷に応じて開度を調節（比例制御）する方法がある。また、流量制御にあたっては、弁の開度で機器に流れる流量そのものを制御する二方弁制御（変流量制御）と、流量そのものは一定でバイパスさせる比率を変化させることで結果的に機器に流れる流量を制御する三方弁制御（定流量制御）などがある。系統全体の流量が一定の場合、二方弁で絞ると、ほかの流量が増加することになるので、三方弁で制御する。

2・7　換気設備

1　目的

換気は汚れた室内の空気と新鮮な外気との入れ替えを基本とするが、外気の性状の劣化、屋外に放出する空気の汚染の状態により、何らかの機械的な処理をする必要がある。この設備を一般的に換気設備という。

室内の空気が、臭気、粉じん、有害物質、熱気などによって汚染されてくると、在室者に不快感を与える。また、燃焼機器の運転や使用時では、空気中の酸素が不足すると不完全燃焼を起こし、生命に危険を及ぼすことがある。

換気はこのような事態を防ぐため、室外から清浄な空気を導入し室内の汚染空気を排出し、室内の空気環

表2・32　建築基準法の換気関連法一覧表

基準が適応される対象		適用される規定
一般居室	換気に有効な開口面積が床面積の1/20以上又は、有効な換気設備の設置（法第28条第2項）	自然換気設備及び給気口、排気口の技術基準の制定
		機械換気設備及び給気機、排気機の技術基準の制定
		中央管理方式の空調設備の適合基準の制定
		大臣認定による性能基準の制定
特殊居室	劇場・映画館・演芸場・観覧場・公会堂及び集会場の用途に供する居室（法第28条第3項）	機械換気設備及び給気機、排気機の技術基準の制定
		中央管理方式の空調設備の適合基準の制定
		大臣認定による性能基準の制定
火気使用室	建築物の調理室、浴室その他の室でかまど、こんろ、その他火を使用する設備若しくは器具を設けたもの（法第28条第3項）	有効換気量、給気口・排気口の位置等の技術基準の制定
居室のシックハウス対策	石油等以外の物質で散逸によりその居室内において衛生上の支障がないようにするための換気設備の基準（法第28条の2 第三号）	換気量等の技術基準の制定

境を保つために必要となる。

建築基準法では、表2·32に示すように換気基準が適応される対象が定められている。また換気基準も示されている▶表2·1。さらに、建築物衛生法や労働安全衛生法などにも換気基準が設けられている。

2　換気方式

(1) 換気方式と圧力差

換気方式には機械換気方式と自然換気方式がある。機械換気方式は、隣室との圧力差により適切な換気方式が決まる。汚染を拡大しないために、汚染度の高い室を周辺に比べ室圧を負圧に保ち、汚染空気の流出を避ける。また清浄な環境を必要とする室では周囲より室圧を正圧にして、汚染空気の流入を防ぐように換気方式と風量バランスに注意する。自然換気方式には空気密度の差で生じる圧力差によるものと、風圧力によるものとがある。

必要換気量をすべて外気に依存する場合と、循環空気と外気を混合して室に送風する場合とがある。循環空気を利用する場合は室内汚染空気を混合させているので、フィルターなどにより新鮮な空気と同等の性能を保たなければならない。

(2) 機械換気方式

機械換気は、給気と排気の方法により第1種から第3種に分けられる（図2·76）。

1) 第1種機械換気

給気・排気の両方に送風機を設置する換気方式である。一般的には、外気取入部に、外気を浄化するためのエアフィルターを必要とする。室内は正圧にも負圧にも調整できる。屋内駐車場、機械室などに使われる。

2) 第2種機械換気

給気用送風機と自然排気による換気方式をいう。第1種機械換気と同様に、外気取入部に、外気を浄化するためのエアフィルターを必要とする。手術室、ボイラー室、発電機室、クリーンルーム、非常用エレベーター附室などに使われる。

3) 第3種機械換気

自然給気と排気用送風機による換気方式をいう。第3種機械換気を採用する事例は、工場、作業場などのほかに小規模建築に多いが、大規模建築では給湯室・便所などに使われる。

(3) 自然換気方式

1) 温度差による換気

室内空気と外気の密度の違いにより圧力差が生じる。室内の温度が外気温より高い場合、室の開口部が上部と下部にあると、上部の開口部から空気が流出し、下部の開口部から空気が流入する。室内の温度が外気温より低いと反対の現象が起こる。どちらのケースでも、中間のある高さで室内外圧力差がゼロとなっている所があり、これを中性帯（図2·77）という。室の内外の温度差による換気量は、開口部の面積に比例し、内外の温度差および中性帯と開口部との距離の差の平方根に比例する。温度差による換気量 Q_i は、式2·15で表される。

$$Q_i = \alpha A \sqrt{\frac{2gh|t_i - t_o|}{T_i}} \quad \cdots\cdots\cdots\cdots\text{(式2·15)}$$

Q_i：換気量 [m³/s]
A：開口部の面積 [m²]

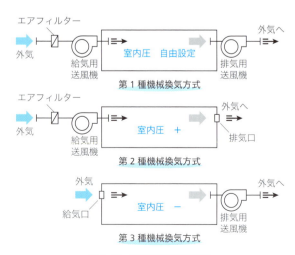

図2·76　機械換気方式の種別

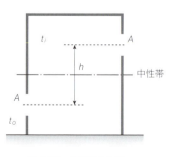

図2·77　中性帯の位置

α：流量係数
g：重力加速度（$= 9.8$ [m/s²]）
h：給気口と排気口の距離 [m]
t_i：室内気温 [℃]
t_o：室外気温 [℃]
T_i：室内気温（絶対温度$= 273.15 + t_i$）[K]

c_p：空気の定圧比熱 [J/kg・K]
ρ：空気の密度 [kg/m³]
t_r：室内空気の乾球温度 [℃]
t_s：空気（吹出口における）の乾球温度 [℃]

2）風圧力による換気

開口部で風下側と風上側に圧力差があるとき、圧力の大きい方から小さい方へ気流が生じる。風圧力による換気量は、開口部の面積と風速に比例し、風圧係数の差の平方根に比例する。このときの換気量 Q_w は、式 2・16 で表される。

$$Q_w = \alpha A V \sqrt{C_f - C_b} \quad \cdots\cdots\text{(式 2・16)}$$

Q_w：換気量 [m³/s]
A：開口部の面積 [m²]
α：流量係数
V：風速 [m/s]
C_f：風上側風圧係数
C_b：風下側風圧係数

ここで風圧係数とは、建物の周辺の風圧の状態を示したものである（図 2・78）。

3　必要換気量の決定

(1) 空調設備

建物内の各部屋（または部分）の熱負荷に合わせて、各部屋への換気量は最大熱負荷をもとにして、式 2・17 から求められる。

$$Q = \frac{3600 \, q}{c_p \rho (t_r - t_s)} \quad \cdots\cdots\text{(式 2・17)}$$

Q：換気量 [m³/h]
q：顕熱取得量または顕熱損失量 [W]

(2) 換気設備

換気量を決めるには、室から排出すべき項目（熱や水分、汚染質や臭気など）の各々の発生量から必要換気量を算定し、そのうちの最大値をその室の換気量とする。

各室に対する換気量は、一般的に表 2・33 に示す値が用いられている。建築基準法、建築物衛生法で制定されている室内二酸化炭素許容濃度を 1000ppm（0.1％）とするためには、在室者 1 人当たりの必要換気量はおおむね 30m³/h 人となる。また、便所、浴室、洗面所などは、その室の容積に必要換気回数 [回/h] を乗じて算出する。

1）通常換気の場合

室内で発生するガス（二酸化炭素、ホルムアルデヒドなど）や塵埃などを室内で許容される濃度に希釈する考えから、必要換気量は式 2・18 で求められる。

$$V = \frac{M}{C - C_O} \quad \cdots\cdots\text{(式 2・18)}$$

V：必要換気量 [m³/h]
M：室内発生ガスまたは塵埃量 [m³/h]
C：室内許容ガスまたは塵埃濃度 [m³/m³]
C_O：取入れ外気のガスまたは塵埃濃度 [m³/m³]

また、厨房、便所、浴室などでは、燃焼ガス、臭気、水蒸気など発生源が異なる。したがって、その部屋の用途、換気の目的などを考慮して必要換気量を決定する。

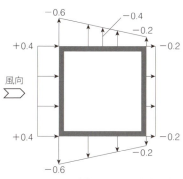

図 2・78　建物平面の風圧係数分布

表 2・33　用途別人員密度と床面積当たりの必要換気量

建築用途	人員密度 [m²/人]	換気量 [m³/h・m²]
ホテル・旅館	10	2～3
事務所	5	4～6
病院・診療所	4～5	4～7.5
レストラン・飲食店	3	6.7～10
店舗	3	6.77～10
集会所	0.5～1	20～60
劇場・映画館	0.5～1	20～60

【有効換気量の算定条件】
・人員密度：建築基準法、建築行政上の運用基準値を参照
・1 人当たりの換気量：20m³/h・人（建築基準法施行令第20条の2第2号）
　～30m³/h・人（実務上利用されることが多い数値）で計算

2）厨房など火気使用室の場合

建築基準法では、コンロその他の火を用いる設備を設ける場合、法令に定める換気設備を設けることになっている▶ p.104, 図3・66。

$$V = m \times K \times Q \quad \cdots \cdots \text{(式2・19)}$$

m：換気方法により選定
　　30＝排気フードⅠ型の場合（レンジフードファン）
　　20＝排気フードⅡ型の場合（排気筒または換気扇等に接続したフードを設けたもの）
　　 2＝バフラー・煙突使用の場合
K：燃料の単位燃焼量当たりの理論廃ガス量［m³/kW・h］
Q：単位時間当たりの燃料消費量［kW］

①熱を排出する場合

発熱分を室内許容温度になるまで外気で希釈する。

$$V = \frac{H}{c_p \rho (t_i - t_o)} \quad \cdots \cdots \text{(式2・20)}$$

H：発熱量［J/h］
c_p：空気の比熱（≒1000［J/kg・K］）
ρ：空気の密度（≒1.2［kg/m³］）
t_i：室内許容温度［℃］
t_o：外気温度［℃］

②水蒸気を排出する場合（防露にも有効）

発生した水蒸気を室内許容湿度になるまで外気で希釈する。

$$V = \frac{W}{\rho (x_i - x_o)} \quad \cdots \cdots \text{(式2・21)}$$

W：水蒸気発生量［kg/h］
ρ：空気の密度（≒1.2kg/m³）
x_i：室内許容絶対湿度［kg/kg(DA)］
x_o：外気絶対湿度［kg/kg(DA)］
　※ kg(DA)：乾燥空気の重量

2・8　自動制御設備

1　空調制御の方式

（1）自動制御の意義

外部環境の変化、室内負荷の変化などにより、空調負荷は大きく変化するため、快適性の確保、省エネルギーのためには設備を制御する必要がある。一方で、絶えず人間がその変化を監視し、制御する手動制御には限界がある。このため、設備を自動で制御する自動制御が不可欠となる。

設備機器単体の個別制御は、機器の進化やユニット化により比較的容易に実現できるようになった。一方、設備系統が高度化・複雑化している状況で、さらに運用側の要求も多様化しているため、多くの設備を高度に連携制御する必要性が増している。このため設備全体を高度に、かつ一括して自動制御するシステム（BA [19]）を構築することが多くなった。

しかしながら、自動で行われている状況が適正であるかどうかは、運用者の判断が必要となる。そのためには、自動制御に任せるばかりでなく、設備の広範な専門的知識をもとに不具合箇所を検知し、最適化を図る必要がある（BOFD [20]）。

図2・79に手動制御、図2・80に自動制御の概念図を示す。手動制御は、人間が希望する室温になるように操作するが、絶えず条件が変化する外乱に応じて、一から操作をやり直す必要がある。もちろん、このことのみをやっているわけにはいかない。

これと同じ操作を自動化すると図2・80のようになる。人間の代わりに温度センサーが温度を検出し、調節器により比較・判断したうえで訂正信号を操作部に送る。このような自動制御を行うことで絶えず変化する外乱にも対応して室温を安定することが可能となる。

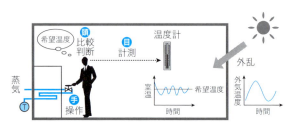

図2・79　室温の手動制御

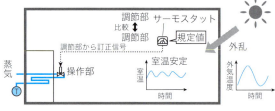

図2・80　室温の自動制御

[19] BA：Building Automation
[20] BOFD：Building Optimization, Fault Detection and Diagnosis

(2) 制御系の基本構成

　自動制御は、制御される制御対象と制御装置に大きく分けることができる。制御装置は主にセンサー、調節部、操作部から構成される。センサーで制御対象の状態を検出し、制御対象の状態と目標値を調節部で比較して、それらが一致するように操作部で対象の状態を制御していく（図2・81）。

2　空調の自動制御

(1) 方式の選定にあたって

　リレー・タイマー回路による一時的制御（シーケンス制御）や、検出器・調節器・操作器による連続的制御（フィードバック制御）、デジタルコントローラによる演算制御など、自動制御の方式は多岐にわたる。このためどのような制御を行うのか、目的と状況に合わせて選定することが重要となる。

　制御対象も、個別の機器から、全体のシステムに至るまで範囲が広い。

①各設備に対する個別制御

　検出器・調節器・操作器を用い、フィードバック制御を行うことが多い。

②各制御系のインターロック

　施設運用条件、設備運転条件などによる、制御系の実行・禁止の判断で、リレー・タイマー回路やシーケンサーを用いた、シーケンス制御が多い。

③個別制御系同士の連携制御

　中央監視盤を用いて、機器から情報収集を行い、演算することで複雑な連携制御を実施。

(2) 二位置制御

　自動制御には、二位置制御、多段制御、比例制御などがある。このうち、二位置制御はオン・オフ制御とも呼ばれ、最も単純な手法である。ある設定した値（目標値）を超えたとき、装置を動かしたり停めたりするもので、多くの設備機器の制御に用いられている。

　例えば、冬期に室温が設定値より低い場合にはヒーターなどで加熱し、高い場合にはヒーターを停止させる。この制御であれば、ある程度の範囲に室温は収まり実用的である。しかし、実際には検出部の時間遅れや熱容量などによりヒーターが停止してもしばらくは温度上昇が続き、また逆に室温が下がりヒーターが稼働してもしばらくは温度下降が続くことが普通である。このように室温が設定値を超えることをオーバーシュートという。オーバーシュートの範囲を狭めるためには、設定値の隙間を小さくすればよいが、絶えずオン・オフを繰り返すことにより、制御量が周期的に変化し不安定状態になるハンチングの現象を起こしやすくなる。ハンチングは機器によっては劣化・故障につながるため、やみくもに設定値の隙間を狭めることなく、最適な幅を選択する必要がある。

(3) 多段制御

　二位置制御の制御性を高めるために、複数の機器で段階を追って制御するものである。自動車を運転する際、速度に応じて好みのギアを選択することと同じもので、例えば運転するコンプレッサの台数を制御することで、負荷の変化に応じて、冷却や加熱能力を細かく制御することができる。

(4) 比例制御（P制御）

　比例制御は、0%か100%ではなく、設定値の前後に幅を持った比例帯を設け、比例帯の間で緩やかに制御することで、オーバーシュートやハンチングを防ぐものである。

　比例帯は、操作量を変化させるために必要な制御量（温度や圧力）の変化する幅のことであり、基本的に設定値は比例帯の中心に定められる。冬期の場合、室温がこの比例帯より低ければ操作量は100%、比例帯に入れば操作量は偏差（制御量と設定値の差）に比例して徐々に減少、設定値と一致すれば50%の操作量となる（図2・82）。比例帯の幅は、操作量の感度や制御結果の安定性に関わるため、最適な幅を調節し設定する必要がある。機器の制約により操作量の下限値が決められており、0%まで連続的に操作できるとは限らないが、比例制御することで滑らかな制御が実現できる。

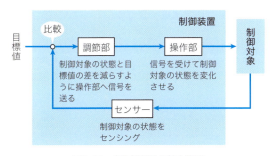

図2・81　自動制御系の基本構成

(5)複合制御（PID*21制御）

しかしながら、比例制御では制御対象の熱容量や設定値などのアンバランスから、安定状態に達しても設定値に対して一定の誤差が生じることがある。この誤差をオフセットと呼ぶ。比例帯を小さくすることでオフセットも小さくなるが、幅が小さいとハンチングの恐れが生じる。

そこで、比例制御に積分制御（I制御）を組み合わせることで、設定値との誤差の積算値ベースで訂正をはかり、時間の経過と共にオフセットを解消することができる。

しかし、これらは制御結果に対する訂正動作なので時間がかかる。このため現時点の変化量を基準にした微分制御（D制御）を行うことで、設定値に早く近づくことができる（PID制御）。

(6) DDCシステム

DDC*22とは、センサー情報をデジタル入力し、CPUを用いて演算し、制御するシステムである。ソフト上で制御システムを組むことができ、複雑な制御や演算が可能となる。またリレー回路を組むことも不要なため、制御盤内がシンプルに収まる。建物全体の制御を行う中央監視盤とも連携させやすく、制御・監視がしやすくなる。

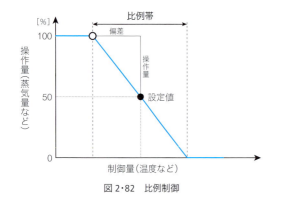

図2・82　比例制御

2・9　空調設備の省エネルギー

(1)省エネルギー対策

空調によるエネルギー消費は業務用ビルの5割にも達することがあり、その対策を推進することは、建物全体の省エネルギーを図る上でも重要である。表2・34に対策例を挙げる。

(2)運転・管理

設計段階でシステムや機器を定めても、個々の建物の使用状況に応じた特性があり、実際に運転して初めて性能を確認できる。建物は多くの場合、一品生産のため、一般の工業製品と異なり、性能を保証することが簡単ではない。

ここでコミッショニングという概念がある。これは、建築物や設備に関して、第三者を介して設計業務や建設業務の品質を確認し、確実に要求性能を実現し、品質保証を図るもので、契約社会である欧米で発達した考え方である。具体的には、建物のオーナーやユーザーと、設計者、施工者の間で、設計意図や要求される性能・水準を文書などで確認し、記録・保存する。さらに、必要であれば性能検査を実施し、専門家を交えた評価を行う。

特に建築設備では適切な状態で運転されているとは限らず、実際の性能を確認し、本来の性能を実現するため、このプロセスには意義がある。

最近は、設計図面をCAD*23で作成し、またBIM*24を活用し、設計・施工の効率化を図る事例も多くなった。未だに青焼きで印刷された竣工図面をもとに建物を管理している事例がほとんどであろうが、設計・施工時の細かな打合せ資料・データなどを保管し、建物を運用する際の、細かな修繕や改修も記録することは、建物の適正な管理運用・長寿命にとって重要である。

＊21　PID：Proportional Integral Differential
＊22　DDC：Direct Digital Control
＊23　CAD：Computer Aided Design。コンピュータによる設計支援ツール。
＊24　BIM：Building Information Modeling。3次元の建物のデジタルモデルに、コストや仕上げ、管理情報などのデータベースを含んだもの。

表 2・34 省エネルギー対策の例

空調の熱負荷を削減する対策	
建物の配置の適正化	東西面の熱負荷を削減
外断熱	断熱材の効果的な配置により外部からの熱負荷を低減
高断熱・高機能外壁	高性能断熱材（真空断熱材ほか）、高機能外壁（通気層工法ほか）による外壁の高機能化
日射遮蔽、ひさし・ルーバー	日射負荷を削減
高断熱サッシ・ガラス	高断熱・高気密ガラス、サッシを採用しペリメータゾーンの空調負荷を低減
自然換気・通風	自然の風を活用し、空調を停止
窓まわり空調システム	エアバリア・エアフローウィンドウ・ダブルスキンによりペリメータ負荷削減
高反射塗装・高反射防水シート・遮熱フィルム	昼間の建築物への日射熱による熱の流入や蓄熱を抑制
熱源設備の高効率化を図る対策	
未利用エネルギー	河川水・海水、井水などを利用
熱源の高効率化	高効率インバータ冷凍機やヒートポンプ、高効率吸収式冷温水機やガスヒートポンプなどの利用
水蓄熱・氷蓄熱	ピークシフトと熱源の高効率運転
空調設備の省エネルギーを図る対策	
居住域空調	居住域のみを効率よく空調。パーソナル空調
外気取入制御	CO_2 制御などにより居住人員に応じた外気取入れ。予冷・予熱時に外気取入停止
デシカント空調機	効率よく除湿し、高効率顕熱空調機を利用
全熱交換器	外気負荷を削減
搬送動力の省エネルギーを図る対策	
VAV・VWV 方式	負荷に合わせて流量を調整する
搬送動力低減システム	大温度差空調、低温送風空調、搬送動力の小さい空調を利用
冷温水圧損低減剤	配管の摩擦損失を低減
管理運用で省エネルギーを図る対策	
BEMS	エネルギー消費量の見える化と適正な運転管理
コミッショニング	建物の要求性能の把握と性能の検証
機器メンテナンスの遠隔監視	適正管理と迅速対応
ESCO 事業	既存建築物の効率的省エネ改修手法

(出典：「大阪府環境配慮技術手引き」)

資料 湿り空気線図 (出典：空気調和・衛生工学会編『空気調和・衛生工学便覧 第13版第1巻』より「湿り空気 $h-x$ 線図」(藤田稔彦・手塚俊一作成) 2002)

演習問題

問1 FCU と AHU の大きな違いを三つ以上挙げなさい。

問2 ターボ冷凍機と吸収式冷凍機の違いを二つ以上挙げなさい。

問3
① 東京にある建物の東向き部屋は、7月23日の窓面積当たりの日射量は、何時に最も強くなりますか。
② 東壁は厚さ 90mm、コンクリートと断熱材の重量壁である。東壁を通過する貫流熱量が何時に最も強くなるか、本文中の表を参考にして求めなさい。

問4 「ヒートポンプは、非常に省エネルギーに役立つ設備なので日本全国の冷暖房をヒートポンプで賄う」という主張は正しいか論じなさい。

問5 建築設備に関する次の記述のうち、最も不適当なものはどれか指摘し、その理由を述べなさい。
1. PAL * は、建築物の外周部の熱的性能を評価する指標で、省エネルギー性能を判断する際の基準として用いられる。
2. コジェネレーションシステムは、発電に伴う排熱を冷暖房・給湯などの熱源として有効利用するもので、エネルギー利用の総合効率の向上を主な目的として導入される。
3. PMV は、大多数の人が感ずる温冷感の平均値を理論的に予測した温熱環境指標である。
4. 空調設備における VAV 方式は、室内の冷暖房負荷に応じて、吹出空気の温度を変化させる方式である。

問6
a. 湿り空気線図を利用して、空気の状態を表した次の表の状態①と状態②の空欄を埋めなさい。ただし、状態①は乾球温度 30℃、相対湿度 60%とし、状態②は乾球温度 13℃、絶対湿度 0.008kg/kg(DA) とする。

物性値	状態①	状態②
乾球温度	30℃	13℃
相対湿度	60%	
湿球温度		
絶対湿度		0.008kg/kg(DA)
比エンタルピー		
露点温度		

b. ある空調機が外気（状態①）を取り入れ、冷却、除湿をして室内に空気（状態②）を吹き出す場合、空気の密度を 1.2kg/m³ として必要な冷却エネルギーを求めなさい。ただし、風量 300m³/h、排気や還気を無視するものとする。

c. 空調機の熱源をヒートポンプとし、冷却の成績係数（COP）が 4.0 である場合は、10 時間の空調に必要な電気消費量を求めなさい。

問7 室内の顕熱負荷が 10kW の時、室温 26℃設定で、吹出温度 14℃ で空調する場合の必要な空調風量を算出しなさい。ただし、吸込温度は室温と同じとし、空気の定圧比熱を 1000J/kg·K、空気の密度を 1.2kg/m³ とする。

問8 人体が発生する二酸化炭素を希釈するのに必要な外気導入量を算出しなさい。ただし、1人当たりの人体の二酸化炭素発生量を 0.017m³/h·人、二酸化炭素の許容濃度を 1000ppm、外気の二酸化炭素濃度を 400ppm とする。

演習問題　解答

問1
ファンコイルユニット（FCU）と空調機（AHU）の違いとして下記が挙げられる。

①設置場所：FCUは室内機であり居室に設置される。AHUは機械室などに設置され、ダクトで居室に空調された空気が送られる。

②加湿機能の有無：FCUには加湿機能がない。AHUは加湿機能を有している。

③換気機能の有無：FCUには換気機能がなく、別の換気設備が必要である。AHUは換気システムを内蔵しており、別の換気設備は不必要である。

④コイルの違い：FCUは一つのコイルで冷房、暖房を兼用して使用するので、同時使用はできない。AHUは冷房専用と暖房専用のコイルがあり、同時使用ができ冷暖房負荷にこまめに対応しやすい。

問2
①冷凍原理：ターボ冷凍機では、タービンの高速回転による遠心力で冷媒ガスを圧縮し、高圧・高温のガス凝縮器で冷却し液化する。この液は膨張弁を通って気化し、周囲から熱を奪う。吸収式冷凍専用機は真空容器で水を蒸発させ、その気化熱を利用して冷却する。機械的な圧縮ではなく、化学的な作用を利用する。

②発生振動と騒音：同じ能力ならば、電動機の容量は、ターボ冷凍機の方が吸収式冷凍機比べて大きく、発生振動と騒音が大きい。

③冷媒：ターボ冷凍機の冷媒はフロン系（代替フロン）、アンモニア、二酸化炭素などを使用している。吸収式冷凍機は水を冷媒としている。吸収式冷凍機の方が環境に優しいといえる。

問3
①表2・9より7月23日東面の日射量が最も強くなるのは、午前7時である。

②表2・12より厚さ90mm、コンクリートと断熱材の東壁の実効温度差は、午前11時が最大である。貫流熱量は式2・6で表されるとおり、熱貫流率、外壁面積は時間による変化はないので、午前11時に貫流熱量が最も多くなる。

問4
ヒートポンプは、外気が0℃以下になると極端に能力が低下するといわれている。また都市におけるヒートアイランド現象の一因にもなる。ヒートポンプは十分に条件を検討すれば非常に良いシステムといえるが、極端に集中したり、外気が0℃を大きく割り込む地域では適切でない。

問5 〈正解4〉
VAV（可変風量）システムは、室温を調整するため吹き出し風量を制御するシステムで、快適性、省エネ性、信頼性を実現したものである。ギヤモーターと制御基板を内蔵したギヤモーターユニット、および風速センサー、温度センサーで構成されている。

問6
a. 湿り空気線図を用いると次表のとおりである。

物性値	状態①	状態②
乾球温度	30℃	13℃
相対湿度	60%	85.8%
湿球温度	23.8℃	11.7℃
絶対湿度	0.016kg/kg(DA)	0.008kg/kg(DA)
比エンタルピー	71.2kJ/kg(DA)	33.3kJ/kg(DA)
露点温度	21.4℃	10.7℃

b. 外気（状態①）の比エンタルピーは71.2kJ/kg(DA)、室内への吹出空気（状態②）の比エンタルピーは33.3kJ/kg(DA)、空気の密度を1.2kg/m³、風量300m³/hであるので、必要な冷却エネルギー q は、

$q = 1.2 \times 300 \times (71.2 - 33.3) = 13644$ [kJ/h]

13644 [kJ/h] $\times 0.27778 \div 1000 = 3.79$ [kW]

c. $3.79 \div 4.0 \times 10 = 9.48$ [kWh]

問7
空調風量は、式2・15から求められる。

$$Q = \frac{3600\, q}{c_p\, \rho\, (t_r - t_s)} \quad \cdots\cdots\text{（式2・15）}$$

q：10000 [W]、t_r：26 [℃]、t_s：14 [℃]、c_p：1000 [J/kg・K]、ρ：1.2 [kg/m³] を代入すると、空調風量 Q は、2500 [m³/h] となる。

問8
ある物質を希釈するために必要な換気量は、式2・16で求められる。

$$V = \frac{M}{C - C_O} \quad \cdots\cdots\text{（式2・16）}$$

人体が発生する二酸化炭素を希釈するのに必要な外気導入量を計算するために、それぞれ下記を代入する。

M：0.017 [m³/h・人]、C：0.1 [%]、C_O：0.04 [%] なので、1人当たりの必要換気量 Q は、28.3 [m³/h・人] となる。

03

給排水衛生設備

3・1 給排水衛生設備の基礎知識

1 役割と構成

給排水衛生設備の役割は、住宅や事務所などの建物の内外で、人が衛生的かつ快適に活動できるように、水回りの環境を整備することである。具体的には、適切な衛生器具を必要とする箇所に設置し、適正な水質、水量、水圧の水を供給し、適正な温度、湯量の湯を供給し、使用後の水・湯を安全かつ衛生的に、確実に排水することである。

最近では、衛生器具の節水化や給湯熱源の省エネルギー化など、地球温暖化対策も重要となっている。

給排水衛生設備の構成を図3・1に示す。一点鎖線によって囲まれた範囲が給排水衛生設備、外側にある水道、雑用水道（中水道）、下水道などは都市設備として区分される。給排水衛生設備の分野として扱われている範囲は、供給系として給水、給湯、井水、雨水利用、ガスなどの各設備があり、排出系として排水・通気、浄化槽、除害施設、排水再利用などの各設備がある。供給系と排出系の間に利用系として衛生器具、消火、空調用冷却水などの各設備があり、衛生器具の中には洗面、炊事、洗濯などの生活用と、厨房、浴場、プールなどの事業用とがある。

給排水衛生設備の基本原則については、学会基準ではあるが、空気調和・衛生工学会規格『給排水衛生設備規準・同解説』（SHASE-S206-2009）にまとめられて

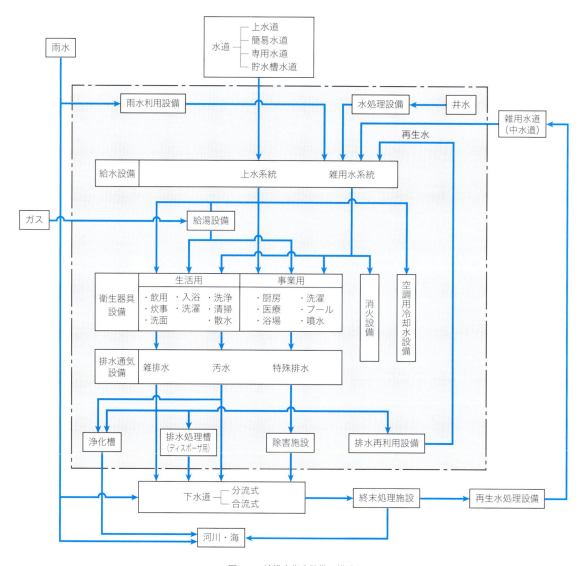

図3・1　給排水衛生設備の構成

おり、広く活用されている。そのなかで、給排水衛生設備は、人の生命維持および健康保持に関わる衛生的環境の実現と、安全を確保し、使用者の利便を図ること、さらに、その設備は建築計画および外部環境と調和のとれたものとする必要があるとして、給排水衛生設備の計画・設計・施工・維持管理を行う場合に遵守すべき基本目標として、次のような基本原則が掲げられている。

① 安全で衛生的、かつ快適な環境をつくる
② エネルギー消費と環境負荷をより低減させる
③ 耐久性と更新性を高める
④ 利便性や機能性などの各性能の適合を確認する

など、常により質の高い環境づくりを目指している。

2 水道施設・水道水の水質

水道は日常生活と密接に関係し、人々の健康を守るために欠くことのできない施設である。水道施設は、貯水池から水を取水し、飲用に適した水に浄化し、各需要家に配水するもので、図3・2に示す各施設から構成されている。また、配水管から分岐した給水管、止水栓、量水器、水道直結給水栓を給水装置と呼ぶ。

水は貴重な資源であることから、水源及び水道施設の適正な維持について、国及び地方公共団体が必要な施策を講じることを水道法で定めている。水道は事業規模などにより分類されており、種類とその概要を図3・3に示す。

建物で使用される水には、飲料から便器洗浄までの多様な用途に応じた水質が求められる。飲用の水・湯の使用用途には上質の上水（飲料用給水）が必要であるが、便器洗浄水・散水などには低質の水（雑用水）でも許容される。上水は水道法により水質が保障された水であり、その水質基準・検査項目は逐次改正方式で見直されており、2015年時点では51項目である。そのうち特定建築物については、建築物衛生法により測定頻度と項目が定められており、6ヶ月に1回、定期的に水質検査が要求される（表3・1）。また、給水栓における水の遊離残留塩素濃度を7日以内に1回測定し、0.1mg/ℓ（結合残留塩素の場合0.4mg/ℓ）以上保持す

表3・1 水道水質基準（抜粋）

項目	基準
一般細菌	1mℓの検水で形成される集落数が100以下
大腸菌	検出されないこと
鉛およびその化合物※	鉛の量に関して、0.01mg/ℓ以下
硝酸態窒素および亜硝酸態窒素	10mg/ℓ以下
亜鉛およびその化合物※	亜鉛の量に関して、1.0mg/ℓ以下
鉄およびその化合物※	鉄の量に関して、0.3mg/ℓ以下
銅およびその化合物※	銅の量に関して、1.0mg/ℓ以下
塩化物イオン	200mg/ℓ以下
蒸発残留物※	500mg/ℓ以下
有機物（全有機炭素(TOC)の量）	3mg/ℓ以下
pH値	5.8以上8.6以下
味	異常でないこと
臭気	異常でないこと
色度	5度以下
濁度	2度以下

「建築物衛生法」により、6ヶ月に1回、水質検査を実施する。ただし※の項目は、水質基準に適合した場合、次の検査を省略することができる。

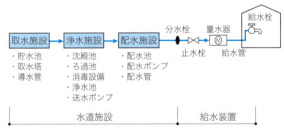

図3・2 給水設備

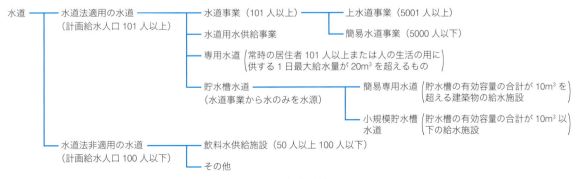

図3・3 水道の種類

3章 給排水衛生設備

るように塩素消毒することが定められている。雑用水には、工業用水、排水再利用水、雨水利用水などがあり、用途に応じた水質基準が規定されている►p.102。

3 下水道施設・下水道水の水質

建物内排水は下水道または浄化槽に導かれ、最終的には公共用水域に放流される。建築基準法、浄化槽法、下水道法、水質汚濁防止法、廃棄物処理法および地方自治体の規制等に従って排水処理される。

1) 公共下水道

終末処理場を有する下水道で、汚水・雑排水と雨水排水を別に排水する分流式と、汚水・雑排水・雨水排水を一緒に排水する合流式とがある。下水道の排水放流基準を満たさない場合は、除害施設を設置する。

2) 公共用水域

河川、湖沼、港湾、沿岸海域など、およびそれに接続する公共溝きょ、灌漑用水路などの公共の用に供される水路を公共用水域という。公共下水道が未整備な地域では、合併浄化槽で処理し、公共用水域に放流する。

排水の水質基準や公共用水域の環境基準に適用される水質項目としては、環境保全については生物化学的酸素要求量（BOD）・化学的酸素要求量（COD）・溶存酸素量（DO）・浮遊物質（SS）►p.100、富栄養化問題については窒素・リン、病原菌の影響に対しては大腸菌群数などが代表指標とされている。排水の状態一般については、pH・濁度・色度・硬度・透明度・臭気・水温のほか、特定汚濁物質・特定添加物質が規定されている。

3・2 給水設備

1 給水方式

建物内の必要箇所へ水を供給する方法は表3・2に示すように、水道本管から直接供給する水道直結方式と、水槽に貯めてから供給する受水槽方式に大別される。一般的に、水道直結方式は建物規模に制約があり、受水槽方式はスペース確保と衛生面での管理が必要となる。給水方式の選定においては、それぞれの特徴を踏まえた上で、建物の用途・規模・設備費・維持管理などの面から検討して決定する。

(1) 水道直結方式

1) 直結直圧方式

水道本管の水圧を利用して建物内の給水末端まで給水する方式である（図3・4）。戸建て住宅など2〜3階建て程度の小規模な建物に適用され、付帯設備が不要なため他の方式よりも安価である。水道本管の水圧によっては、5階程度までを本方式で給水することを認める自治体もあるので、調査し確認する必要がある。

2) 直結増圧方式

直結直圧方式では圧力が不足する高い箇所へ給水するために、水道本管からの引込管の途中に増圧ポンプ

表3・2 給水方式の特徴

	水道直結方式		受水槽方式		
	直結直圧方式	直結増圧方式	高置水槽方式	ポンプ直送方式	圧力水槽方式
水質汚濁の可能性	小	小	大	中	中
給水圧力の変化	水道本管の圧力に応じて変化する	ほとんど一定	ほとんど一定	ほとんど一定	変動が大きい
水道管断水時の給水	給水停止	給水停止	受水槽と高置水槽の貯水分が給水可能	受水槽の貯水分が給水可能	受水槽の貯水分が給水可能
停電時の給水	給水可能（影響なし）	給水停止	高置水槽の貯水分が給水可能（受水槽での直接給水も可能）	給水停止（受水槽貯水分の水槽での直接給水は可能）	給水停止（受水槽貯水分の水槽での直接給水は可能）
機器設置スペース	不要	小	大	中	中
イニシャルコスト	小	中	大	大	大
ランニングコスト（電力消費量）	無	小	小	大	中
適用上の制約	低層の小規模建物　戸建住宅	中規模建物（使用水量、引込口径に制約）	特になし	特になし	特になし

（出典：空気調和・衛生工学会『空気調和・衛生工学便覧』第14版4巻より作成）

を設置する方式である（図3・5）。受水槽がないので省スペースで水質劣化が少ない方式である。水道本管の圧力低下や逆流を防ぐために、建物規模の制限や逆流防止装置の接続が義務付けられている。図3・6に示すようなコンパクトな増圧ポンプユニットが使用されている。

(2) 受水槽方式

1) 高置水槽方式

敷地や建物内に設置した受水槽に一旦貯水し、建物の屋上に設置した高置水槽にポンプで揚水し、貯水する。高置水槽からは、高低差による水の重力を利用して必要な箇所へ給水する方式である（図3・7）。図3・8に示すように、最高位置にある給水栓への必要圧力を確保するために高置水槽の高さ H が必要である（一般的には最低7m程度以上）。H が確保できない場合は上層階だけポンプで圧送する方式が用いられる場合もある。中規模から大規模建物を対象に、最も一般的に採用されてきた方式である。

図3・6　増圧ポンプユニット　(提供：テラル㈱)

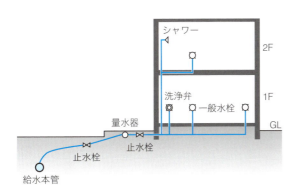

図3・4　水道直結直圧方式

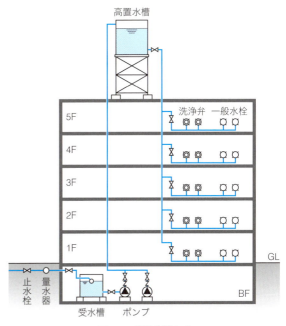

図3・7　高置水槽方式

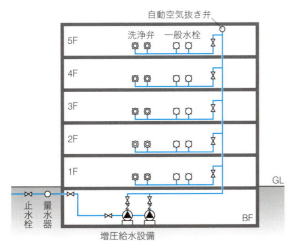

図3・5　水道直結増圧方式

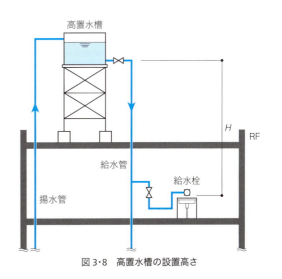

図3・8　高置水槽の設置高さ

2) ポンプ直送方式

受水槽から必要な箇所に直送ポンプで圧送して給水する方式である（図3・9）。必要な給水量を供給するために、給水管内の圧力変化を感知しインバータ制御でモーターの回転数を変化させたり、台数制御を行っている。近年ではポンプの性能が向上し、使用流量の瞬時変化に対応し素早く給水制御ができるようになったため、高置水槽が不要な本方式が中規模から大規模建物に多く採用されてきている。しかし、ポンプの運転時間が長くなるため、高置水槽方式に比べ電力消費量が多くなる傾向にある。

3) 圧力水槽方式

受水槽から送水ポンプにより圧力水槽へ送水し、圧力水槽内に蓄圧された水圧を利用して必要な箇所に給水する方式である（図3・10）。給水圧力の変動が大きいことなどから、近年では制御用以外にはほとんど採用されなくなってきている。

2　使用水量・給水圧力

建物内での使用水量は、建物の用途や規模、季節や曜日、時間帯によっても変化する。図3・11は、各種建物における1日の使用水量割合を時刻別に示した実測調査例である。例えば、事務所では勤務時間帯はほぼ均等に給水負荷があり、住宅では午前と夜の二山形の給水負荷パターンとなっている。

単位時間当たりの使用水量を給水負荷といい、必要に応じて、日・時間・ピーク時単位の時間別の給水負荷と瞬時的な給水負荷とに大別される。それぞれの建物用途における単位給水量を表3・3に示す。

給水設備におけるポンプや水槽の容量、給水配管径などを決定するには、予想給水量を算出する必要がある。そのために、まず表3・3より求めた単位給水量 q [ℓ/人] と利用人員 N [人] から1日予想給水量 Q_d を算出する。この1日予想給水量を、建物が使用される時間 T [h]（1日平均使用時間）で除した時間平均予想給水量 Q_h、1日のうちで最も多く流れると予想される1時間当たりの時間最大予想給水量 Q_m、および瞬間的にピーク時に流れるピーク時最大予想給水量 Q_p を求める。

1日予想給水量 [ℓ/d]：$Q_d = N \times q$ ………（式3・1）
時間平均予想給水量 [ℓ/h]：$Q_h = \dfrac{Q_d}{T}$ ………（式3・2）
時間最大予想給水量 [ℓ/h]：$Q_m = K_1 \times Q_h$ …（式3・3）
ピーク時最大予想給水量 [ℓ/min]：$Q_p = K_2 \times \dfrac{Q_h}{60}$
……………………………（式3・4）

$K_1 = 1.5 \sim 2.0$、　$K_2 = 3 \sim 4$

衛生器具や機器類が十分な機能を果たし、正常な流量を得るためには、適正な給水圧力が必要である。給水器具の最低必要圧力、必要流量および接続管口径を表3・4に示す。特に、大便器（洗浄弁）やシャワーは圧力不足にならないように注意が必要である。

表3・4　給水器具の最低必要圧力と必要流量および接続管口径

器具種類	必要圧力 [MPa]	必要圧力 [kgf/cm²]	必要流量 [ℓ/min]	接続管口径 [mm]
大便器（洗浄弁）	0.07	0.7	110～180	25
大便器（洗浄タンク）	0.03	0.3	8～10	13
小便器（洗浄弁）	0.07	0.7	20～35	13、25
洗面器など一般水栓	0.03	0.3	6～10	13
散水栓	0.07	0.7	15～20	13～20
シャワー	0.07	0.7	10～12	13～20
ガス瞬間式給湯器	0.02～0.08	0.2～0.8	—	

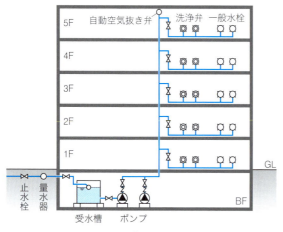

図3・9　ポンプ直送方式

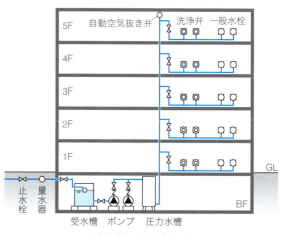

図3・10　圧力水槽方式

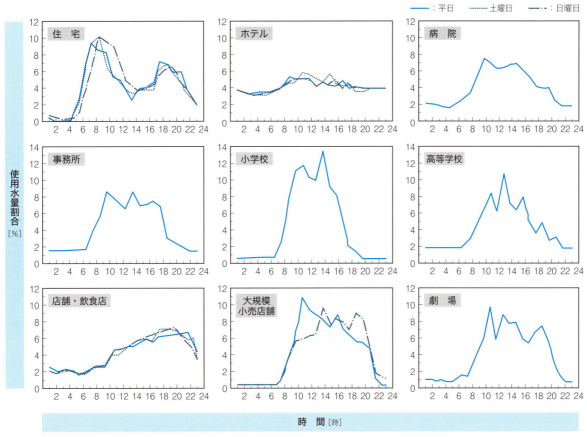

図3・11 建物用途別給水負荷パターン （出典：「建築と水のレイアウト」日本建築学会設計計画パンフレット29）

表3・3 建物種類別単位給水量・使用時間・人員

建物種類	単位給水量 [1日当たり]	使用時間 [h/日]	注記	有効面積当たりの人員など	備考
戸建住宅	200～400 ℓ/人	10	居住者1人当たり	0.16人/m²	―
集合住宅	200～350 ℓ/人	15			
独身寮	400～600 ℓ/人	10		―	
官公庁・事務所	60～100 ℓ/人	9	在勤者1人当たり	0.2人/m²	男子50ℓ/人。女子100ℓ/人。社員食堂・テントなどは別途加算
総合病院	1500～3500 ℓ/床 30～60 ℓ/m²	16	延べ面積1m²当たり	―	設備内容などにより詳細に検討する
ホテル全体	500～6000 ℓ/床	12	―	―	同上
ホテル客室部	350～450 ℓ/床				客室部のみ
保養所	500～800 ℓ/人	10	―	―	―
喫茶店	20～35 ℓ/客 55～130 ℓ/店舗m²	10	―	店舗面積には厨房面積を含む	厨房で使用される水量のみ 便所洗浄水などは別途加算
飲食店	55～130 ℓ/客 110～530 ℓ/店舗m²		―		同上。定性的には、軽食・そば・和食・洋食・中華の順に多い
社員食堂	25～50 ℓ/食 80～140 ℓ/食堂m²				同上
デパート・スーパーマーケット	15～30 ℓ/m²	10	延べ面積1m²当たり	―	従業員分・空調用水を含む
小・中・普通高等学校	70～100 ℓ/人	9	(生徒+職員)1人当たり		教師・従業員分を含む。プール用水(40～100ℓ/人)は別途加算
劇場・映画館	25～40 ℓ/m² 0.2～0.3 ℓ/人	14	延べ面積1m²当たり 入場者1人当たり		従業員分・空調用水を含む

(出典：空気調和・衛生工学会『空気調和・衛生工学便覧』第14版4巻)

3　給水ポンプ・水槽

(1)給水ポンプ

給排水衛生設備でよく使われるポンプを図 3･12 に示す。給水用ポンプには、吐水量や揚程が広範囲に選択でき、故障も少なく取扱いが容易であることから、一般に渦巻きポンプが用いられる。渦巻きポンプは、ポンプ内部の羽根車を回転させ、その遠心力により加圧・揚水するポンプである。立型ポンプは直線配管の途中に取り付けられるように、ポンプの吸込口と吐出口が一直線上にある構造のポンプである。水中ポンプは、井戸や水槽などに直接水没させて、揚水用のポンプとして用いられる。

(2)水槽

1)受水槽・高置水槽

受水槽･高置水槽には、鋼板製、ステンレス製、FRP（強化プラスチック）製、木製などがある。耐水性･耐食性に優れ、太陽光が透過しない材質に配慮する。また、水槽の清掃時に建物への給水が止まらないように、中仕切り板を設け 2 槽にする。最近は、軽量で現地組み立てが可能なことからパネル型 FRP 製水槽を用いることが多い（図 3･13)。

2)圧力水槽(蓄圧水槽)

密閉水槽内の空気をポンプ送水により圧縮し、水槽内の水圧を維持する装置である。空気と水が直接接触する場合は、水中に空気が溶け込んで圧力低下が生じやすくなるため、空気補給装置が必要となる。また、水槽内に隔膜を設置し、水槽内の水と空気の接触を避けて空気の溶解を防ぎ、あらかじめ必要とする圧力の空気を空気室に封じ込めている隔膜式圧力水槽も使用されている（図 3･14)。

	陸上ポンプ		水中ポンプ
	横型渦巻きポンプ	立型ポンプ	
形状			
特徴	水量、揚程とも広い範囲で安定して運転できる。	立型にして設置面積が省スペース化できる。	水中に設置し、水槽の水を汲み上げる。清水用、雑排水用、汚水用などがある。

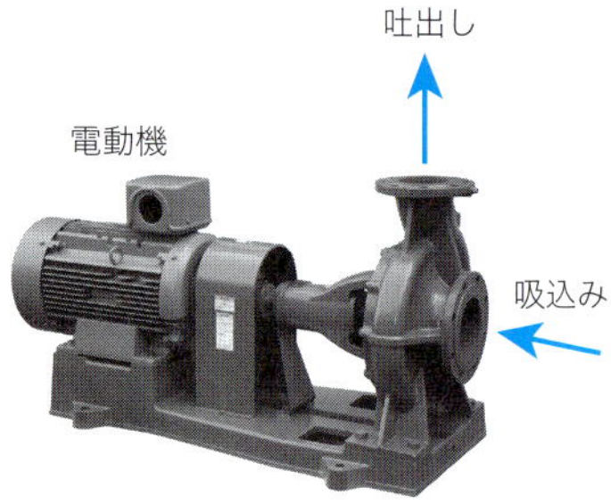

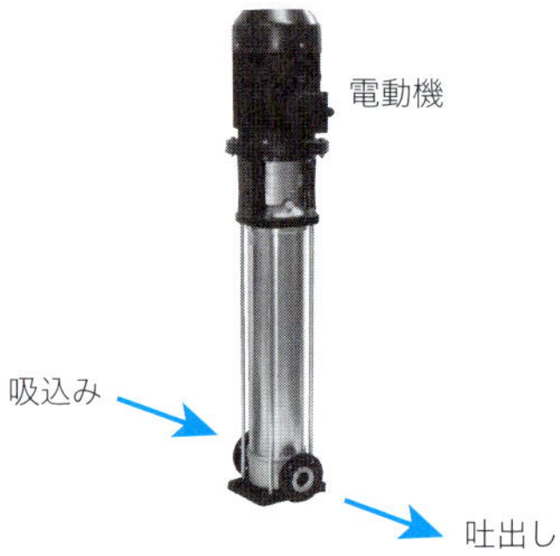

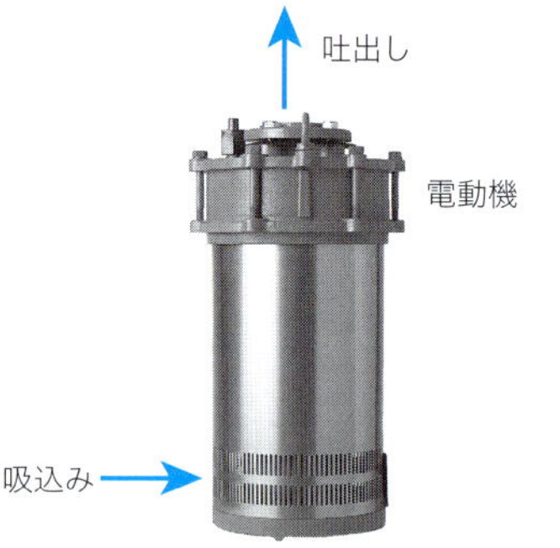

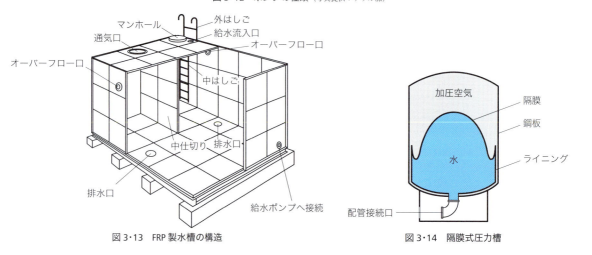

図 3･12　ポンプの種類（写真提供：テラル㈱）

図 3･13　FRP 製水槽の構造

図 3･14　隔膜式圧力槽

4 給水設備の設計

(1)配管方式

給水用配管は、一般に一本の給水立て管から各階で分岐して配管する方式が用いられている。

高層建物では、一本の給水立て管では、下層部で給水圧力が高くなりすぎる場合があり、図3・15に示すように、中間水槽を設置して分割したり、給水配管の途中に圧力を下げるために減圧弁を設置し、適切な給水圧力範囲になるように調整を行う。これをゾーニング（給水圧力区分）といい、許容給水圧力をホテルや住宅では0.3〜0.4MPa、事務所などでは0.4〜0.5MPaを上限値として調整している。

(2)受水槽と高置水槽の容量

受水槽容量は、水道引込管などの給水能力と関係し、式3・5で表される。

$$V_s \geqq V_d - Q_s \times T \quad \cdots\cdots\cdots (\text{式}3\cdot5)$$

- V_s：受水槽の有効容量 [m³]
- V_d：1日予想給水量 [m³/d]
- Q_s：水道引込管からの給水能力
  - ただし、$Q_s \geqq \dfrac{V_s}{T_R - T}$ [m³/h]
- T：1日における主たる使用時間帯の継続時間 [h]
- T_R：水源からの1日の給水時間 [h]
  - （水道の場合は24時間、井戸の場合は20時間程度）

一般にV_sは1日予想給水量の4/10〜6/10程度としている。V_sの容量を過大にすると、水槽内滞留中に残留塩素が消費されて水が腐敗性を帯びてくるので、必要以上の容量は好ましくない。

高置水槽容量と揚水ポンプ容量・能力には以下の関係がある。

$$V_E \geqq (Q_p - Q_{pu}) \times T_p + Q_{pu} \times T_{pr} \quad \cdots\cdots\cdots (\text{式}3\cdot6)$$

ただし、$Q_p < Q_{pu}$ であっても $Q_p - Q_{pu} = 0$ とみなす。

- V_E：高置水槽の有効容量 [ℓ]
- Q_p：ピーク時予想給水量 [ℓ/min]
- Q_{pu}：揚水ポンプの揚水量 [ℓ/min]
- T_p：ピーク時予想給水量の継続時間 [min]
- T_{pr}：揚水ポンプの最短運転時間 [min]

一般には、$T_p = 30\text{min}$ 程度、$T_{pr} = 15\text{min}$ 程度にする場合が多い。

揚水ポンプの起動および停止水位と高置水槽内水量との関連を図3・16に示す。

(3)揚水ポンプの能力（高置水槽方式）

受水槽から高置水槽に水を汲み上げるには揚水ポンプを用いる。揚水ポンプの仕様は、揚水量や全揚程などにより決定され、揚程曲線、軸動力曲線、効率曲線からなるポンプ特性（図3・17）と、配管抵抗曲線によりポンプの運転点が決まる。

1)全揚程

全揚程はポンプから生じる送水圧力で、単位は[Pa]または水の高さで示した[m]で表される。揚水ポンプの全揚程 H [m]は、式3・7から求められる。

$$H \geqq H_1 + H_2 + \frac{V^2}{2g} \quad [\text{m}] \quad \cdots\cdots\cdots (\text{式}3\cdot7)$$

- H_1：吸込部から揚水管頂部までの高さ（実揚程）[m]
- H_2：吸込部から揚水管吐出口までの圧力損失水頭 [m]
- $\dfrac{V^2}{2g}$：揚水管の吐出口における速度水頭 [m]

模式図を図3・18に示す。

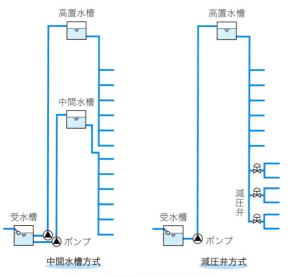

図3・15　高層建物における給水方式

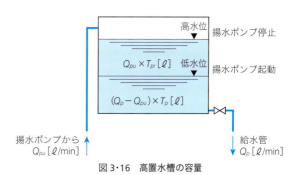

図3・16　高置水槽の容量

2)所要動力

揚水ポンプの所要動力 L [W] は、式3·8から求められる。

$$L = \frac{\rho Q g H (1+\alpha)}{\eta_p \eta_t} \quad \cdots\cdots\cdots\cdots\cdots\cdots (式3·8)$$

ρ ：水の密度（＝ 1000 [kg/m³]）
Q ：揚水ポンプの揚水量 [m³/s]
g ：重力加速度（＝ 9.8 [m/s²]）
H ：揚水ポンプの全揚程 [m]
α ：余裕率（電動機の場合 0.1 〜 0.2）
η_p ：ポンプ効率（実用上 0.5 〜 0.6）
η_t ：伝達効率（電動機直結の場合 1）

一般実務では、給水ポンプメーカーの製品群の中から、給水量と全揚程を満足するポンプを選定し、所要動力を確認する。

(4) 直送給水ポンプの能力

ポンプ直送給水方式の場合は、水栓などの使用状況により給水量が瞬時に変動するため、瞬時最大給水量を予想してポンプ能力を選定する必要がある。瞬時最大給水量の算出方法にはいくつかあるが（SHASE-S206）、ここでは「器具給水負荷単位による方法」を説明する。

① 表3·5の器具給水負荷単位表より、器具給水単位の合計を算出する。
② 図3·19を用いて、①で求めた器具給水単位に応じた瞬時最大流量を求める。

この瞬時最大流量と、式3·9で求める全揚程 H [m] とを満足するポンプを選定する。

$$H \geqq H_1 + H_2 + H_3 \quad \cdots\cdots\cdots\cdots\cdots\cdots (式3·9)$$

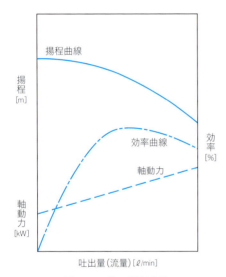

図3·17　ポンプ特性曲線

表3·5　器具給水負荷単位

器具名	水栓	器具給水負荷単位 公衆用	私室用
大便器	洗浄弁	10	6
大便器	洗浄タンク	5	3
小便器	洗浄弁	5	—
小便器	洗浄タンク	3	—
洗面器	給水栓	2	1
手洗器	給水栓	1	0.5
台所流し	給水栓	—	3
料理場流し	給水栓	4	2
掃除用流し	給水栓	4	3
浴槽	給水栓	4	2
シャワー	混合栓	4	2
散水・車庫	給水栓	5	—

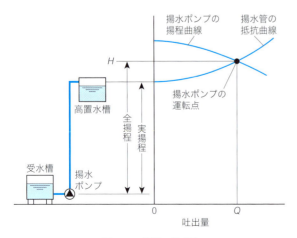

図3·18　揚程の模式図

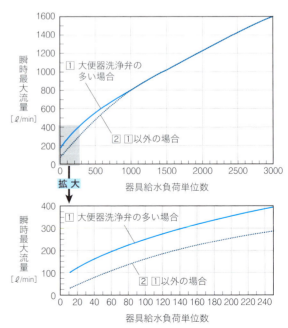

図3·19　瞬時最大流量の算定（器具給水負荷単位法）（出典：空気調和・衛生工学会『給排水衛生設備 計画設計の実務の知識』改訂3版）

H_1：吸込部から最高位にある水栓までの高さ［m］
H_2：吸込部から最高位水栓までの給水管の圧力損失水頭［m］
H_3：最高位にある水栓の必要圧力に相当する水頭［m］

(5) 管径の決め方

給水管径を決定する方法には、一般的には流量線図が用いられる。区間ごとの瞬時最大流量と許容摩擦損失（単位長さ当たりの圧力損失）から、図3・20に示す流量線図により、最大流速（2m/s以下とする）を考慮して管径を決定する。

配管内を水が流れると、管壁面では摩擦による圧力損失を生じ、弁・継手部では縮流などにより圧力損失（局部損失相当長）を生じる。許容摩擦損失は、このような圧力損失をすべて摩擦によるものとして捉えた場合に、器具を正常に作動するために許容されうる損失ということになる。実務的には、この局部損失相当長を実配管長の100〜200%程度を見込んだ換算値により摩擦損失水頭を算出する場合が多い。

5 配管材料

(1) 給水配管材料

給水設備用の配管材料には、耐食性に優れたステンレス鋼管や、内面をプラスチックなどで被覆したライニング鋼管、塩化ビニル管などが一般的に使用されている。また、図3・21に示すように、近年、住宅用配管ではさや管ヘッダー方式が多く採用されている。さや管にはビニル系の材料が用いられ、さや管内の配管には架橋ポリエチレン管やポリブデン管などが使用されている。

配管サイズは、外径ごとに呼び径で示す。例えば、50Aとは、外径が60.5mmの配管を示し、鋼管（SGP）の場合は肉厚が3.8mmなので、内径は52.9mmとなる（A呼称［mm］とB呼称［インチ］の2種類がある）。

(2) 水道用メータ

水道用メータは、給水装置に取り付けて需要者が使用する水量を積算計量する量水器のことである。一般には、羽根車の回転数を検針用の表示盤に水量表示させる現地式メータが設置されている（図3・22）。高層集合住宅などでは、遠隔で集中検針できるパルス出力遠隔式メータなども使用されている。

(3) 弁類

弁はバルブとも呼ばれ、配管途中に設けて流体を通過、遮断したり流量調整を行う開閉機構のことである。給水設備で使用される主な弁類を図3・23に示す。仕切弁はゲートバルブとも呼ばれ、弁体が管路を垂直に仕切る構造で、一般に全開または全閉状態で使用される。バタフライ弁は、内部に円板状の弁体を設け、この弁体を回転させることで開閉や流量調整を行う構造で、設置スペースが少なくてすむので管径が大きい場合によく使用される。その他、グローブバルブとも呼

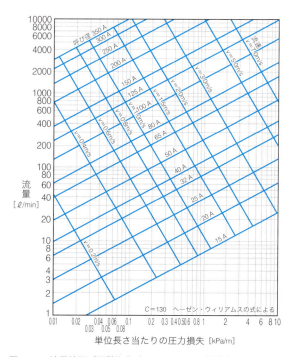

図3・20 流量線図（硬質塩化ビニルライニング鋼管）（出典：空気調和・衛生工学会『SHASE-S206-2009 給排水衛生設備規準・同解説』）

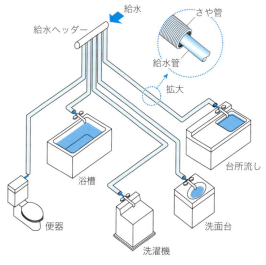

図3・21 さや管ヘッダー工法

ばれる玉形弁や、流体を一方向のみに流し逆流を防ぐ場合に用いる逆止弁（チャッキ弁）や、給水圧力を所定の圧力まで下げる場合に用いる減圧弁などがある。

(4) 水撃作用の防止

水栓や弁類を急閉止して管内の水流を急に締め切ると、水の慣性で管内に衝撃と高水圧が発生することがある。この現象を水撃作用（ウォーターハンマー）と呼び、水圧による衝撃や振動により、漏水や機器故障を誘発する恐れがある。ウォーターハンマーは次の場所で発生しやすいので注意が必要である。

・シングルレバー水栓など、瞬間的に開閉できる器具を使用する場所
・管内の圧力や流速が大きい場所
・揚水ポンプ停止時に水柱分離が起こりやすい、屋上の揚水横引き管

ウォーターハンマーを防止するには、管内流速を2.0m/s以内に抑えるほかに、図3・24に示すような水撃防止器を発生源の近くに設置する。

6　上水の汚染防止

上水が汚染される危険性のある主な部位は、配管類、衛生器具類、水槽類などが考えられる。

図3・22　水道メータ

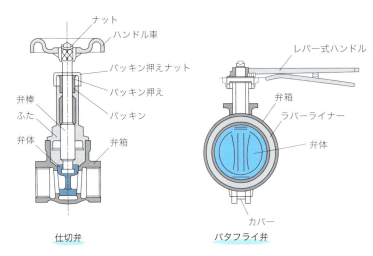

図3・23　弁類

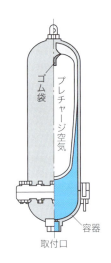

図3・24　水撃防止器

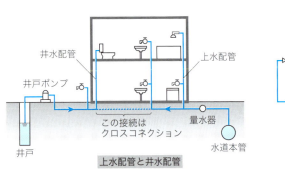

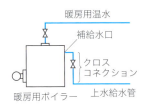

図3・25　クロスコネクションの例

(1)配管類

建物内には、上水のほか、雑用水などの異なる系統の配管類が混在している。飲料水の給水・給湯系統とその他の系統が、配管・装置などにより直接接続されることを、クロスコネクションという（図3・25）。クロスコネクションを防止するには、系統別に配管を色別したり、マークを記入したりすることで誤接続を防止するとともに、通水試験による導通チェックを行うことが重要である。

また、配管内面や継手部が腐食することにより赤錆が発生し、水栓から赤水が出る場合がある。腐食は管内を閉塞したり漏水事故につながる恐れもある。対策としては、耐食性に優れたステンレス鋼管や、塩化ビニル内面被覆鋼管などを使用し、継手部分は鋼管部の管端処理を行い管材断面からの錆の発生を防止する。

(2)衛生器具類

主管の断水などで、給水が停止している状況下で、下層階で大量に水が使用された場合、上層階の飲料水配管内が負圧になり逆流する恐れが生じる。これを逆サイホン作用と呼び、その説明図を図3・26に示す。

逆流の防止には、水栓（吐水口）の端部と衛生器具

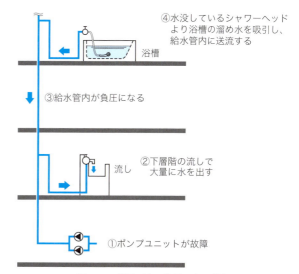

図3・26 逆サイホン作用による逆流

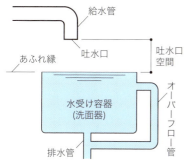

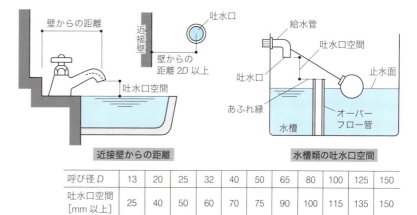

呼び径 D	13	20	25	32	40	50	65	80	100	125	150
吐水口空間 [mm 以上]	25	40	50	60	70	75	90	100	115	135	150

注：1）壁から吐水口中心までの距離は 2D 以上となる。
　　2）吐水口端面があふれ面に対して並行でない場合は、吐水口端の中心の衛生器具・水受け容器のあふれ縁との空間を吐水口空間とする。
　　3）ここに記載されていない呼び径の場合は、補間して吐水口空間を求める。

図3・27 吐水口空間

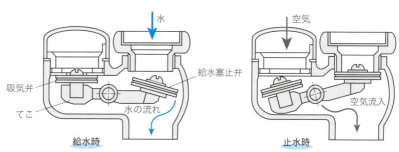

図3・28 大便器洗浄用弁バキュームブレーカ

などの水受け容器のあふれ面との間に十分な空間を確保し、たとえ負圧が生じても、水栓から汚染水が逆流することを防ぐ。この空間を吐水口空間といい、図3・27のように、吐水口の口径や、吐水口の周辺の近隣壁やオーバーブロー管の状況により、吐水口空間の距離が定められている。しかし、洗浄弁式便器のように吐水口空間が確保できない衛生器具には、負圧が生じると空気を流入して負圧を解消するバキュームブレーカを取り付ける（図3・28）。

(3) 水槽類

飲料用水槽は、汚染水の侵入の危険性があるため土中に埋設してはならない。安易に地下ピットのような地中に接したコンクリート製躯体を利用することは禁止されている。

図3・29に示すように、飲料用水槽は、外部からの汚染防止のために、周囲のすべての面から点検（6面点検）できるように、天井面は1.0m以上、その他の面では0.6m以上の空間を確保することが義務付けられている。

3・3 給湯設備

1 給湯方式

給湯設備は、給水設備と同様に、必要な湯量、適度な温度、使用目的に適した水質、衛生的で安全な水質の湯を建物内の給湯必要箇所に供給する設備である。水は熱せられて温度が上昇すると膨張する（図3・30）。したがって、給湯設備には膨張管や膨張を吸収するための逃し弁（膨張弁）、膨張タンクなどの装置が必要となる。

給湯方式は大きく局所（個別）式と中央式に分類できる。さらに水の加熱装置の種類により瞬間式と貯湯式に分類される。

局所式給湯設備は、湯を必要とする場所に給湯装置を設置するものであり、ガス瞬間式給湯器が住宅では多く使われている。湯沸室や食堂などの給茶用としては貯湯式が多く使われており、事務所ビルの洗面では台下に収納した電気の小型貯湯式給湯器が一般的である。気水混合式は、サイレンサーや気水混合弁により蒸気を吹き込むことにより温水をつくる方式で、工場などで使われている。

貯湯式は60〜80℃程度に熱した湯を貯湯槽に貯めておく方式である。熱源として、ガスや石油、電気が

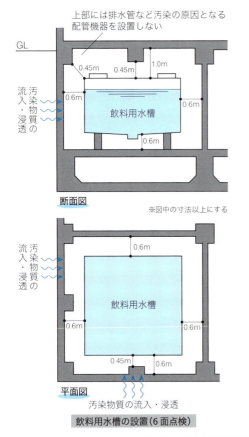
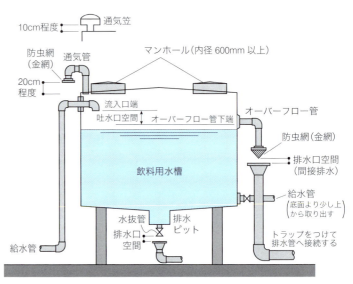

図3・29　飲料水槽の構造（出典：建築研究所ほか『給排水設備技術基準・同解説2006年版』）

用いられる。ガスや石油の場合は、ボイラーなどの加熱装置で湯を沸かし、貯湯槽に貯める。電気式は深夜電力を使用するものが多く、過去は電気ヒーターで加熱していたが、最近は成績係数の高いヒートポンプ方式が主流となっている。貯湯式は、加熱装置が小さくても短時間に大量の湯を供給でき湯温も安定しているが、設置スペースが大きく必要であり、また重量が重いため地震時の転倒防止など構造的配慮が必要となる。

中央式給湯設備では、加熱装置が最下階に設置される場合は上向き供給方式を、加熱装置が最上階に設置される場合は下向き供給方式を採用することが多いが、気泡が配管途中で蓄積し流れを阻害する恐れがあるため、まず湯の中の気体を除去してから器具に供給する方法が望ましく、加熱装置が下階にあっても下向き供給方式にする方が適しているといえる（図3・31）。また、住宅では、給湯器から各器具に個別に給湯するセントラル方式が一般的に用いられている。

高層建築における給湯方式では、給水設備と同様に適切な水圧範囲に保つ必要があるとともに、給湯圧と給水圧はできるだけ同じにすることが望ましい。そのためには給水と同様なゾーニングを行ったり、減圧弁を設けるなどの考慮が必要となる。

2　給湯負荷算定要因と原単位

湯の使用状況は建物用途によって異なり、また各用途の使用量は、天候、曜日、季節などによっても影響を受ける。

(1) 給湯負荷の種類と給湯温度

給湯機器から供給される温度は、一般的に使用温度よりも高く、使用者は水と湯を混合し、適当な温度に調節して使うことになる。

給湯量と給水量および各供給温度と混合使用温度の関係は次式のようになる。ただし、温度変化による水の密度と比熱の変化は無視する。

$$Q_h(t_h - t_c) = (Q_c + Q_h)(t_m - t_c) \quad \cdots\cdots\cdots (式3・10)$$

Q_h：給湯量　［ℓ］
Q_c：給水量　［ℓ］
t_m：混合使用温度　［℃］
t_c：給水温度　［℃］
t_h：給湯温度　［℃］

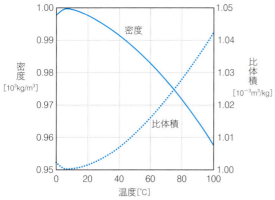

図3・30　水の密度と比体積

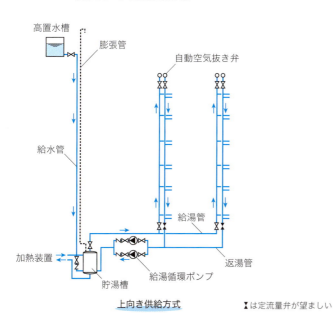

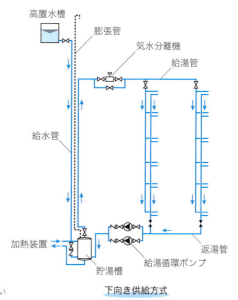

図3・31　給湯配管方式の例

この混合使用温度は、用途や季節によって異なる。表3・6に各用途における使用時の適温を示す。給湯温度が高いと給湯量は少なくてすみ、配管径も細くなり、また殺菌力が増すなどのメリットがある。しかし、一方では配管の腐食性が高くなり、さらに火傷などの危険性が生じ、熱損失が大きくなり省エネルギー的でないなどの欠点がある。

中央式給湯方式の場合、50℃以下の湯を貯めておくと、レジオネラ属菌などの細菌が繁殖する恐れがあるため、給湯温度としては60℃程度以上とし、給湯配管の末端でも55℃以上を保つことが必要である。また、給水設備と同様に、遊離残留塩素濃度を7日以内ごとに計測し、0.1mg/ℓ以上保持する必要があるが、末端給水栓の水温が55℃以上ある場合は、給湯温度の測定に代替することができる。

(2)給湯負荷パターンと原単位

年間使用量から瞬時使用量まで、それぞれ対象とする時間間隔の取り方により給湯負荷パターンが異なる。年間では、使用湯量は冬期が多く、夏期は少なくなるなど季節によって変動する。年間平均値で示されているものは、1日使用量が最大となる冬期の値としては、1.2～1.5程度の係数を乗じる必要がある。また、年間平均値に対する各月の使用量の比では、夏と冬とでは、住宅の場合4～5割程度、病院では2割程度の増減がある。

1日の使用湯量の時間変動について、建物用途により時間最大値が生じる時間帯は異なるが、1日使用量の約15～25%が時間最大値として発生している。表3・7に各種建物の給湯量を示す。これらの値は、実際に給水器具で使用する湯量（約40℃）ではなく、水と混合する前の熱源から供給している60℃の給湯量を示している。

3 給湯機器と配管材料

一般的な中央給湯方式では、加熱装置に、ガスや石油を熱源とした貫流ボイラーや真空式温水発生機を用いる。また、配管系の熱損失により湯温が低下するのを防ぐために給湯循環ポンプを設置する。

(1)住宅用の高効率給湯器と給湯システム

住宅のエネルギー消費量のなかで、給湯用途が約1/3を占める。住宅用に最近普及してきている高効率な給湯器および給湯システムについて示し、給湯用途での省エネルギーを考える。

1)ガス潜熱回収型給湯器

ガスを熱源とした従来型と潜熱回収型の瞬間式給湯器の比較を図3・32に示す。従来型では燃焼排熱を200℃程度で外気に排出していたものを、潜熱回収型はこの排熱を利用して給水を二次熱交換器で予備加熱をする。この過程で、燃焼排気ガスは潜熱を放出し、凝縮水が発生する。燃焼排気ガスの温度は約60～80℃に低下する。予備加熱された給水は、一次熱交換器で再加熱されて高温の湯となる。給湯効率は、従来型が約80%に対し、潜熱回収型は約95%といわれている。

表3・6 用途別使用適温・適流量

使用用途	使用適温［℃］	適流量［ℓ/min］	備考
食器洗浄	39.0	7.5	普通吐水
洗顔	37.5	8.5	
洗髪	40.5	8.0	
入浴	40.5	—	浴槽満水時間による
ハンドシャワー	40.5	8.5	
壁掛けシャワー	42.0	13.0	

(出典：空気調和・衛生工学会『空気調和・衛生工学便覧』第14版4巻)

表3・7 建物種類別の給湯量

建物種別	給湯量（年平均1日当たり）	時間最大給湯量［ℓ/h］	時間最大給湯量の継続時間[h]	備考
事務所	7～10ℓ/人	1.5～2.5（1人当たり）	2	
ホテル（客室）	150～250ℓ/人	20～40（1人当たり）	2	ビジネスホテルは150ℓ/人
総合病院	2～4ℓ/m²	0.4～0.8（m²当たり）	1	
	100～240ℓ/床	20～40（床当たり）	1	
レストラン	40～80ℓ/m²	10～20（m²当たり）	2	（客室＋厨房）面積当たり
軽食店	20～30ℓ/m²	5～8（m²当たり）	2	同上：そば・喫茶・軽食
集合住宅	150～300ℓ/戸	50～100（戸当たり）	2	
大浴場洗い場	50ℓ/人	1日入浴者数×0.15×50ℓ/人	—	1日最大入浴者数＝ロッカー数×6.5

(出典：空気調和・衛生工学会『給排水衛生設備 計画設計の実務の知識』改訂3版)

2）自然冷媒（CO_2）ヒートポンプ式給湯器

電気を熱源とした貯湯式の CO_2 ヒートポンプ式給湯器の作動原理を図3・33に示す。大気の熱を CO_2 冷媒によってヒートポンプで集め、その熱で湯を沸かす仕組みである。給湯熱交換器で瞬時につくられる湯の量が少ないため、貯湯槽を有しており、設定によって約65〜90℃の湯が貯められる。なお、この貯湯のための運転は、電力料金の割引制度が利用できる深夜から早朝の時間帯が主となっている。ヒートポンプユニットの定格加熱能力は、中間期の作動条件で成績係数（COP）4.5以上の高効率を示すが、この性能は、外気温、ユニット入水温度、沸き上げ温度などの影響を受ける。また、貯湯槽を有することから、そこからの熱損失や残湯量などの影響を受け、需要側の給湯負荷によっては、システムとしての実働効率が低下することに留意する必要がある。

3）ガスエンジン・コジェネレーションシステム

ガスを熱源とした熱電併給システム（コジェネレーションシステム）の概要を図3・34に示す。これは、ガスエンジンを用いて発電し、それを住宅内の電気機器類に供給し、発電時に発生するエンジンからの排熱を回収して湯として貯湯槽に蓄え、給湯用や暖房用に使用するものである。貯湯槽の熱量が不足する場合は瞬間式給湯器が補助熱源機として賄っている。このシステムの熱・電気を含めた総合効率は約70〜80％である。

なお、このようなコジェネレーションシステムとしては、天然ガスなどを改質して水素を発生させ、空気中の酸素と反応させて発電する住宅用燃料電池 ▶ p.190 が開発されている。水の電気分解の逆反応を作動原理としているこの燃料電池システムにおいても、排熱を回収し湯として活用する工夫がされている。燃料電池は、化学エネルギーを熱エネルギー・力学的エネルギーを経ずに直接電気エネルギーに変換することから、

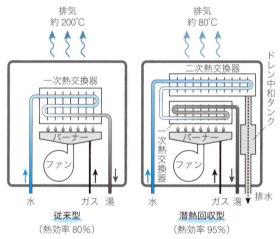

図3・32　従来型と潜熱回収型瞬間式給湯器

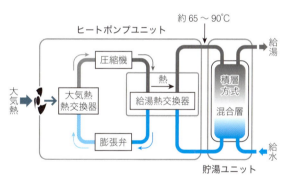

図3・33　自然冷媒（CO_2）ヒートポンプ式給湯器

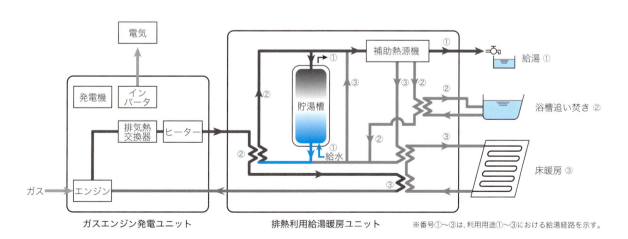

図3・34　ガスエンジン・コジェネレーションシステム

高効率化が期待されている。

4) 太陽熱利用給湯システム

前述した高効率給湯システムの普及と併せて、省エネルギー化を進めるには、自然エネルギーを活用した太陽熱の利用がある。太陽熱利用給湯システムとしては、自然循環型、強制循環型に大別できる（図3·35）。自然循環型は集熱部と貯湯部が一体となった機器である。この両部の間で湯が自然循環される。強制循環型の直接集熱方式は、効率は良いが、凍結防止に留意する必要がある。一般的に太陽熱利用効率は40〜60%程度で、太陽電池の発電効率10数%に比べ数倍高く、湯として利用できる場合は省エネルギー効果が高い。

(2) 給湯配管材料

給湯管は、温度変化に伴い伸縮を繰り返すため、耐熱性・耐食性を考慮して選定する。主に、銅管やステンレス鋼管が使用されているが、住宅では架橋ポリエチレン管・ポリブテン管・耐熱用硬質ポリ塩化ビニル管などの樹脂管が多く用いられている。また、貯湯槽や給湯管からの放熱損失を防ぐために、ロックウールやグラスウールなどの断熱材で被覆し、アルミやステンレス鋼板などで仕上げを行う。

配管の熱伸縮を吸収するために、直管部では伸縮曲管や伸縮継手を設置し、分岐部では曲り継手（エルボ）を複数用いたスイベルジョイント工法で可とう性を持たせている（図3·36）。

4 負荷算定例

(1) 配管径の決定

給湯配管径は、その配管の瞬時最大給湯量と許容圧力損失水頭および流速から決定される。

1) 瞬時最大給湯量の算定

瞬時最大給湯量の算定例として、「給湯単位による方法」を説明する。

建物種別ごとの各種器具の給湯単位（表3·8）に器具数を乗じて合計し、給湯単位による同時使用流量（図3·37）から同時使用流量を求め、流量線図（図3·20）から配管径を選定する。その際、管内流速を銅管で0.4〜1.5m/s、樹脂ライニング鋼管やステンレス鋼管などで0.4〜2.0m/sの範囲で選定する。

2) 循環流量および返湯管の口径

中央式給湯方式では、配管内温度を55℃以上に保持するために、配管からの放熱損失熱量に相当する熱量

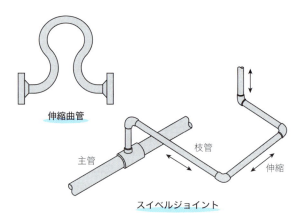

図3·36 配管の熱伸縮吸収

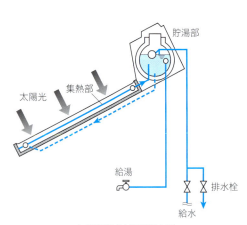

自然循環式太陽熱温水器

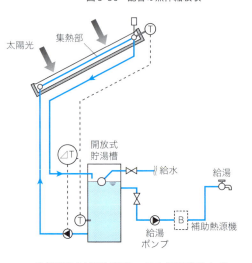

強制循環式太陽熱給湯システム（直接集熱方式）

図3·35 太陽熱利用給湯システム

を供給するために、給湯循環ポンプで配管内の湯を循環させる。返湯管の口径は循環水量より決定されるが、一般的には20mmを最小サイズとし、給湯管より2サイズ小さめ程度が目安となる。例えば、給湯管32mmのときは返湯管20mm、給湯管40mmのときは返湯管25mmとする。

(2)機器容量

1)瞬間式加熱装置容量

瞬間湯沸器などの瞬間式加熱装置の加熱能力は、瞬時最大流量で決まってくる。家庭用のガス湯沸器の能力は、号数で表示する場合が多い。これは、1分間で25℃昇温できる水量［ℓ］で示したものである。

2)貯湯容量と加熱能力

加熱装置の加熱能力と貯湯容量は1日給湯使用量、時間最大使用量とピークの継続時間より検討する。加熱能力Hと貯湯容量Vの関係は、次の式を満足する組合せから選定する。

$$(t_{h1}-t_{h2})V\rho c + HT \geq \left(\frac{t_{h1}+t_{h2}}{2}-t_c\right)QT\rho c$$

　　　　　　　　　　　　　　…………………（式3・11）

t_{h1}：ピーク開始前の貯湯タンク内の温度［℃］
　　　（一般に60℃）
t_{h2}：ピーク終了時の貯湯タンク内の温度［℃］
　　　（一般に55℃）
t_c：給水温度［℃］
V：有効貯湯容量［ℓ］（一般に貯湯槽容量の70%程度）
Q：ピーク時の給湯量［ℓ/h］
H：加熱能力［kJ/h］
T：ピークの継続時間［h］
ρ：密度（≒1kg/ℓ）
c：比熱（≒4.186kJ/kg・K）

なお、ピーク継続時間は、2時間程度と考える場合が多い（表3・7）。

3・4　排水・通気設備

1　排水方式

排水・通気設備の主な目的は、汚水や汚物などを衛生的にかつ速やかに建物や敷地から排出することである。また、屋外（下水）からの臭気や害虫の侵入を防ぐことも重要な役割である。

(1)排水の種類

建物および敷地内の排水は、建築設備では一般的に、汚水、雑排水、特殊排水、湧水、雨水に区分される。汚水は、大・小便器や汚物流しなどの器具から排出する排水をいう。雑排水は、洗面器、台所流し、浴槽などからの一般的な排水をいう。ただし、建築基準法、下水道法などの法規では、汚水と雑排水を合わせて"汚水"としている。一般の排水系統や公共下水道へ直接放流できない、研究所や工場などから排出される有害、

表3・8　各種建物における器具別給湯単位（給湯温度60℃基準）

器具種類＼建物種類	集合住宅	事務所	寄宿舎 ホテル	病院	学校
個人洗面器	0.75	0.75	0.75	0.75	0.75
一般洗面器	―	1.0	1.0	1.0	1.0
洋風浴槽	1.5	―	1.5	1.5	―
シャワー	1.5	―	1.5	1.5	1.5
台所流し	0.75	―	1.5	3.0	0.75
配膳流し	―	―	2.5	2.5	2.5
掃除流し	1.5	2.5	2.5	2.5	2.5

（出典：ASHRAE 1991）

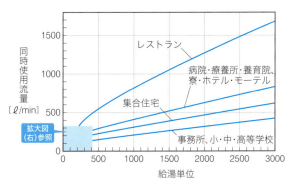
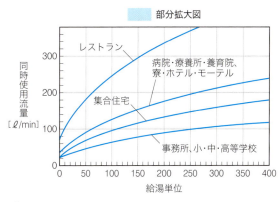

図3・37　給湯単位による同時使用流量　（出典：ASHRAE 1991）

危険な性質を持った排水を特殊排水といい、放流する場合には適当な処理を施すか、別途、個別回収処理を行う。湧水は、地下の外壁や床などから浸透する水をいう。また、屋根や敷地に対する降雨水を雨水という。

(2)排水方式

排水方式には、合流式と分流式があるが、建物・敷地内と公共下水道とでは、その内容が異なる。図3・38に示すように、建物内（青線内）の排水では、汚水と雑排水を分けて排水する場合を分流式、一緒にする場合を合流式という。公共下水道では、汚水と雑排水（法規でいう汚水）の中に雨水を入れる場合を合流式、雨水を別に排水する場合を分流式という。

2 トラップと通気管

(1)トラップの機能と種類

トラップは、下水管内の悪臭などの下水ガスや害虫などの侵入を防止する目的で、各衛生器具の近くに設置するものである。一般的には水を溜める水封式構造として下水ガス遮断機能を保持している。代表的なトラップの構造を図3・39に示す。水が溜まっている部分を封水部と呼び、ディップとウェアのレベル間の垂直距離である封水深は、建築基準法により50～100mm（阻集器を兼ねる排水トラップにあっては50mm以上）と定められている。図3・40に、代表的なトラップの種類を示す。

トラップは、管トラップと隔壁トラップに大別される。管トラップは配管の一部として排水配管の途中に設けられる。排水時に適切な流速があれば排水混入物も排水と一緒に排除できる。Ｐトラップ、Ｓトラップ、

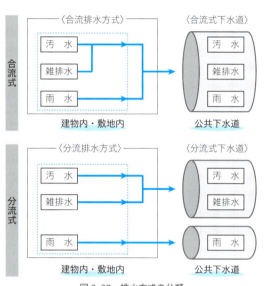

図3・38 排水方式の分類

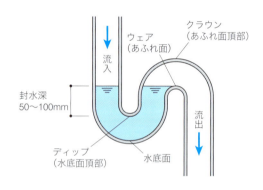

図3・39 トラップの構造

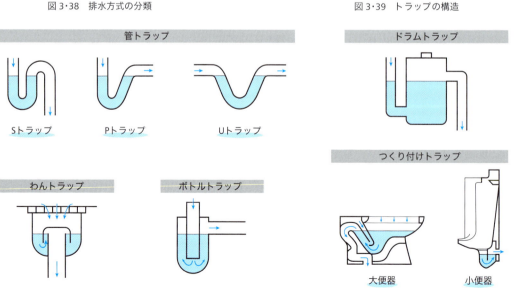

図3・40 トラップの種類と特徴

Uトラップなどがこれに該当する。隔壁トラップは隔板や隔壁によりトラップ封水部が構成されている。トラップの底部に排水混入物が残りやすく、定期的な掃除が必要である。わんトラップ、ボトルトラップなどがこれに該当する。ドラムトラップは排水混入物を底部に堆積させ、後に回収する阻集構造になっている。また、大・小便器のように衛生器具とトラップを一体化したつくり付けトラップなどがある。

また、業務用調理室、理髪店、歯科技工室などでは、排水中の油分、毛髪、石膏などを分離収集し、残りの水液のみを排水できるように図3・41に示すような阻集器を用いる。ドラムトラップや阻集器はトラップ構造となっているので、二重トラップにならないように上流の器具にトラップを設けてはならない。二重トラップとは、直列に2個以上のトラップを接続することで、排水の流れの抵抗が増大し、排水不良の原因となるため禁止されている（図3・42）。

(2) トラップの破封原因

トラップの封水が減少し封水面がディップより下がり、下水管内の下水ガスが流通しうるような状態を破封という。自己サイホン作用、誘導サイホン作用といった要因のほか、蒸発作用、毛細管作用などの要因が考えられる（図3・43）。破封防止のために適切な対策を施す必要がある。

1) 自己サイホン作用

衛生器具から排水を行う際に、その器具自体の排水により生じるサイホン作用によりトラップの封水が流出し、残留封水が失われる現象である。洗面器で溜め洗い排水を行った際に、器具排水管が満流になることで生じやすい。防止方法としては、器具排水管や器具が設置されている排水横枝管に通気管を設けることや、ボトルトラップの設置が有効である。

2) 誘導サイホン作用

衛生器具から排水管に排水が流れる際に、排水管に接続されている他の衛生器具のトラップに、圧力変動の影響が及ぶ。管内圧力が負圧になる場合は封水が排水管に誘引され、正圧になる場合は器具側に封水が吹き出されることがある。この作用により残留封水が失われる現象である。

防止方法は、管内圧力の緩和として、①通気管を多用する、②排水管径を大きくする、③排水継手を改良する、封水強度の強化として、④封水深を大きくする、⑤脚断面積比（流入脚断面積に対する流出脚断面積の比）を大きくすることが有効である。

3) 蒸発作用

長期間不在や使用頻度の少ないトラップでは、蒸発により封水損失を生じ、悪臭が生じたり虫が侵入する

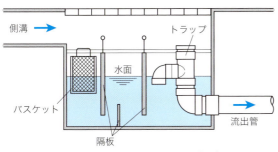

図3・41 阻集器の例（グリース阻集器）

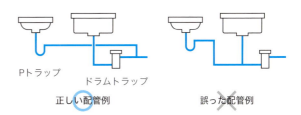

図3・42 二重トラップの例（ドラムトラップに複数の器具を設備）

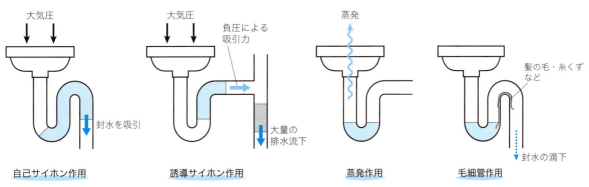

図3・43 トラップの破封現象

ことがある。防止方法としては、定期的にトラップに水を補給することが有効であり、長期間不在時は器具の排水口を栓やテープでふさぐのも有効である。

4)毛細管作用

図3・39のトラップのあふれ面（ウェア）に糸くずなどが引っ掛かると、毛細管現象で徐々に封水が減少してゆく。トラップ内表面を滑らかにすることや、糸くずが多い場合には毛髪阻集器を設けるなどの対策を講じる。

3　排水配管方式

(1)排水・通気配管

排水方式には、重力式排水と機械式排水がある。重力式排水とは、排水配管の勾配を利用した自然流下で放流先の下水本管まで排除する方式である。下水本管より低い位置にある排水は、排水槽に貯留し排水ポンプで放流する機械式排水とする。

(2)排水管の勾配

重力式排水での排水横管勾配は、緩すぎると搬送流速が遅くなり管内に固形物が堆積したり、スケールと呼ばれる水垢が付着しやすくなる。また急すぎても排水が先に流され固形物が取り残される場合がある。適切な流速として、最低流速を0.6m/s程度、最高流速を1.5m/s程度となるような範囲で、表3・9に示す各配管径ごとに最小勾配を定めている。

(3)排水立て管のオフセット

建築計画上、排水立て管のシャフト位置が上下階で異なる場合がある。このような場合、排水立て管を平行移動させる必要があり、エルボ継手などで移動させる配管部分をオフセットという。オフセットが設けられると、排水管内の流れが乱れ、圧力変動が大きくなり、円滑な排水を阻害する。対策としては、図3・44に示すとおり通気管を設け、かつオフセットの上部・下部600mm以内に排水横枝管を設置してはならない。

(4)間接排水

衛生上配慮すべき機器に対して、排水管からの逆流や害虫・下水ガスの侵入による汚染を阻止するため、排水管に直接接続せずに一度大気中で縁を切り、排水系統に接続している水受け容器や排水器具に間接的に排水することをいう。この排水管末端と排水器具のあふれ縁との間の鉛直距離を排水口空間と呼ぶ（図3・45）。

間接排水は一般的に、冷蔵庫、厨房機器などの排水に使用される。しかし、洗濯機のように排水口空間をとることが困難な場合は、間接排水管を封水に水没させない排水口開放とする。

(5)掃除口

排水管内の洗浄ができるように下記の位置に掃除口を設置する（図3・46）。

表3・9　排水横管の勾配

管径［A］	最小勾配
65以下	1/50
75、100	1/100
125	1/150
150〜300	1/200

（出典：空気調和・衛生工学会『SHASE-S206-2009 給排水衛生設備規準・同解説』）

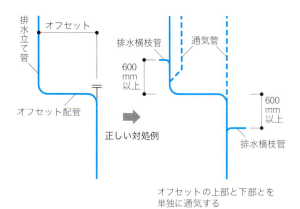

図3・44　オフセット

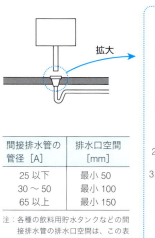

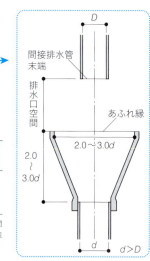

間接排水管の管径［A］	排水口空間［mm］
25以下	最小50
30〜50	最小100
65以上	最小150

注：各種の飲料用貯水タンクなどの間接排水管の排水口空間は、この表に関わらず最小150mmとする。

図3・45　排水口空間

①排水横主管や排水横枝管の起点
②距離が長い排水横枝管の途中(管径が100mm以下では15m以内、100mmを超える場合は30m以内)
③45°を超える角度で方向を変える箇所
④排水横主管と敷地排水管の接続箇所近傍(排水ますでも可)

4　通気方式

通気方式には、図3·47に示すように、①各個通気方式、②ループ通気方式、③伸頂通気方式がある。また、③の一種に、④特殊継手排水システムがある。

(1)各個通気方式

各衛生器具ごとに通気管を設け、それらを通気横枝管に接続し、その枝管を通気立て管または伸頂通気管に接続する方式で、最も安全性の高い通気方式である。自己サイホン作用を防止するためにも有効な通気方式である。

(2)ループ通気方式

最上流の衛生器具のすぐ下流の排水横枝管から通気管を立ち上げ、通気立て管または伸頂通気管に接続する方式である。排水横枝管に複数個設置された衛生器具のトラップを保護する安全性が高く経済的な方法として、中高層・超高層建物などで一般的に多く採用されている。

(3)伸頂通気方式

通気立て管を設けず、排水立て管の頂部を延長した伸頂通気管のみにより通気を行う方式で、前述の二つの通気方式より通気性能は劣る。一般に、低層の小規模建物の排水系統や、汚水などの単独排水系統に用いられている。

(4)特殊継手排水システム

伸頂通気方式の一種で、排水横枝管と排水立て管の接続部に排水用特殊継手、排水立て管と排水横主管の継手部に特殊な構造の専用継手を用いることにより、継手部での通気の流れを円滑にさせ、配管内の圧力を小さく抑える工夫により、通気立て管がなくても許容流量を増加させる排水方式である。主に高層・超高層集合住宅で用いられている。図3·48に特殊継手排水システムの例を示す。

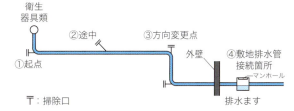

図3·46　掃除口の設置位置例

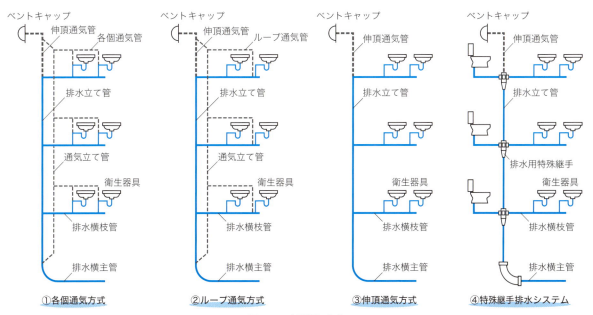

図3·47　各種通気方式

(5) 通気口、通気弁

伸頂通気管の最頂部は大気に開放するが、開口位置は臭気の影響を受けるので注意を要する（図3・49）。

また、伸頂通気管の開口部を屋根や外壁を貫通することなくパイプシャフト内に設置できる通気弁も採用されている。

5 排水通気設備の機器と配管材料

建物の排水設備が下水本管より低い位置にある場合は、排水槽を設置し、排水ポンプで下水道管に放流する。図3・50に示すように排水槽は密閉構造とし、底面勾配・吸込ピット・マンホール・通気管などを適切に設置する。

排水管材には、耐食性に優れた排水用鋳鉄管などの金属管のほか、硬質塩化ビニル管や外面を繊維モルタルで覆った排水用耐火二層管などの樹脂管が用いられる。

6 管径の決定

(1) 器具排水負荷単位法による管径決定

排水管の管径は以下の手順で決定する。
① 排水管に設置される衛生器具の器具排水負荷単位数を求める（表3・10）。
② 排水管の区間ごとに器具排水負荷単位数を累計する。
③ 累計した器具排水負荷単位数が許容最大器具排水負荷単位数を満たすように、排水横枝管および排水立て管の管径を表3・11より、排水横主管の管径を表3・12より決定する。

(2) 管径決定の基本則

1) 管径縮小の禁止

排水管は立て管、横管いずれの場合でも排水の流下方向への管径は縮小してはならない。

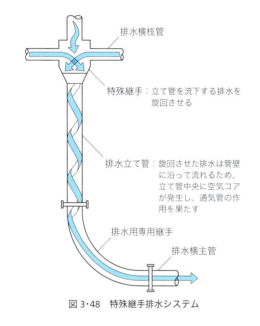

図3・48 特殊継手排水システム

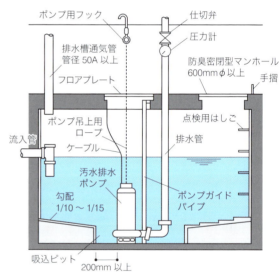

図3・50 排水槽

① 建物の窓・換気口・外気取入口・出入口などに近接する場合

② 屋上が庭園・物干し場などに利用される場合

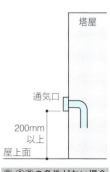

③ ①②の条件がない場合

図3・49 通気口の開放位置

表3・10 各種衛生器具の器具排水負荷単位数

器具名	トラップの最小口径 [mm]	器具排水負荷単位数
大便器（私室用）	75※	4
大便器（公衆用）	75※	6、8
小便器（壁掛け小型）	40※	4
小便器（床置き大型）	50※	4、5
洗面器	30（32）※	1
手洗器	25	0.5
洗髪器	30※	2
浴槽（住宅用）	30※、40	2
浴槽（洋風）	40※、50	3
囲いシャワー	50	2
掃除流し（台形トラップ付）	65※	2.5
	75	3
洗濯流し	40	2
掃除・雑用流し（Pトラップ付）	40〜50	2
洗濯機（住宅用）	50	3
洗濯機（営業用）	50	3
汚物流し	75	6
調理用流し（住宅用）	40※	2
調理用流し（湯沸場用）	40	1
食器洗浄機（住宅用）	50	3

※ SHASE-S206 に規定。
（出典：『給排水衛生設備計画設計の実務の知識』改訂3版）

2）排水管の最小管径

排水管の管径はトラップの最小口径以上かつ30mm以上とする。

3）排水立て管の管径

排水立て管は、最下部の最も大きな排水負荷を負担する部分の管径と同一管径でなければならない。排水負荷が少なくなる上階に行くほど管径を細くする、いわゆる「たけのこ配管」としてはならない。

4）通気管の管径

伸頂通気管の管径は、排水立て管より小さくしてはならない。通気管の最小管径は30mmとする。ただし、排水槽に設ける通気管の最小管径は50mmとする。

7　雨水排水と敷地排水

(1) 屋根排水

図3・51に建物の雨水排水系統図を示す。
屋根やベランダなどの降雨水は、ルーフドレン（図

表3・11　排水横枝管、排水立て管の許容最大器具排水負荷単位数

管径[A]	排水横枝管※	3階建てまたはブランチ間隔3を有する1立て管	3階建てを超える場合	
			1立て管に対する合計	1階分または1ブランチ間隔の合計
30	1	2	2	1
40	3	4	8	2
50	6	10	24	6
65	12	20	42	9
75	20	30	60	16
100	160	240	500	90
125	360	540	1100	200
150	620	960	1900	350
200	1400	2200	3600	600

伸頂通気方式、特殊継手排水システムには適用できない。
※排水横主管の枝管は含まない。
（出典：空気調和・衛生工学会『給排水衛生設備計画設計の実務の知識』改訂3版）

表3・12　排水横主管、敷地排水管に接続可能な許容最大器具排水負荷単位数

管径[A]	勾配			
	1/200	1/100	1/50	1/25
50			21	26
65			24	31
75		20	27	36
100		180	216	250
125		390	480	575
150		700	840	1000
200	1400	1600	1920	2300
250	2500	2900	3500	4200
300	2900	4600	5600	6700

伸頂通気方式、特殊継手排水システムには適用できない。
（出典：空気調和・衛生工学会『給排水衛生設備計画設計の実務の知識』改訂3版）

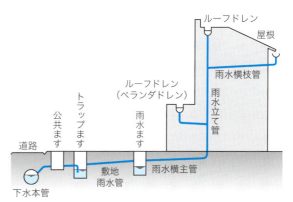

図3・51　雨水排水系統図

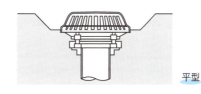

平型

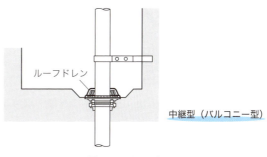

中継型（バルコニー型）

図3・52　ルーフドレン

3·52）で集水し、雨水横枝管、雨水立て管、雨水横主管を経て敷地排水管に接続し、合流式下水本管または側溝に放流する。一般にルーフドレンは耐久性のある鋳鉄製が使われ、枯葉や砂で詰まることもあるので定期的に清掃することが望ましい。

雨水配管は降水量により管内が満流に近くなる場合もあるので、雨水立て管を、汚水管や雑排水管あるいは通気管と絶対に兼用してはならない。

(2) 敷地排水

1) 汚水・雑排水

建物から下水本管までは、図3・53に示すように敷地内を地中配管で接続する。一般には自然勾配とし、敷地排水の起点、曲点、合流点、その他維持管理上必要な箇所にますを設ける。

汚水排水ますの底部には、図3・54に示すように接続管の内径に応じた半円形の溝（インバート）を設け、汚物や固形物が停滞せずに円滑に排水できるようにしている。汚水排水ますをインバートますとも呼ぶ。

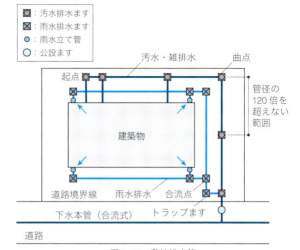

図3・53　敷地排水管

機械式圧送排水システム

現在の排水設備は、地上階の排水は重力式（非満流水）で、動力を用いず省エネルギーなシステムである。しかし、重力式排水は、管勾配に排水力を依存しているため搬送力が弱く、管長や曲り数の制約を受け、配管設計の自由度が小さい建物の改修等を容易にするには、自由なプラン変更が可能とするシステムが必要となり、管勾配を気にしなくてよい排水方式が求められる。そのような排水方式として、機械式の圧送方式や重力式のサイホン方式などがある。

ユニット型小型圧送排水方式は、ポンプを内蔵した小型の圧送排水装置により排水するシステムである（図1）。

また近年は、大便器・圧送排水装置・圧送排水管を組み合わせた一体型小型圧送便器が開発されている。大便器から出た汚水が圧送排水装置で粉砕圧送されるため、高齢者向けに寝室でも大便器が設置できるようになってきた（図2）。

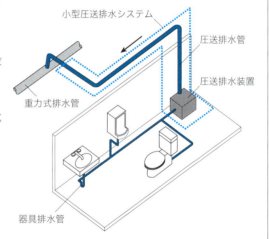

図1　ユニット型小型圧送排水システム

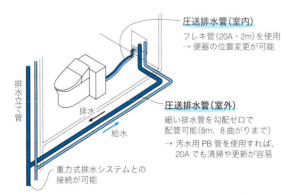

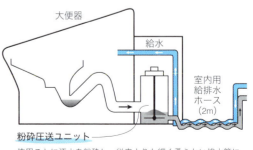

図2　一体型小型圧送排水システム

2) 雨水排水

建物の雨水立て管を雨水排水ますで敷地排水管に接続し、敷地内の降雨水も敷地内に滞留しないようにこの敷地排水管に集水し、敷地外に排除する。合流式の下水道に接続する場合は、トラップますを介して下水ガスの逆流が生じないようにする。また、雨水排水ます、トラップますには、図3・55に示す150mm以上の泥だまりを設け、土砂が排水管へ流出しないようにする。

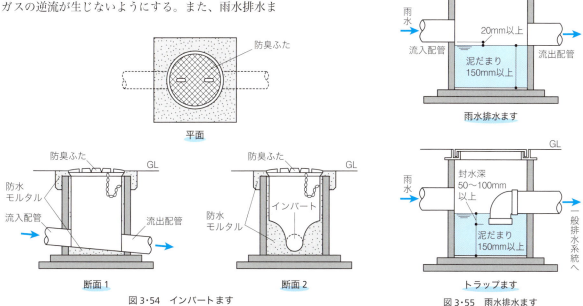

図3・54 インバートます

図3・55 雨水排水ます

表3・13 降水量の最大記録

地点	日降水量			1時間降水量			10分間降水量		
	mm	年月日	統計開始	mm	年月日	統計開始	mm	年月日	統計開始
札幌	207	1981.8.23	1876	50	1913.8.28	1889	19	1953.8.14	1937
仙台	313	1948.9.16	1926	94	1948.9.16	1937	30	1950.7.19	1937
新潟	265	1998.8.4	1886	97	1998.8.4	1914	24	1967.8.28	1937
東京	372	1958.9.26	1876	89	1939.7.31	1886	35	1966.6.7	1940
名古屋	428	2000.9.11	1891	97	2000.9.11	1891	30	2013.7.25	1940
大阪	251	1957.6.26	1883	78	1979.9.30	1889	28	2013.8.25	1937
広島	340	1926.9.11	1879	79	1926.9.11	1888	26	1987.8.13	1937
高知	629	1998.9.24	1886	130	1998.9.24	1940	29	1998.9.24	1940
福岡	308	1953.6.25	1890	97	1997.7.28	1939	24	2007.7.12	1939
宮崎	587	1939.10.16	1886	140	1995.9.30	1924	39	1995.9.30	1937
那覇	469	1959.10.16	1890	111	1998.7.17	1900	30	1979.6.11	1941

統計期間：統計開始年～2014年、降雪を含む。

(出典：国立天文台『理科年表』2016 より作成)

表3・14 雨水排水立て管の管径

管径 [A]	許容最大屋根面積 [m²]
50	67
65	135
75	197
100	425
125	770
150	1250
200	2700

(出典：空気調和・衛生工学会『SHASE-S206-2009 給排水衛生設備規準・同解説』より)

表3・15 雨水横管の管径

管径 [A]	許容最大屋根面積 [m²]						
	配管勾配						
	1/25	1/50	1/75	1/100	1/125	1/150	1/200
65	137	97	79	—	—	—	—
75	201	141	116	100	—	—	—
100	—	306	250	216	193	176	—
125	—	554	454	392	351	320	278
150	—	904	738	637	572	552	450
200	—	—	1590	1380	1230	1120	972
250	—	—	—	2490	2230	2030	1760
300	—	—	—	3640	3310	2870	

(出典：空気調和・衛生工学会『給排水衛生設備 計画設計の実務の知識』改訂3版)

(3)降水量と雨水管径

雨水排水管の管径を求めるための降水量は、地域ごとの過去最大降水量の1時間値を基準としている（表3・13）。近年の集中豪雨などへの対策として、10分間降水量を考慮する場合も増えてきている。

雨水排水管の管径は、各地域の屋根面積$^*S_0$を、各地域の1時間降水量を100mm/hに換算した屋根面積$^*S_1$を求め、その面積が、雨水立て管（表3・14）および雨水横管（表3・15）の許容最大屋根面積に収まるように、各配管が受け持つ屋根面積*ごとに決定する。

$$S_1 = S_0 \times \frac{Q}{100} \quad \cdots\cdots\cdots\cdots\cdots\cdots\cdots \text{（式3・12）}$$

S_1：1時間降水量100mm/hに換算した屋根面積*［m²］
S_0：各地域の建物の屋根面積*［m²］
Q：各地域の1時間降水量（表3・13）［mm/h］

ただし、屋根面積*は、各雨水配管が受け持つ屋根の水平投影面積と壁面の場合は50％を加算したものとする。

3・5 衛生器具設備

1 衛生器具

衛生器具は、①給水栓・洗浄弁・ボールタップなどの給水器具、②便器や洗面器・流し類・浴槽などの水受け容器、③排水金具類・トラップ・床排水口などの排水器具、④石鹸受けや鏡などの付属品の四つに分類される。

給水栓には、水と湯を個別に供給する単水栓と、混合して適温で供給する混合水栓がある。混合水栓は2バルブ式、シングルレバー式、サーモスタット式などに分類される（図3・56）。

洗面器や手洗い器は、陶器製や樹脂製が一般に採用

洗面器用

単水栓

2バルブ混合水栓

シングルレバー混合水栓

台所シンク用　　　　　　　　　　　　　　　　　　浴室用

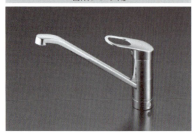
シングルレバー混合水栓

サーモスタット付混合水栓

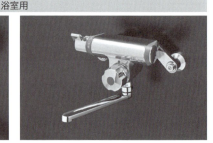
定量止付混合水栓

図3・56　給水栓の種類（写真提供：TOTO㈱）

壁掛け型

アンダーカウンター型

ベッセル型

図3・57　洗面器の種類（写真提供：TOTO㈱）

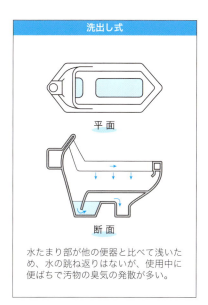

図 3・58　大便器の主な種類

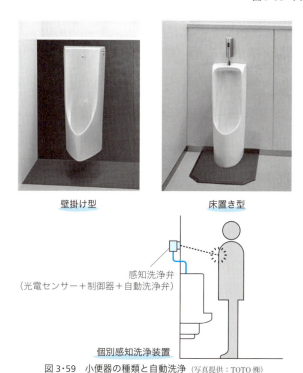

図 3・59　小便器の種類と自動洗浄（写真提供：TOTO㈱）

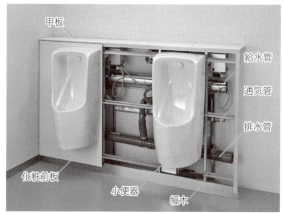

図 3・60　トイレのユニット例（写真提供：TOTO㈱）

され、洗面器は手洗器よりも大型である。洗面器には給水栓と給湯栓（または混合水栓）や水石けん入れが取付け可能になっている。大きくは壁掛け型とカウンター型に分類され、近年はベッセル型が使われるようになっている。P型やS型の管トラップ排水が器具の底部に取り付けられている（図 3・57）。

大便器は、和風便器と腰掛け式（洋風）便器があり、陶器製が一般的である。便器の洗浄排水方法により洗出し式や先落し式の非サイホン式とサイホン式に大別される（図 3・58）。サイホン式にはセミサイホン、サイホン、サイホンゼット、サイホンボルテックスの種類がある。便器への給水方法として、タンクに貯めた水を流す洗浄タンク方式（一般にはロータンク式）と、給水管の水圧を利用して流す洗浄弁方式（フラッシュバルブ式）がある。近年、節水型の大便器が多く採用されてきており、JISでは8.5ℓ/回以下を節水Ⅰ型と定めている。さらに、諸外国を含めて4.8ℓ/回程度のものも出てきているが、汚水排水管の搬送能力も併せた性能確認が必要である。

小便器は、壁掛け型と床置き型に大別され、陶器製が一般的である。洗浄方法は上部から水を流す方式で、光電センサーで自動洗浄するものが主流となっている（図 3・59）。また、器具や排水管への尿石付着防止に配

3章　給排水衛生設備　97

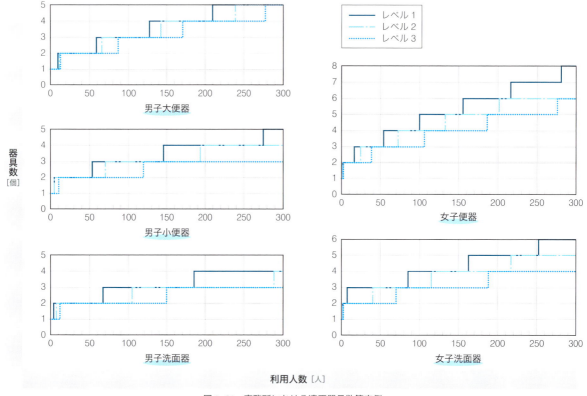

図3・61　事務所における適正器具数算定例

慮した製品も出てきている。

　衛生器具類を、あらかじめ工場で組み立てた衛生器具ユニットも近年多く使用されている（図3・60）。

　浴槽は、プラスチックやほうろう、ステンレス、木等で製作され、近年は寝そべるように入浴できる広くて浅めの洋風浴槽が主流となっている。

2　設置計画

(1) 衛生器具の選定

　衛生器具は、利用者が直接触れる機会が多いので、安全性や使い勝手に考慮して選定する必要がある。

　例えば、流しに設置する給水栓には、湯温や湯量の調節が簡単に行えるシングルレバー式の混合水栓を、浴室に設置する給水栓には、やけど防止や開閉時の湯温が安定しているサーモスタット付き混合水栓を選定することが望ましい。便器選定では、公共用では随時洗浄ができる洗浄弁方式を、家庭用では瞬時流量の少ないタンク方式を選定するなど、配慮を要する。

　また、近年は給湯エネルギーの削減も重要視されており、節湯水栓と高断熱浴槽が省エネ基準の一次エネルギー消費量算定プログラムにも含まれている。

(2) 衛生器具の設置数

　学校や劇場などのように休憩時間に一時的に集中する使い方（集中利用形態）や、事務所などのようにランダムな使い方（任意利用形態）など、建物の用途により使い方が異なるので、衛生器具数の選定は慎重に行う必要がある。

　労働安全衛生規則等で建物用途別に最低必要な衛生器具の設置数が示されているが、適正器具数の決定には、器具の使われ方やサービスレベルを考えた方法が提案されている。図3・61に、事務所建築に対して、サービスレベルを考慮した適正器具数の算定例を示す。

3・6　排水処理・雨水利用設備

1　排水処理方法

　排水処理施設は、水中の微生物の働きを利用して排水を浄化するもので、生活排水中の有機物を栄養源として微生物が活動し、その結果、有機物を分解して排水処理する施設である。この微生物には、酸素がある

COLUMN 給水量、給湯量の節減

近年、日本の生活用水使用量は2000年頃をピークに減少傾向にあり、1人当たり1日平均使用量は2011年では285ℓ/人・日となり、節水意識の向上とともに、衛生器具の節水化が寄与しているものと思われる。

大便器の節水性能は年率3%改善してきている（図1）。便器は平均20年程度使用されるため、現在の日本では、主に20年前に供給された洗浄水量13ℓのものから最先端の4ℓ前後のものまでが使用されている。便器の超節水による排水流量・流速の減少により配管閉塞などを懸念して、最近、事務所ビルでは6ℓの便器が多く使用されている。

また、給湯設備の給湯負荷を低減することは建物の省エネルギー性能の向上に大きく寄与する。

節湯シャワーヘッドの例を図2に示す。シャワーは直接体に当たるため、湯量、湯温、湯圧などによって感触が微妙に異なるため、シャワーヘッドを選択する場合は配慮が必要である。

「住宅・建築物の省エネ基準」において「節湯水栓」が定められている。シングル湯水混合水栓、ミキシング湯水混合水栓、サーモスタット湯水混合水栓のいずれかであり、かつ"節湯A1、節湯B1、節湯C1"のいずれかの種類にあてはまるものを節湯水栓と規定している（図3）。

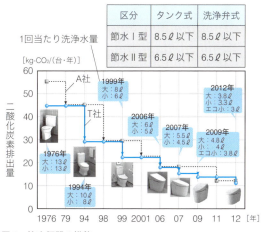

図1　節水便器の推移 （出典：日本衛生設備機器工業会資料をもとに作成）

図2　節湯シャワーヘッド例 （写真提供：TOTO㈱）

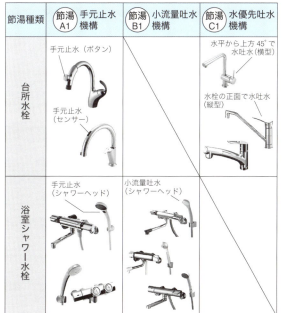

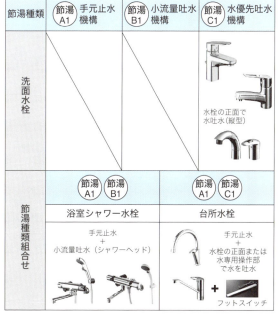

図3　節湯水栓の例 （出典：日本バルブ工業会HP）

状態で生育する微生物（好気性）と、酸素がない状態で生育する微生物（嫌気性）がある。

(1)好気性処理方法
好気性微生物による有機物の分解を利用した排水処理方法で、以下の方法がある。

1)活性汚泥法
活性汚泥は、有機物で汚濁された排水に空気を送り込む（ばっ気）ことにより、好気性微生物が繁殖・増殖して生じる。微生物の集合体が数mm程度の綿くず状となり、水中を漂う現象が観察される。これにより、排水中の有機物が分解され汚濁が減少する。

2)生物膜法
プラスチックなどの個体の表面に好気性微生物を付着させ、それを排水中に混在させ汚濁物質を分解する方法で、表面に付着した微生物を生物膜と呼ぶ。接触ばっ気方式や回転円板方式などがある。

(2)嫌気性処理方法
嫌気性微生物の代謝作用により有機物をメタンガスや炭酸ガスに分解する生物処理方法である。酸素の供給が不要だったり、メタンガスを主成分とするバイオガスが得られる反面、嫌気性微生物の繁殖速度が遅く滞留時間が長くなり装置が大きくなるなどの欠点がある。

2　浄化槽の容量算定

現在設置できる浄化槽は合併処理浄化槽であり、し尿（汚水）のほかに厨房、浴室、洗濯などからの雑排水を合併して処理する。2000年より以前は、し尿だけを処理する単独処理浄化槽があったが、現在は使用を認められていない。図3・62に合併処理浄化槽の例を示す。

排水水質の主な指標は以下のとおりである。

BOD[*1]：生物化学的酸素要求量。好気性微生物が水中の有機物を生物化学的に分解するときに消費する酸素の量で、値が大きいほど汚染度が高い。

COD[*2]：化学的酸素要求量。汚水を酸化剤で酸化するときに必要な酸素量で、値が大きいほど汚染度が高い。

pH　：水素イオン指数。酸性・アルカリ性を示す。

SS[*3]：汚水に含まれる浮遊物質量で、値が大きいほど水が濁っている。

浄化槽で処理した後の放流水質に関しては、処理対象人員ごとのBOD除去率、放流水BOD濃度などが建築基準法で定められている（表3・16）が、条例でも定

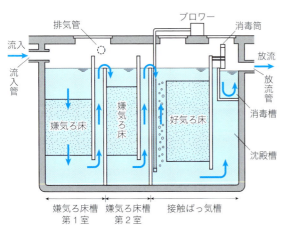

図3・62　合併処理浄化槽の仕組み

表3・16　放流水質（建築基準法施行令第32条第1項）

し尿浄化槽または合併処理浄化槽を設ける区域	処理対象人員[人]	性能	
		BOD除去率[%]	放流中のBOD[mg/ℓ]
特定行政庁が衛生上特に支障があると認めて規則で指定する区域	50以下	65以上	90以下
	51以上500以下	70以上	60以下
	501以上	85以上	30以下
特定行政庁が衛生上特に支障がないと認めて規則で指定する区域	—	55以上	120以下
その他の区域	500以下	65以上	90以下
	501以上2000以下	70以上	60以下
	2001以上	85以上	30以下

表3・17　し尿浄化槽の処理対象人員算定基準

建物用途		処理対象人員
住宅	$A \leq 130^{*}$の場合	$n = 5$
	$130^{*} < A$の場合	$n = 7$
共同住宅		$n = 0.05A$
下宿・寄宿舎		$n = 0.07A$
学校寄宿舎・老人ホーム・養護施設		$n = P$
事務所	厨房設備あり	$n = 0.075A$
	厨房設備なし	$n = 0.06A$

※この値は、当該地域における住宅の1戸当たりの平均の延べ面積に応じて増減できるものとする。

凡例　n：人員[人]、A：延べ面積[m^2]、P：定員[人]

---

*1　BOD：Biochemical Oxygen Demand
*2　COD：Chemical Oxygen Demand
*3　SS：Suspended Solids

められている地域があるので、調査で確認する必要がある。処理対象人員とは、建物から排出される排水量やBOD量が何人分に相当するかを、建物用途ごとに換算したものであり、JISに規定されている。

浄化槽の容量は、一般的に処理対象人員で表される。一例を表3・17に示す。

生活排水の汚濁負荷は、排水量200ℓ/人・日、BOD負荷量40g/人・日（汚水13g＋雑排水27g）、BOD濃度200mg/ℓとしている。排水水質は以下で規定される。

BOD負荷＝BOD濃度×排水量

$$\text{BOD除去率} = \frac{\text{流入水BOD濃度} - \text{放流水BOD濃度}}{\text{流入水BOD濃度}} \times 100$$

3 雨水・排水再利用設備

省資源や渇水対策などの目的から、飲料用の上水以外の便器洗浄用水など雑用水に、上水道以外の水を活用する建物が増加している。

特に雨水の利用に関しては、2014年に「雨水の利用の推進に関する法律」が施行され、水の有効利用と流出抑制が推進されるようになっている。

1）雨水利用

建築物における雨水の利用に関しては、一般的に屋根面からの雨水を集水し、雑用水として再利用する。標準的な処理フローを図3・63に示す。初期雨水を排除することによって、良好な水質を得ることができる。

2）排水再利用

生活排水を処理し、雑用水として再利用する。標準的な処理フローを図3・64に示す。近年の節水化に伴

表3・18 排水再利用の水質基準

項目	水洗便所用水	散水、修景、清掃用水
pH	5.8以上8.6以下	
臭気	異常でないこと	
外観	ほとんど無色透明であること	
大腸菌群	検出されないこと	
濁度	—	2度以下であること
残留塩素	給水栓における水に含まれる遊離残留塩素の含有率0.1ppm（結合残留塩素の場合0.4ppm）以上保持すること	
BOD※	20mg/ℓ以下（個別循環の場合15mg/ℓ以下）	
COD※	30mg/ℓ以下（膜処理方式の場合）	

散水、修景、清掃用水として使用する場合は、し尿を含む原水を用いてはならない。
※建築物衛生法には規定なし。
（出典：㈳公共建築協会『排水再利用・雨水利用システム計画基準・同解説』平成16年版）

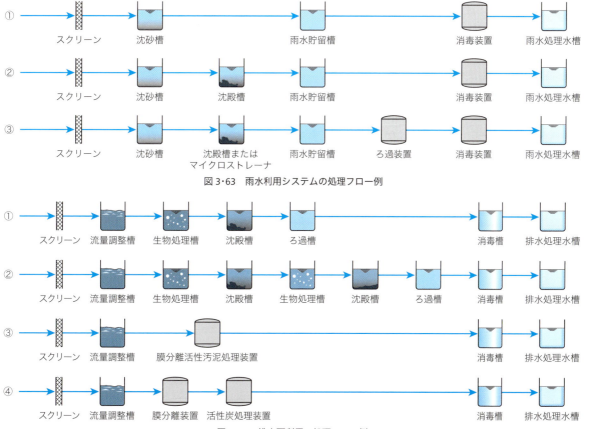

図3・63 雨水利用システムの処理フロー例

図3・64 排水再利用の処理フロー例

い、再利用する排水の水源量と、再利用処理水の利用水量との水収支バランスに留意する必要がある。

3）雑用水の水質基準

雨水や排水の再利用水は、衛生学的見地から便器洗浄水や散水、修景、灌漑水などに用いられる。ただし、し尿を含む排水を原水とする場合は、便器洗浄水のみにしか利用できない。排水再利用水の水質は表3・18に定められている。

雑用水配管と上水配管とはクロスコネクションをしないように注意が必要であり、雑用水水栓には飲料禁止の表示をする。

3・7 ガス設備

1 ガスの種別

建物での燃焼ガスは主に、都市ガスとLPガスが用いられる。

(1)都市ガス

以前は石炭を原料にした石炭ガスやナフサ・ブタンなどを改質したガスが使われていたが、現在では液化天然ガス（LNG）を気化した天然ガスに液化石油ガス（LPG）を混合して熱量調整した「13A」と呼ばれるガスが主である。全国では、燃焼性などにより7グループ13種類に区分されたものが供給されている。「13A」などのガス規格の意味は、数字で発熱量を、A、B、Cの文字で燃焼速度を表している。

● 発熱量
  13：46.05～43.14MJ/m³
  12：41.86MJ/m³
   6：24.28～29.30MJ/m³

● 燃焼速度
  A：遅い／B：中間／C：速い

都市ガス（6Aを除く）は、空気より軽いため、万が一漏れた場合は天井面に溜まることに留意する。

Column：ディスポーザ排水システム

台所流しの排水口にディスポーザを設置し、電力によりシュレッダ（カッター）を高速回転させて生ごみを粉砕し、排水とともに排水管に排除するシステムが開発され、集合住宅で多く採用されている。

生ごみの保管は不衛生になりやすく、また生ごみを戸外に捨てに行く手間が省けるため設置ニーズが高いが、排水の汚濁負荷が大きくなるため、必ず排水処理槽を設置する。なお、ディスポーザを設置するには、ディスポーザ、排水配管、排水処理槽を対象とした認定を受けたシステムを採用する必要がある。

下水本管への負荷を低減するために、排水槽からの放流水質が定められている。

また、排水中に微細な固形物が混在するため、排水管の適切な勾配確保や掃除口の設置には配慮が必要である。

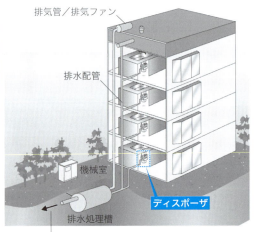

ディスポーザ排水システム（資料提供：テラル㈱）

(2) LP ガス

 液化石油ガス（LP ガス）は、プロパン・ブタンなどを主成分とし、常温・常圧では気体であるが、圧縮により容易に液化する性質があるため、タンクや容器に充てんして貯蔵・輸送ができる。都市ガスに比べ熱量が大きい（発熱量：46.1MJ/kg）。空気より重いため、万が一漏れた場合は床面に溜まることに留意する。

2 供給方式

(1) 都市ガスの供給方式

 都市ガスは、図3・65 に示すように製造工場から高圧または中圧で送出され、整圧器（ガバナ）で順次圧力を下げ、低圧にまで減圧して、一般の家庭や商業施設に供給される。大規模な工場や建物施設には、中圧で直接供給される場合もある。供給圧力の区分を表3・19 に示す。中圧のガス管（導管）には、強度や耐震性に優れた溶接鋼管やダクタイル鋳鉄管などが用いられる。低圧にはガス用ポリエチレン管などが用いられ、震災時にも強靭性が発揮される。また、大規模施設の引込みには緊急ガス遮断装置、各家庭にはマイコンメータを設置し、地震などの災害時に自動遮断を行い、安全確保を図っている。

(2) LP ガスの供給方式

 各住戸に個別にボンベ（50kg/本）で供給する方式や、バルク（3000kg 未満）と呼ばれる供給装置を用いる方式、大規模な場合の貯蔵タンクを設置する方式などがある。また、災害対策用に移動式バルク装置が用いられる場合もある。

3 ガス機器

 ガス機器は、ガスを安全に燃焼させるために新鮮な空気を取り入れ、燃焼後の排気ガスを確実に排出する必要がある。

(1) 調理機器類

 ガスコンロやフライヤーなどの調理機器類は、一般的に室内で使用されるため、燃焼後の排気ガスが室内に排出され室内空気が汚染される。したがって、フードなどで有効に排気ガスを補足し、換気扇等による強制排気が必要となる（図3・66）。
 家庭用調理器には、SI センサーと呼ばれる装置により、過熱や立ち消えに対する安全対策が施されている。

(2) 給湯器、ガス暖房機類

 給排気の方式により、開放式、半密閉式、密閉式などに分類される。このうちガス瞬間湯沸器の給排気方

表3・19 供給圧力

供給方式の呼称	供給圧力 [MPa]		法令上の定義	
高圧供給	1.0 以上		1.0MPa 以上	高圧
中圧A供給	0.3～1.0		0.1～1.0MPa	中圧
中圧B供給	0.1～0.3			
中間圧供給	0.1 未満			
低圧供給	ガスの種類	供給圧力 [kPa]	0.1MPa 未満	低圧
	13A、12A	1.0～2.5		
	6A	0.7～2.2		
	6B、その他	0.5～2.0		

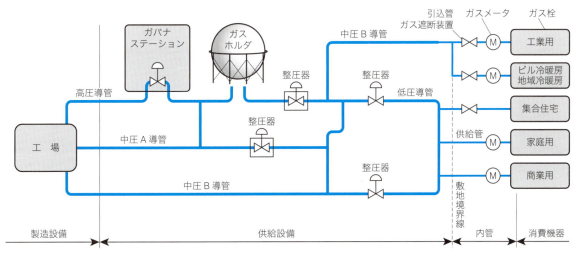

図3・65 都市ガスの供給方式

式を図3・67に示す。

1) 開放式ガス機器

室内の空気を燃焼に用い、燃焼後の排気ガスを室内に排出する方式のガス機器である。自然換気や、換気扇などによる強制排気が必要となる。換気量が不足すると、ガス機器が不完全燃焼を起こし、一酸化炭素中毒になる恐れがある。

2) 半密閉式ガス機器

室内空気を燃焼用に使い、燃焼排気ガスを排気管で室外に排出する方式のガス機器である。自然通気力で排気する方式（自然排気方式：CF[*4]方式）と、送風機で強制的に排気する方式（強制排気方式：FE[*5]方式）がある。排気筒を正しく設置し、かつ適切な換気口を設けないと一酸化炭素中毒の原因となりうる。

3) 密閉式ガス機器

給排気筒を室外に出し、直接外気と給排気する方式のガス機器で、室内空気を汚染せず衛生的である。自然通気力による方式（自然給排気式バランス式：BF[*6]方式）と、機械通風による方式（強制給排気方式：FF[*7]方式）がある。給排気筒の周囲は、給排気に障害が出ないように十分な空間が必要である。

4) 屋外設置用ガス機器

屋外に設置し、屋外で給排気を行う方式のガス機器で、ガス消費量の多い大型給湯器や暖房用熱源機に適している。

(3) ガス漏れ警報器

万が一のガス漏れに備え、ガス漏れ警報器▶p.164を設置することが望ましい。都市ガスのように空気より軽いガスの場合は、天井面から30cm以内、燃焼器から水平距離で8m以内に、LPガスのように空気より重いガスの場合は、床から30cm以内、燃焼器から水平距離で4m以内に設置する。

4 ガス配管

都市ガス設備の配管工事は、安全確保の観点から、ガス事業法によりガス会社または指定工事店が実施することが定められている。

敷地内や建物内の配管は、炭素鋼鋼管が主に用いられているが、近年は耐震性・腐食性に優れたポリエチレン管の使用が進んでいる。

住戸のガスメータの多くはマイコンメータが採用されている。これは、ガスが漏れ続けていたり、地震を感知したときに自動的に閉栓する機能を持っている。

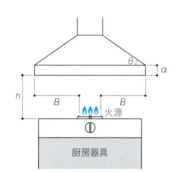

		法規制値	
		II型フード	I型フード
高さ	h	1.0m 以下	1.0m 以下
大きさ（火源の周囲）	B	$h/2$ 以上	火源等を覆うことができるもの
集気部分	α	5cm 以上	廃ガスが一様に捕集できる形状
	θ	10° 以上	
材質	—	不燃材料	不燃材料

図3・66 火源の周囲を十分に覆った排気フード

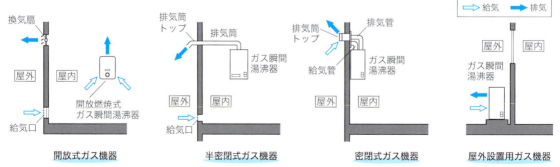

図3・67 ガス瞬間湯沸器の給排気方式の特徴

[*4] CF：Conventional Flue
[*5] FE：Forced Exhaust Flue
[*6] BF：Balanced Flue
[*7] FF：Forced Draught Balanced Flue

演習問題

問1 給排水衛生設備に関する次の記述のうち、最も不適当なものはどれか。
1. 一般受水槽と別に設けた消火用水槽は、建築物の地下ピット躯体を利用することができる。
2. 雨水立て管は、雑排水立て管と兼用することができる。
3. ガス瞬間式給湯器の給湯能力は、1ℓの水の温度を1分間に25℃上昇させる能力を1号として表示する。
4. 給水圧力が高すぎると、給水管内の流速が速くなり、ウォーターハンマーなどの障害を生じやすい。

問2 集合住宅の給排水衛生設備に関する次の記述のうち、最も不適当なものはどれか。
1. 飲料用受水槽の側面、上部および下部に、それぞれ60cmの保守点検スペースを設けた。
2. 設計用給水量を、居住者1人に対して1日当たり200〜350ℓとした。
3. 高置水槽給水方式において、高置水槽の低水位から最も高い位置のシャワーヘッドまでの高さを0.07MPaの最低圧力を確保するように設定した。
4. 各住戸用の横管を、スラブ上面と床仕上げ面との間にさや管ヘッダー工法で配管した。

問3 給排水衛生設備の計画に関する次の記述のうち、最も不適当なものはどれか。
1. 事務所ビルにおける在勤者1人当たりの設計用の1日給水量を、80ℓと想定した。
2. 排水槽において、排水および汚泥の搬出を容易にするため、槽底部に吸込ピットを設け、槽底部の勾配は、清掃時の安全性を考慮して、吸込ピットに向かって1/15とした。
3. 受水槽のオーバーフロー管および水抜管において、虫の侵入および臭気の逆流を防ぐため、トラップを設けて排水管に直接接続した。
4. 給湯設備における加熱装置と膨張タンクとをつなぐ膨張管には、止水弁を設けてはならない。

問4 給排水衛生設備に関する次の記述のうち、最も不適当なものはどれか。
1. 都市ガスの種類は、発熱量・燃焼速度の違いにより区分される。
2. あまり頻繁に使用されない衛生器具には、器具付トラップの下流の配管の途中に、Uトラップを設けることが望ましい。
3. 循環式の中央給湯設備において、給湯温度は、レジオネラ属菌の繁殖を防ぐために、貯湯槽内で60℃以上、末端の給湯栓でも55℃以上に保つ必要がある。
4. クロスコネクションは、上水の給水・給湯系統とその他の系統が、配管・装置により直接接続されることをいう。

問5 給水方式に関する次の記述のうち、( )に入る適切な語句を記入せよ。

水道本管が保有している圧力エネルギーを利用して必要な箇所へ給水する方式を(①)方式という。さらに中規模建物にも適用できるようにポンプを設置したものが(②)方式である。これらの方式の特徴としては、水質汚濁の可能性が(③)ことが挙げられる。一方、敷地や建物内でいったん水を貯めてから給水する方式を(④)方式と呼ぶ。なかでも、建物上部に揚水して貯め高低差による位置エネルギーを利用して必要な箇所へ給水する方式を(⑤)方式、必要な箇所にポンプで圧送して給水する方式を(⑥)方式と呼ぶ。これらの方式の特徴としては、水道断水時にも貯水分だけは給水が(⑦)であることが挙げられる。

問6 下図の建物の雨水排水を設計するために、表の空欄を埋めて排水管径を求めよ。建設地は東京とする。

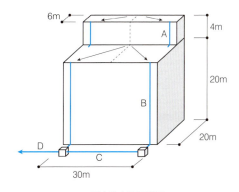

雨水排水管径計算

配管系統	受け持つ屋根面積 [m²]	100mm/hに換算した屋根面積 [m²]	排水管径 [A]
A※1	①	③	⑦
B※1	②	④	⑧
C※2	—	⑤	⑨
D※2	—	⑥	⑩

※1：表3・14より選定する。
※2：表3・15より選定する（配管勾配は1/100より選定）。

演習問題解答・解説

問1 〈正解2〉

1. 飲料用水の受水槽の側面、上部および下部は、保守点検用スペースを確保するために建築物の躯体その他の部分と兼用してはならないが、飲料用水以外の用途の雑用水や消火用水の貯水槽は床下ピットなどの躯体を利用した水槽とすることができる。
2. 雨水排水立て管は、集中豪雨時に汚水などが逆流する恐れがあるので、汚水・雑排水管や通気管と兼用、またはこれらの管に連結してはならない。
3. ガス瞬間式給湯器の給湯能力は、1ℓの水の温度を1分間に25℃上昇させる能力を1号としており、1.75kWに相当する。
4. 管内圧力が高く、流速が速い場合、その管路の水栓、弁などを急閉すると、閉止部分の上流側で急激な圧力上昇が生じる。これが圧力波となって管内を伝わる現象をウォーターハンマー（水撃作用）という。水撃圧が大きいと、配管に異常な騒音や振動が生じ、配管・機器・器具などを損傷させる恐れがある。

問2 〈正解1〉

1. 飲料用受水槽の側面および下部は60cm以上、上部は1m以上の保守点検スペースが必要である。
2. 居住者1人当たりの設計用給水量は、1日当たり200〜350ℓとする。
3. シャワーヘッドの必要圧力は0.07MPaが推奨されている。
4. 最近は、スラブ上面と床仕上げ面との間にさや管ヘッダー工法で配管することが多い。

問3 〈正解3〉

1. 一般的に、事務所ビルにおける在勤者1人当たりの設計用の1日給水量は、60〜100ℓで計画する。
2. 排水槽の構造については、図3・50を参照のこと。
3. 受水槽のオーバーフロー管および水抜管は、排水管に直接接続するのではなく、いったん、縁を切った間接排水とする。
4. 給湯設備の膨張管は、高温になることにより膨張する水量を安全に逃すために、配管の途中に止水弁を設けてはならない。

問4 〈正解2〉

1. 都市ガスの種類は、比重・熱量・燃焼速度の違いにより区分されており、熱量が大きいほど数字の数値が大きくなり、燃焼速度の速さによりA→B→Cとアルファベットで表示する。
2. 排水管の二重トラップは禁止されている。したがって、器具付トラップの下流にトラップを設けてはならない。
3. レジオネラ属菌を含んだ水の飛沫を吸引することにより、肺炎状のレジオネラ症を引き起こし、場合によっては死亡する場合がある。レジオネラ属菌の繁殖を防ぐためには、貯湯槽内で60℃以上、末端の給湯栓でも55℃以上に保つ必要がある。
4. クロスコネクションは、上水の給水・給湯系統とその他の系統が、配管・装置により直接接続されることをいい、上水の汚染の原因となるため、防止しなければならない。

問5

① 水道直結直圧　② 水道直結増圧　③ 小さい
④ 受水槽　⑤ 高置水槽　⑥ ポンプ直送
⑦ 可能

問6

1) 東京の1時間降水量は、表3・13より89mm。したがって、100mm/hに換算した屋根面積を求めるには、実際の屋根面積に89/100倍すればよい。
2) 壁面に当たる降雨は、壁面積×1/2を屋根面積に加算する。
3) 雨水立て管の管径は、表3・14より、許容最大屋根面積に収まる範囲で選定する。
4) 雨水横管は、表3・15より、配管勾配1/100の欄の許容最大屋根面積に収まる範囲で選定する。

雨水排水管径計算

配管系統	受け持つ屋根面積 [m²]	100mm/hに換算した屋根面積 [m²]	排水管径 [A]
A	6×15＝90	90×89/100[1]＝80.1	65[3]
B	90＋(14×15)＋(4×15×1/2)[2]＝330	330×89/100[1]＝293.7	100[3]
C	—	293.7	125[4]
D	—	293.7×2＝587.4	150[4]

04

電気設備

4・1 電気設備の基礎知識

1 概要

電気（電力）は、光、熱、電気信号や動力などのエネルギー源として使われている。普段の生活を振り返ると、自宅でも事務所でも、暗いと感じれば照明のスイッチを入れる、寒さ・暑さを感じればエアコンの電源を入れる。また、テレビや電話など、日常生活にあふれるさまざまな場面で、電気エネルギーが使われていることを実感できるだろう。電気のエネルギーを、これら光や熱のエネルギー、動力、情報信号といったエネルギーに変換する設備を称して、電気設備という。

建築設備のなかで電気設備は、建築物の照明や通信、動力などに必要な電力を供給するための電力設備、照明やコンセントなどの負荷設備、情報通信設備、防災・防犯設備、雷保護設備（避雷設備）、監視制御設備に分類できる。

2 電力供給の安定性

日本のエネルギー消費のうち、電気エネルギーに頼る割合（電力化率[*1]：一次エネルギーの総供給量に対して発電に使われるエネルギーの割合）は、4割を超えている。電力は生活や経済活動になくてはならないものであり、停電などがなく安定的かつ経済的に提供する必要がある。

高度経済成長期には、電力の7割が石油や石灰などの化石燃料を使った火力発電により賄われており、エネルギー資源に乏しい日本はそのほとんどを輸入に頼っていた。しかしながら、1973年と1979年の石油危機（オイルショック）以降は、電力供給の化石燃料への依存を減らすために、原子力への依存を強めてきた（図4・1）。原子力による発電は、2010年には3割を占めるようになっていた。2011年の東日本大震災で起きた福島の原子力発電所の事故を機に、原発への依存度を減らし、自然エネルギーへの転換への機運が高まっている。分散型電源の普及や発送電分離などが進められ、電力供給の形態や電力市場が大きく変わってきた。

3 電気に関する用語

(1) 電流・電圧・抵抗

電気の量は、電圧、電流によって決められる（表4・1）。電界中における2点間の電位の差（電位差）を電圧[V]という。電流[A]は、導体の断面を単位時間に通過する電荷の量で決められる。電流の方向は、正電荷の移動方向をプラス（＋）としており、負電荷の移動方向とは逆となる。

電気抵抗[Ω]は、導体に電気が流れるときに、それを妨げる力である。電流と電圧、抵抗の関係は、オームの法則（式4・1）で表される。

$$E = IR \quad \cdots\cdots\cdots\cdots\cdots\cdots\cdots (式4・1)$$

　E：電圧[V]　I：電流[A]　R：抵抗[Ω]

導体の電気抵抗の大きさは、長さに比例し、断面積

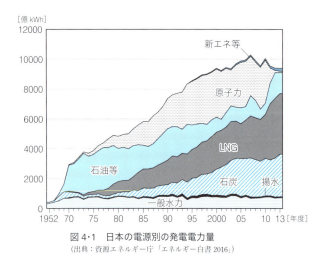

図4・1　日本の電源別の発電電力量
（出典：資源エネルギー庁「エネルギー白書2016」）

表4・1　電圧と電流

	記号	単位
電圧	E	V（ボルト）
電流	I	A（アンペア）
抵抗	R	Ω（オーム）

表4・2　各種金属の電気抵抗率

金属	電気抵抗率 $\times 10^{-8}$ [Ωm]（20℃）
アルミニウム	2.71
金	2.22
銀	1.59
銅	1.69
コンスタンタン※	49
ニクロム	108
白金	10.6
鉄（純）	10.1

※ 0℃　　（出典：国立天文台『理科年表』2008より作成）

[*1] 電力化率は、他にも最終エネルギー消費に占める電力の割合などの表し方がある。

に反比例する（式4・2）。つまり、導体は太いほど少ない損失で電気を流すことができる。電気を送る電線には、経済性を考慮しつつ、電気抵抗率の小さい銅やアルミニウムが一般に利用される（表4・2）。

$$R = \rho \frac{l}{S} \quad \cdots\cdots\cdots\cdots\cdots\cdots\cdots\text{（式4・2）}$$

- R：抵抗［Ω］
- l：導体の長さ［m］
- S：導体の断面積［m²］
- ρ：電気抵抗率［Ωm］

(2) 直流と交流

電気の流れには、常に一定の大きさと方向の流れが生じる直流（DC＊2）と、流れの向きが時間とともに正弦波状に変動する交流（AC＊3）がある（図4・2）。

交流は変圧器によって電圧の大きさを容易に変化させることができる。そのため、発電所から高電圧で送電し、電圧を下げて利用できる。一方、直流は電圧を変えることはできないが、負荷に対して連続的に電流の大きさを変えられる。そのため以前は、エレベーターなどの運転を円滑に制御するために直流が用いられていた。近年ではインバータ制御により、交流でも直流と同等の運転制御が可能となっている。

交流において1秒当たりの波の数を周波数［Hz］（ヘルツ）という。日本で提供されている電気の周波数には50Hz（東日本）と60Hz（西日本）がある。この周波数の違いにより、電動機の回転数が異なる。例えば、通常広く使われている誘導電動機の回転数（4極の場合）は、50Hzでは1500回転/minであるが、60Hzでは1800回転/minとなる。また、周波数の違いにより誘導電動機内部でのエネルギー損失が変わるため、効率が変わる。誘導電動機の効率は50Hzの方が低くなる。

交流で流れる電流と電圧は、単相では式4・3と式4・4で表される。また交流の電圧や電流の大きさは時間により変化するため、その表現には、消費される電力が直流と同等となる値、実効値が用いられる。実効値は $\frac{V_m}{\sqrt{2}}$、$\frac{I_m}{\sqrt{2}}$ となる。

$$I = I_m \sin(\omega t + \theta) \quad \cdots\cdots\cdots\cdots\text{（式4・3）}$$
$$V = V_m \sin \omega t \quad \cdots\cdots\cdots\cdots\cdots\cdots\text{（式4・4）}$$

- I：電流の瞬時値［A］
- I_m：電流の最大値（または振幅）［A］
- V：電圧の瞬時値［V］
- V_m：電圧の最大値（または振幅）［V］
- ω：角周波数［rad/s］　　t：時間［s］
- θ：電流と電圧の位相差［rad］

ここで、$\omega = 2\pi f$ と表せる。　　f：周波数［Hz］

(3) 単相交流と三相交流

電気設備で使用される交流には、単相交流と三相交流がある（図4・3）。単相交流は一つの正弦波からなる交流で、主に家庭用の照明やコンセントの電源のように低電圧で使う電源に用いられる。これに対して、三相交流は、電流もしくは電圧の位相を120°ずつずらした単相交流を組み合わせたものである。三相交流は、発電や送電に用いられる。また、容易に回転磁界が得られることから、主に動力（誘導電動機）の電源として用いられる。なお三相交流では、電圧や電流の総和は常にゼロになる。

$$V_1 = V_m \sin \omega t$$
$$V_2 = V_m \sin\left(\omega t - \frac{3}{2}\pi\right)$$

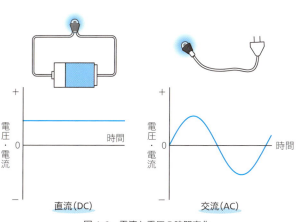

図4・2　電流と電圧の時間変化

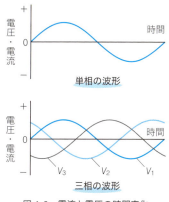

図4・3　電流と電圧の時間変化

＊2　DC：Direct Current　　　　＊3　AC：Alternating Current

$$V_3 = V_m \sin\left(\omega t + \frac{3}{2}\pi\right)$$

$$V_1 + V_2 + V_3 = 0$$

(4) インダクタンス

コイルに電流が流れると磁界が生じる。コイル内部の磁界の強さ［A/m］は、コイルを流れる電流の大きさに比例する（式4・5）。また、磁界の強さと空間や物質の磁気の帯びやすさを表す透磁率の積を磁束密度といい、単位は［Wb/m²］または［T］である（式4・6）。磁束密度はコイルを流れる電流に比例する。

$$H = nI \quad \cdots\cdots\cdots（式4・5）$$

　　H：コイル内部の磁界の強さ［A/m］
　　n：コイル1m当たりの巻数［回/m］
　　I：電流［A］

$$B = \mu H \quad \cdots\cdots\cdots（式4・6）$$

　　B：コイル内部の磁束密度［Wb/m²］　　μ：透磁率［H/m］

コイルを貫く磁束が変化すると、その変化を打ち消す向きに磁束が生じるよう、回路に起電力が生じ、コイルに電流が流れる（図4・4）。これを電磁誘導といい、生じた電圧を誘導起電力、電流を誘導電流という。誘導起電力［V］は、磁束［Wb］の時間変化に比例する。

$$V \propto \frac{d\Phi}{dt} \quad \cdots\cdots\cdots（式4・7）$$

　　V：誘導起電力［V］　　Φ：コイルを貫く磁束［Wb］
　　t：時間［s］

ここで、磁束はコイル内部の磁束密度とコイルの断面積［m²］の積（式4・8）となるため、誘導起電力はコイルを流れる電流の時間変化に比例する（式4・9）。このときの比例定数［H］は（自己）インダクタンスといい、コイルの誘導起電力の大きさを表す。

$$\phi = BS \quad \cdots\cdots\cdots（式4・8）$$

　　ϕ：コイルを貫く磁束［Wb］
　　B：コイル内部の磁束密度［Wb/m²］
　　S：コイルの断面積［m²］

$$V = L\frac{dI}{dt} \quad \cdots\cdots\cdots（式4・9）$$

　　V：誘導起電力（逆起電力）［V］
　　L：（自己）インダクタンス［H］
　　I：コイルを流れる電流［A］　　t：時間［s］

(5) キャパシタンス

電荷を蓄えることを充電といい、電荷を蓄えることができるものをコンデンサ（蓄電器）という。コンデンサの電荷［C］を蓄える能力を静電容量（キャパシタンス）といい、単位は［F］である。このとき貯められる電荷の量は、式4・10で表される。

$$Q = CV \quad \cdots\cdots\cdots（式4・10）$$

　　Q：電荷［C］　　C：キャパシタンス［F］
　　V：電位差［V］

(6) 電力と電力量

電気はエネルギー形態の一種で、電気が流れることによって行われた1秒当たりの仕事の量を電力［W］と表し、これと時間［h］の積を電力量［Wh］＊4と表す。

直流の場合は、電力と電圧、電流の関係は式4・11で表される。

$$P = EI \quad \cdots\cdots\cdots（式4・11）$$

　　P：電力［W］　　E：電圧［V］　　I：電流［A］

交流の場合は、一般的に電流と電圧との間に位相差が生じるため、電圧と電流の積で表される皮相電力［VA］（式4・12）に力率（電力の有効率）をかけた有効電力［W］で考える必要がある。

$$S = EI \quad \cdots\cdots\cdots（式4・12）$$

　　S：皮相電力［VA］　　E：電圧［V］　　I：電流［A］

有効電力は、負荷によって消費される電力である。単に消費電力という場合は、有効電力を指している。

電源から送り出される電力（皮相電力）は、負荷によって消費される有効電力と、消費されない無効電力に分けられるが、それらの関係は、式4・13で表される。

$$S = \sqrt{P^2 + Q^2} \quad \cdots\cdots\cdots（式4・13）$$

　　S：皮相電力［VA］　　P：有効電力［W］

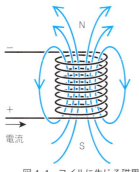

図4・4　コイルに生じる磁界

＊4　1Wh ＝ 3600Ws ＝ 3600J

Q：無効電力［var］

このとき、有効電力の皮相電力に対する割合が力率であり、式4・14で表すことができる。

$$\frac{P}{\sqrt{P^2+Q^2}} = \cos\theta \quad \cdots\cdots\cdots\cdots\text{（式4・14）}$$

つまり、交流の場合の電力は、式4・15、式4・16と表せる。

①単相交流の場合の有効電力

$$P = EI\cos\theta \quad \cdots\cdots\cdots\cdots\text{（式4・15）}$$

P：電力［W］　　E：電圧［V］　　I：電流［A］

$\cos\theta$：力率　　θ：電圧と電流の位相差［rad］

②三相交流の場合の有効電力

$$P = 3EI\cos\theta = \sqrt{3}VI\cos\theta \quad \cdots\cdots\text{（式4・16）}$$

P：電力［W］　　E：相電圧［V］　　V：線間電圧［V］

I：相電流［A］　　$\cos\theta$：力率

θ：相電圧と相電流の位相差［rad］

式4・15と式4・16で用いられる電流と電圧は実効値であり、瞬時値ではない。

ここで、三相交流の有効電力Pを式4・16で表した場合のVは、線間電圧であり、単相交流に相当する相電圧Eとは異なる。さらに、位相差θは相電圧Eと相電流Iとの間の位相差であり、線間電圧Vとの間の位相差ではない。

電力量と電力と時間の関係は式4・17で表される。

$$W = Pt \quad \cdots\cdots\cdots\cdots\text{（式4・17）}$$

W：電力量［Wh］　　P：電力［W］　　t：時間［h］

4 電気関連法規

建築における電気設備の設計・施工および運用・維持に関わる法規には、経済産業省が所管する「電気事業法」「電気設備技術基準」「電気用品安全法」「電気工事士法」「エネルギーの使用の合理化等に関する法律（省エネ法）」などがある。また、国土交通省所管の「建築基準法」および総務省所管の「消防法」なども、建築における電気設備に関わりの深い法規である。

(1)電気事業法

電気事業法には二つの目的がある。一つは電気事業者（電力会社など）に適正かつ合理的な運営を行わせて、電気の使用者の利益を保護するとともに、電気事業の健全な発達を図ることである。もう一つは、「電気工作物」の工事・維持・運用を規制して、公共の安全を確保するとともに、環境の保全を図ることである。

電気工作物は電気設備の総称であり、「事業用電気工作物」として、電力会社の発変電所、開閉所、送配電線路などの「電気事業用電気工作物」と、高圧（600Vを超え、7kV以下の電圧）または特別高圧（7kVを超える電圧）で受電する工場やビルの受変電設備、構内電線路、自家発電設備などの「自家用電気工作物」がある。

一方、低圧（600V以下の電圧）で受電する一般住宅や小規模店舗・工場の受変電設備、屋内配線、太陽光発電設備（50kW未満）、風力発電設備（20kW未満）などは「一般用電気工作物」と呼ばれている。

また、電気主任技術者制度が設けられ、事業用電気工作物である電気事業用電気工作物および自家用電気工作物に対しては、電気主任技術者を選任して、工事、維持および運用に関する保安にあたらせることが義務付けられている。電気主任技術者の資格には、取り扱うことができる電圧によって、第1種（すべての電気工作物）、第2種（電圧が170kV未満の電気工作物）、第3種（電圧が50kV未満の電気工作物で、出力5000kW以上の発電所を除く）の3種類がある。ただし、事業用電気工作物のうち、電気的設備以外の水力（ダムなど）、火力（小型ガスタービン発電設備および内燃力発電設備を除くボイラーやタービンなど）、および原子力の設備、ならびに燃料電池設備の改質器（最高使用圧力が98kPa以上のもの）については電気主任技術者の保安監督範囲から除かれる。

(2)電気設備技術基準

電気事業法を実際に運用していくための省令の一つであり、電気設備に関しての性能基準を定めている。この性能基準を満たすために必要な具体的な数値や計算式、ならびに材料の規格などは「電気設備の技術基準の解釈」に示されている。さらに、この技術基準の解釈で定められた内容について、需要場所における電気工作物の設計・施工・維持・運用の実務に必要な技術的な細部事項を規定した「内線規程」がある。また、高圧受電設備の設計・施工・維持・検査の規範として、「高圧受電設備規程」が定められている。

(3)電気用品安全法

電気用品の製造や販売を規制して、感電や火災など、

電気用品による事故の防止を目的としている。電気用品の製造者には、製品が安全基準に適合していることを証明する義務がある。基準に適合しない製品は販売できないし、電気工事での使用もできない。

(4) 電気工事士法

電気工事に従事する電気工事士の資格および義務を規定し、電気工事の欠陥によって発生する災害の防止を目的としている。電気工事士の資格には、第1種（一般用電気工作物および最大電力500kW未満の自家用電気工作物（需要設備）の工事に従事）と第2種（一般用電気工作物の工事に従事）がある。なお、ネオン工事および非常用予備発電装置工事に従事するためには、それぞれの特種電気工事資格が必要になる。

(5) エネルギーの使用の合理化等に関する法律（省エネ法）

化石燃料および化石燃料を起源とする熱エネルギーと電気エネルギーを対象にしている。これらのエネルギー使用量（原油換算値）が全体で年間1500 kℓ以上の事業者は、エネルギー管理統括者およびエネルギー管理企画推進者を選任し、エネルギー管理標準の設定、省エネルギー措置の実施、燃料転換、設備稼働時間の変更等を行うことが義務付けられている。さらに、中長期的に見て年平均1％以上のエネルギー消費原単位などの低減が事業者の目標として設定されている。

また、照明器具、電気冷蔵庫・冷凍庫、ヒートポンプ給湯器、電子計算機や複写機などのOA機器、変圧器、三相誘導電動機などに対して、トップランナー制度による省エネルギー基準が導入されており、これらの製造業者や輸入事業者に対しては、トップランナー基準の達成等が義務付けられている。

(6) 建築基準法

建築物の敷地、構造、設備、用途に関する最低基準を設けて、人命、健康、財産を守り、公共の福祉に資することを目的としている。この法律によって、建築において使用される電気設備、避雷設備、昇降機などが規制されている。

(7) 消防法

火災などから人命、財産を守り、被害を軽減するために制定されている。この法律は消防設備などについて規定しており、このなかに火災報知設備、避難誘導設備、消火活動を支援するための非常コンセント用設備などの電気設備が含まれている。

4・2 受変電設備

1 概要

図4・5は発電所で発電された電気が消費地であるビル、工場、一般家庭などに届くまでの経路を示している。発電所の発電機の出力電圧は、水力発電所の水車発電機で3.3～18kV程度、火力発電所などで使われているタービン発電機で15～25kV程度であるが、これ

電力の送電

人が電気エネルギーを認識したのは、紀元前600年のギリシャ時代に、琥珀をこすることで、静電気が発生し、物を引きつける力があること、つまり、琥珀に蓄えられた微小な電気エネルギーを発見したことが始まりだとされている。電気（electricity）は、イギリスの物理学者ウィリアム・ギルバートが、1600年に刊行した「磁石論」のなかで、琥珀のように静電気を帯びる物質を、ギリシャ語で琥珀を意味するエレクトロン（elektron）にちなんで、電気的物質（electrica）と名付けたことが語源といわれている。

私たちは現在、日常的に発電所で発電された電気を使用しているが、これは大規模発電所から家庭までの送配電システムによって支えられている。配電システムとしては、1880年代にエジソンによって白熱灯照明のために直流方式のシステムがつくられた。ただ、電力需要が増え大規模な発電と長距離配電が必要になると、直流による配電では、電力損失を抑えるために電線を太くする必要があるため、電線コストの点で限界があった。そのため、変圧器を容易に利用でき、電力損失の小さい高電圧で配電が可能な交流方式が主流となり、現在のシステムとなっている。

日本では明治初期、1886（明治19）年に東京電燈（現在の東京電力）が設立され、1887年に日本橋茅場町発電所から直流送電が行われたのが始まりである。

を変圧器で154kV、275kV、500kVなどの高電圧に昇圧して、送電線に送り出している。

発電所は電気の大消費地である大都市から遠く離れている場合が多い。両地を結ぶ送電線では、送電線の抵抗と送電線を流れる送電電流によってジュール損が発生する。このジュール損は送電電流の2乗に比例する。一方、送電電力は送電電圧と送電電流の積に比例するので、大量の電力を効率的に消費地に届けるために、送電電圧を上げて送電電流を小さくし、ジュール損を極力低減している。

このようにして送り出された電気は消費地の近くにある一次変電所や中間変電所、さらには配電用変電所を経由して、徐々に降圧され、需要家に届けられる。大規模な工場やビルなどでは特別高圧（22kV、66kVなど）で、中小規模の工場やビルなどでは高圧（6.6kV）で受電する場合が多い。一般の住宅や小規模店舗などは、通常、低圧（100V、200V）で受電している。

表4・3は電圧の区分と定義、ならびに需要家の契約電力と受電電圧の関係をまとめたものである。契約電力が50kW未満（一般住宅や多くの小規模店舗など）の場合は、電柱に設置された柱上変圧器などで降圧された100V、200Vの電気を受電し、分電盤を介して屋内コンセントなどにそのまま供給される。

需要家の契約電力が50kW以上になると、高圧や特別高圧で電気が需要家に引き込まれる。高圧や特別高圧のままでは使えないので、需要家内の受変電設備によって必要な電圧に降圧して、需要家構内に供給される。

図4・6は高圧受電あるいは特別高圧受電の需要家内における電気設備の接続フローである。電気は、電力会社の送配電線から引込線（①）を介して、受変電設備（②）に入り、単相100V/200Vおよび三相200Vなどに降圧され、幹線（⑥）を経由して、負荷である照明設備およびコンセント設備（⑦）や動力設備（⑧）に供給される。

通常、照明・コンセント設備（⑦）には単相で、動

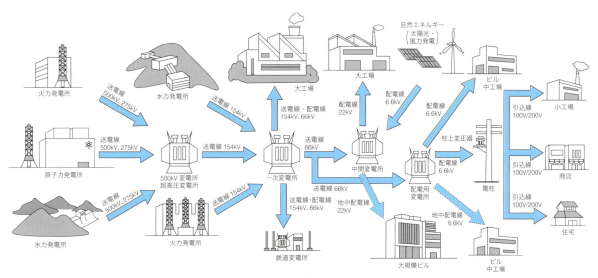

図4・5　電気の流れ（発電所から需要家へ）

表4・3　電圧区分ならびに契約電力と受電電圧との関係

区分	直流	交流	契約電力	受電電圧
低圧	750V以下	600V以下	50kW未満	100V 200V
高圧	750Vを超え 7000V以下	600Vを超え 7000V以下	50kW以上 2000kW未満	6.6kV
特別高圧	7000Vを超えるもの		2000kW以上 10000kW未満	11kV 22kV 33kV
			10000kW以上 50000kW未満	66kV

2000kW以上の契約電力と受電電圧の関係は電力会社によって異なる。表内は東京電力の例。

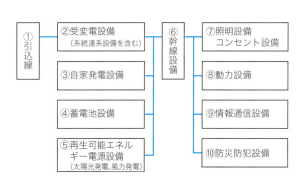

図4・6　高圧受電・特別高圧受電の需要家内における電気設備の接続フロー

力設備（⑧）には三相で電気が供給される。また、受変電設備には、自家発電設備（③）や蓄電池設備（④）が並置されることもある。また、昨今では、需要家構内に太陽光発電設備などの再生可能エネルギー電源設備（⑤）が設置され、配電線に系統連系されるケースも増えている。

一般に受変電設備が設置される部屋は、受変電室あるいは電気室などと呼ばれる。受変電室には、水や湿気がなく、浸水の恐れのない場所が適している。また、日常の点検保守の容易さ、防火・防音、発熱処理のための換気・空調などが求められる。近年の建物では、受変電機器を金属製のキャビネットであるキュービクル（図4・7）に収めて、受変電室を設けないことも多い。キュービクルは工場で製作されたものが納入されるため、品質が確保されており、工期の短縮と工事現場での省力化が可能である。高価であるが、設置面積が小さく、安全性も高い。屋内外どちらでも設置可能である。屋内に設置可能であれば、室内型を用い、屋内にスペースが確保できない場合には、建物の屋上などに屋外型を用いる。

2　受電方式

電力会社の配電線から需要家内の受変電設備に引込線を引き込む方式には、1回線方式、本線・予備線配電方式（2回線方式）、スポットネットワーク方式などがある。

(1) 1回線方式

1回線方式では、配電線1回線から1回路の引込線を引き込む。その需要家専用の回線から引き込む場合と、他の需要家との共用回線から引き込む場合とがある。総じてイニシャルコストは安いが、信頼度は配電方式（樹枝状配電方式、ループ配電方式）に依存する。また、メンテナンスの場合には全停となる。

樹枝状配電方式（図4・8①）は、電力幹線と、そこから分岐する電力線がループをつくることなく、下流方向にのみ延伸していく方式である。この方式は構成が単純なために、電力会社によるインフラ敷設のためのコストは低いが、幹線において事故が発生すると、停

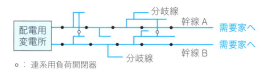

①樹枝状配電方式

②ループ配電方式

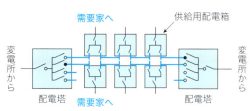

③ループ配電方式（πループ）

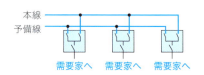

④本線・予備線配電方式（2回線方式）

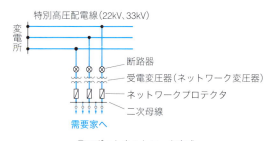

⑤スポットネットワーク方式

図4・7　屋内に設置されたキュービクル

図4・8　配電方式・受電方式

電が広範囲に及ぶ。このため、線路を適当な区間に分割するための区分開閉器を設置するとともに、異なる幹線から伸びる分岐線を常時開路の連系用負荷開閉器で連系する多分割多連系樹枝状方式もある。

片方の回線で事故が発生した場合には、事故区間だけを区分開閉器で切り離すとともに、事故区間の下流側にある連系用負荷開閉器を閉路して、他の回線から電気を供給することで信頼度を上げている。

一方、ループ配電方式（図4·8②）では、幹線の末端部に結合開閉器が設置されて、異なる回線どうしが連系できるようになっている。結合開閉器は常時開路が一般的であるが、常時閉路の方式もある。多分割多連系樹枝状方式と同様に、線路は区分開閉器で適当な区間に分割されており、片方の回線で事故が発生すると、その区間だけを区分開閉器で切り離すとともに、結合開閉器を閉路して事故区間の下流側には他回線から電気を供給する。この方式は都市部などの高い信頼度が求められる地域で多く採用されている。

また、大都市などの過密地域の地中配電線では、図4·8③に示すような二つの配電塔の間に複数の供給用配電箱を設置してループを構成する配電方式が採用されることがある。

(2) 本線・予備線配電方式（2回線方式）

本線・予備線配電方式では、図4·8④に示すように、配電線の異なる配線から1回路ずつ、計2回路（本線と予備線）の引込線を引き込む。電力会社の同じ系統の回線から2回路引き込む場合と、異なる系統の回線から1回路ずつ引き込む場合がある。本線側の配電線で事故が発生しても、予備線側に切り替えることで、切り替え時間だけの停電ですむ。イニシャルコストは高いが、信頼度も高い。さらに高い信頼度が求められるときには、常時2回路から受電する場合もある。

(3) スポットネットワーク方式

スポットネットワーク方式では、図4·8⑤に示すように、特別高圧配電線（22kVあるいは33kV）2～3回線（標準は3回線）から引込線を引き込んで同時に受電し、それぞれの回線の受電変圧器（ネットワーク変圧器）の二次側を並列接続して二次母線として共用している。一次側の受電用遮断器を省略し、代わりに変圧器二次側と二次母線との間にネットワークプロテ

クタ（遮断器、ヒューズ、保護継電器から構成）を設置する場合もある。ネットワークプロテクタの自動再閉路機能および開閉制御機能によって、1回線が停止しても、残りの回線から無停電で受電できる。イニシャルコストやランニングコストは高いが、信頼度が高く、電圧降下も少ない。このため、大規模工場や都心の大型ビル、病院など、負荷密度が高い上に、非常に高い信頼性が求められる需要家に広く採用されている。

3 受変電設備の構成

受変電設備は、断路器、遮断器、変圧器、避雷器、進相コンデンサ、計器類、保護継電器類などで構成される。受変電設備の構成の一例を図4·9に示す。

引込線によって需要家構内に引き込まれた回線には使用電力量を計測する取引用積算電力量計（Wh）が設置される。その下流には、受変電設備の機器点検、修理などの場合に回路を開く断路器（DS）、続いて、過負荷電流や短絡電流などの異常時大電流を遮断する遮断器（CB）が設置される。異常電流や異常電圧を検知して、この遮断器を動作させるための保護継電器類（GR、OCR）、ならびに電圧、電流を計測するための電圧計（V）や電流計（A）も、計器用変圧器（VT）や変流器（CT）を介して接続されている。また、雷サージなどの異常電圧から受変電設備や負荷設備を保護するための避雷器（LA）は遮断器側回路に対して並列に

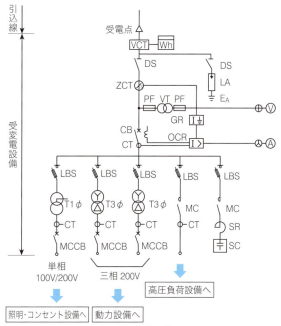

図4·9 受変電設備の構成の一例

設置される。

遮断器の下流には、負荷開閉器（LBS）を経て、動力回路用の三相変圧器（T3φ）、電灯回路用の単相変圧器（T1φ）が設けられる。負荷開閉器には電力ヒューズ（PF）が付加される場合もある。それぞれの変圧器二次側からは配線用遮断器（MCCB）を経て、負荷である動力設備および照明設備やコンセント設備へと配線される。また、力率改善を目的とした進相コンデンサ（SC）が変圧器一次側に対して並列に接続される。進相コンデンサには、高調波電流の流出ならびに突入電流を抑制する直列リアクトル（SR）が直列に挿入されている場合もある。図4・9における、それぞれの機器の呼称は表4・4のとおりである。

4　電気方式

表4・5に示すように、需要家構内に給電する主な電気方式として、照明・コンセント回路用の単相2線式と単相3線式、ならびに動力回路用の三相3線式と三相4線式がある。

単相2線式は供給電圧が単相100Vのみであり、小規模住宅などで用いられている。また、単相3線式は単相100Vおよび単相200Vを同時に供給できるため、住宅、ビル、工場などで広く用いられている。単相200Vは、住宅では大型のエアコンやIHクッキングヒーターなどの電源として、ビルや工場では照明設備や大型の機器の電源として用いられている。

一方、三相3線式は三相200Vを供給する。三相誘導電動機を利用する大容量空調設備や、ファン、ポンプ、圧縮機などの工場設備の電源として広く用いられている。また、三相4線式は、大規模ビルや大規模工場で採用され、三相415Vと単相240Vを同時に供給する。三相415Vは大容量の動力機器に、単相240Vは照明に使用されている。

5　系統連系設備

系統連系設備は、需要家に設置された発電設備を電力会社の配電系統に接続（連系）し、発電設備によって発電される電気と電力会社から供給される電気とを一体化して利用するための設備である。

発電設備には、太陽光発電や燃料電池のように、直流で発電した電気を逆変換装置（インバータ）によって交流に変換して連系する発電設備と、エンジン発電機やガスタービン発電機のように、交流で発電してそ

表4・4　受変電設備を構成する機器類

記号	図記号	呼称
VCT		計器用変圧変流器
Wh		積算電力量計
DS		断路器
LA		避雷器
E_A		接地極（A種）
ZCT		零相計器用変流器
PF		電力ヒューズ
VT		計器用変圧器
CB		遮断器
GR		地絡継電器
OCR		過電流継電器
CT		計器用変流器
V		電圧計
A		電流計
LBS		負荷開閉器
T1φ		単相変圧器
T3φ		三相変圧器
MCCB		配線用遮断器
MC		電磁接触器
SR		直列リアクトル
SC		進相コンデンサ

表4・5　電気方式

電気方式	結線図	対地電圧	用途
単相2線式	100V	100V	小規模住宅
単相3線式	100V / 100V / 200V	100V	一般住宅、ビル、工場
三相3線式	200V / 200V	200V	ビルや工場
三相4線式	240V / 240V / 240V / 415V / 415V	240V	大規模のビルや工場

のまま連系する交流発電設備とがある。ガスタービン発電機であっても、交流出力を直流に変換し、逆変換装置で再び交流に変換しなおして連系する場合は前者に含まれる。

系統連系には、発電電力を需要家内ですべて消費できる範囲に制御して、配電線に逆潮流させない「逆潮流なし連系」と、消費しきれずに余剰となった電力を配電線に逆潮流させる「逆潮流あり連系」とがある。表4・6に示すように、連系先ごとに、連系できる発電設備の種類や容量、ならびに逆潮流の有無（可否）が区分されており、それぞれに連系技術要件が定められている。

表4・6のいずれの区分にも共通して、系統連系設備に課せられる基本的な技術要件には、以下のようなものがある。

① 発電設備に異常または故障が発生したときは、発電設備を系統から即時に切り離す。
② 系統側に短絡事故や地絡事故が発生したときは、発電設備を系統から迅速かつ確実に切り離す。当該系統が再閉路を行う時点において、発電設備が系統から確実に切り離されていることが求められる。なお、再閉路とは、事故の早期復旧を目的に、系統事故時に一旦切り離した系統電源（電力会社側電源）を一定時間後に系統に自動接続して再送電を行うことをいう。
③ 単独運転の防止
単独運転は、電力会社側の事故などによって電力会社側の電源と切り離された状態で、発電設備が発電を継続し、系統内の負荷に電気を供給している状態をいう。単独運転が発生すると、公衆や電力会社の作業員の感電、消防活動への支障、機器の損傷など、重大な影響が懸念される。このため、当該系統に系統電源の喪失が発生した場合には、発電設備は系統から迅速に切り離し、当該系統のいかなる部分においても単独運転が発生しないことが求められる。
④ 事故時運転継続（FRT [*5]）
連系先の系統以外の事故によって連系先の系統で瞬時電圧低下などが発生することがあるが、これらによって発電設備が系統から切り離されないことが求められる。特に、今後、系統に大量に連系されると予想される太陽光発電設備と風力発電設備については、送電線事故によって発生する広範囲の瞬時電圧低下や瞬時周波数上昇、さらには大規模電源の脱落や系統分離による周波数変動によって、発電設備が一斉に切り離されたり、発電設備の出力低下が継続したりすると、系統全体の電圧や周波数の維持に大きな影響が及ぶ可能性がある。このため、この事故時運転継続要件（FRT要件）が定められている。

4・3　予備電源設備

1　概要

災害などの非常時にも最低限の電気設備の機能を確保するためには、予備電源設備 ▶ p.158 が求められる。また、電気事業者からの電源（商用電源）は、非常に強固に設計されているが、落雷などの事故や、災害による停電、設備点検時の停電などがある。その際に停止できない設備に関しては、予備電源により電源を確保しなければならない。

非常用の予備電源設備の設置は、電気設備技術基準、建築基準法および消防法で定められている（表4・7）。建築基準法では「予備電源」、消防法では「非常電源」と称している。予備電源は、商用電源との系統連系の方式に制限はあるが、一般電源として利用することが可

表4・6　系統連系の区分

連系先	発電設備の種類	一設置者当たりの電気容量	逆潮流の有無
低圧配電線	・逆変換装置を用いた発電設備	50kW未満	・あり ・なし
	・交流発電設備	50kW未満	・なし
高圧配電線	・逆変換装置を用いた発電設備 ・交流発電設備	2000kW未満	・あり ・なし
スポットネットワーク配電線	・逆変換装置を用いた発電設備 ・交流発電設備	10000kW未満	・なし
特別高圧電線路※	・逆変換装置を用いた発電設備 ・交流発電設備	2000kW以上	・あり ・なし

※35kV以下の配電線扱いの電線路と連系する場合は、高圧配電線への連系技術要件に準拠可能（ただし、一設置者当たりの電力容量は10000kW未満）

[*5] FRT：Fault Ride Through

能な場合もある。

　予備電源のうち、災害時に防災設備に電力を供給するための電源は、一般的に防災用電源と呼ばれている。防災用電源の予備電源としては、蓄電池設備、自家発電設備、蓄電池や自家発電の併用設備、非常電源専用受変電設備などがある。予備電源は、法律によって最低供給時間が定められている▶p.158、表6·3。

2　自家発電設備

　自家発電設備は、電力会社からの電力（商用電源）を利用しない、あるいは商用電源と系統連系をしながら、発電機を稼働させ、電力をつくり、その場所で使用するための設備である。非常時など商用電源の停電時に利用するほか、コジェネレーション設備▶p.44などを使用することで、発電に伴って発生する熱も利用できるなどの利点がある。自家発電設備を防災用電源として利用する場合は、消防法の規制を受ける。

　自家発電設備の設置においては、負荷と目的に応じて容量を定め、設置場所、エンジンの種別、冷却の方式、発電燃料などを検討する必要がある。

　設置場所は屋外が多いが、地下や屋上階の屋内、別棟の場合もある。地下や屋内に設置する場合は給排気に注意がいる。また、振動や騒音が発生するため、特に屋外に設置する場合には騒音対策など周辺への配慮が必要となる。エンジン種別には、ディーゼルエンジン、ガスエンジン、ガスタービンなどがある（表4·8）。種別によって冷却方法が異なる。ガスタービンは空冷のための冷却水が不要であるが、ディーゼルエンジンは冷却水を要するため、図4·10に示すように冷却用

表4·7　法令による予備電源の定義

法令	目的	法令での用語
電気設備の技術基準	需要場所に設置。消防用ではなく、常用電源の停電時に使用。	非常用予備電源
建築基準法	非常時の照明、非常用の進入口の赤色灯、排煙、非常用エレベーター、非常用の排水設備、防火扉などの電源に使用。	予備電源
消防法	消火栓、スプリンクラー、消防用排煙設備などの消防用設備の電源として使用。	非常電源

表4·8　ディーゼルエンジン発電とガスタービン発電の比較

	ディーゼルエンジン発電設備	ガスタービン発電設備
燃料の消費量	少ない	多い（～2倍）
使用可能な燃料	少ない(A重油、軽油、灯油)	多種（A重油、軽油、灯油、天然ガス、都市ガス）
サイズ	小さい、軽量	大きい、重量
振動	機関が往復運動するため振動が発生しやすい。	回転機関であるため振動が少ない。
イニシャルコスト	安価	割高
メンテナンス	オーバーホールは現地対応可能。	精密機械のため、オーバーホール時は搬出し、工場で対応。
冷却水	水冷式の場合は、冷却水を必要とするため設備費用が必要。	機関の冷却は空冷のため冷却水は不要。
その他	燃料の完全燃焼が得られにくいため、黒煙の付着がある。	吸込空気の温度が高い場合に出力が低下する。

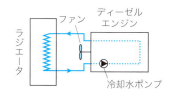

ラジエータ冷却式
発電容量が小さい場合に使われることが多い

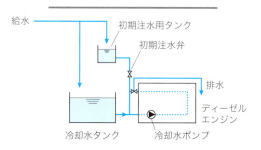

放水冷却式（断水時は使用不可）
最も一般的である

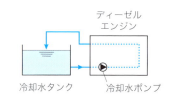

冷却水槽式
冷却水タンクが温まるため長時間運転できない

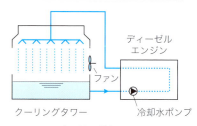

クーリングタワー
冷却水が放水式に比べて少量ですむ

図4·10　ディーゼルエンジンの冷却方式

の設備が必要となる（小容量の場合は空冷のものもある）。使用燃料は、軽油、灯油、重油、ガスなどがあり、種類や貯蔵量に応じて危険物取扱主任有資格者による管理が必要である。

近年では、化学反応による直接発電で電力を供給する燃料電池▶p.190 が開発され、普及してきている。燃料電池は、発電に伴って発生する排熱を利用することも可能である。住宅向けにも普及しつつある。

3　蓄電池設備

蓄電池設備は、電力を蓄電池に充電し利用する設備で、停電時などの非常時に非常用照明などの防災用電源、受変電機器などの操作電源としても用いられる。また、OA 機器などの電子機器を瞬時の停電から保護するために設けられる。近年では、太陽光発電や風力発電と併用して、電力の変動や出力を調整したり、電力需要のピークシフトを目的とした利用も増えている。

蓄電池は直流の電源設備で、従来は、アルカリ蓄電池と鉛蓄電池が利用されていたが、大容量の電気を蓄電できるリチウムイオン電池やナトリウム・硫黄電池（NAS 電池）も開発され普及してきている（表4・9）。

負荷の種類や優先順位によって蓄電池の種類や容量が決められる。防災用電源の場合は消防法の規制を受ける。鉛蓄電池とアルカリ蓄電池は、それぞれ極板構造や形式により図4・11 のように分類される。

1）直流電源装置

直流電源装置は交流を直流に変換する際に使用され、蓄電池と充電装置（コンバータ）で構成される。特に停電時などに利用され、防災設備や非常用照明などの負荷の電源として使用される。蓄電池の使用の有無は用途に応じて決められる。

2）交流無停電電源装置（UPS＊6）

交流無停電電源装置は、蓄電池、充電装置、逆変換

鉛蓄電池

アルカリ蓄電池

種類	極板構造
鉛蓄電池	クラッド式
	ペースト式
アルカリ蓄電池	ポケット式
	焼結式

図4・11　鉛蓄電池とアルカリ蓄電池の種類

表4・9　蓄電池の種類と特徴

	鉛蓄電池	リチウムイオン電池	ナトリウム・硫黄電池（NAS 電池）	ニッケル水素蓄電池
エネルギー密度	約35Wh/kg	約120〜200Wh/kg	約100〜130Wh/kg	約60Wh/kg
充放電効率	75〜85%	95%	85〜90%	90%
寿命（充放電サイクル）	3000〜4500	3500	4500	2000
作動温度	常温	常温	300℃	常温
特徴	比較的安価。使用実績があり、リサイクルの体制が確立されている。過充電に強いが、低充電状況では、充電容量が低下する。	高出力、コンパクト、自己放電が小さく、急速充電が可能だが、過充電・過放電に弱い。安全確保が必要。	大容量が可能で、自己放電がない。初動時の温度保持のためヒーターが必要となる。資源が豊富。	割高。急速発電が可能で、過充電・過放電に強いが、自己放電が大きい。発熱を伴うため、温度管理が必要。
用途	産業用・住宅用 車載用	産業用・住宅用（据置） 車載用（電気自動車）	産業用（据置）	産業用・住宅用 車載用（ハイブリッドカー）

リチウムイオン電池（家庭用）（出典：Panasonic カタログ）

NAS 電池（提供：日本ガイシ株式会社）

＊6　UPS：Uninterruptible Power Supply

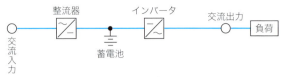

常時インバータ給電方式（ダブルコンバージョン方式）

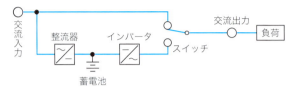

常時商用給電方式（シングルコンバージョン方式）

図 4・12　交流無停電電源装置（UPS）の方式

装置（インバータ）で構成される。出力形式が商用電源と等しく、防災用、保安用として、商用電源と切り替えて利用できる。図 4・12 に主な給電方式を示す。常時インバータ給電方式は最も安定しているが高価であり、常時商用給電方式は安価であるが停電時に瞬断が発生する。設置方法として、開放型とキュービクル型▶p.112があり、最近では新しく設置される場合にはキュービクル型が採用されることがほとんどである。停電時の補償時間は 5〜30 分が一般的であるが、負荷設備の重要性や自家発電などの予備電源設備との兼ね合いで決定する。

4・4　幹線設備

1　概要

　高圧あるいは特別高圧の需要家においては、受変電設備の低圧側の主配電盤からそれぞれの電気の使用箇所における分電盤（分岐回路の分岐点）までの配線を幹線と呼んでいる。また、分電盤から分岐して負荷（電気機器）直近にいたるまでの固定された電線部分は分岐回路という。配線によって電気が供給される範囲は広く、特に幹線には高い信頼性が求められる。
　幹線は、用途、使用電圧、配線方式、常用・非常用などにより分類できる。幹線の計画にあたっては、適切な電気方式、配線方式を選定する必要がある。図 4・13 に用途による幹線の分類を示す。

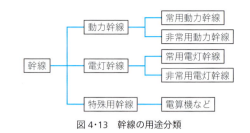

図 4・13　幹線の用途分類

表 4・10　幹線の配線方式と特徴

配線方式	特徴
樹枝方式 ①　②	各末端分電盤へ一つの幹線で供給する方式。各分電盤の負荷が比較的小さく、小規模な建物に採用される。他の負荷の影響を受けやすいのが短所であるが、電線の量が少なくてすみ、イニシャルコストの面で優れる。②では上流側の電線を太くして、電圧降下の低減を図っている。
平行方式	各末端分電盤へ単独の専用線で供給する方式。各分電盤の負荷が大きい、大規模な建物に採用される。他の幹線負荷の影響を受けにくく、また影響を与えにくい。電線費用がかさむが、保守管理が容易で、事故の波及範囲が狭いため、広く採用されている。
併用方式	樹枝方式と平行方式を組み合わせた方式。他の幹線負荷の影響を受けにくく、また影響を与えにくい。電線費用などがかさむものの、保守管理が容易で、事故の波及範囲が狭いため、広く採用されている。
ループ方式	各末端分電盤を 2 本の幹線で挟んでループ状とする方式。2 本の幹線から供給されるので、事故の影響を他へ波及させることがなく、信頼性が高い。ただし、幹線が 2 本となるため、イニシャルコストが高い。

2　配線方式

　幹線の配線方式と特徴を表 4・10 に示す。一般に、幹線の配線方式は、①負荷端の電圧降下を許容範囲内に維持する、②各末端分電盤の電圧をなるべく同一にする、③事故の影響波及範囲をなるべく小さくする、④工事費をなるべく安くするなどを考慮して決定される。このうち平行方式および併用方式は、配線費用などがかさむものの、保守管理が容易で、事故波及範囲が狭いため、一般に広く採用されている。

3　電線の選定

　幹線の電線は、許容電流および電圧降下などを考慮して選定しなければならない。また、将来の負荷の増設などにも配慮する必要がある。

(1) 許容電流

幹線の許容電流 I_A は、その幹線によって電力が供給される負荷機器の定格電流の合計値以上でなければならない。ただし、図4·14 に示すように、負荷が電動機を含む電気機械器具（電動機負荷）の場合には、始動電流が大きく、負荷の状態によっては過負荷状態になることも予想されるので、I_A は、式4·18 ～式4·20 のように規定される。

① $I_M ≦ I_H$ の場合

$I_A ≧ I_M + I_H$ ················（式4·18）

I_M：電動機負荷の定格電流の合計値
I_H：電動機負荷以外の負荷の定格電流の合計値

② $I_M > I_H$ の場合

ⅰ) $I_M ≦ 50A$ の場合

$I_A ≧ 1.25 × I_M + I_H$ ··········（式4·19）

ⅱ) $I_M > 50A$ の場合

$I_A ≧ 1.1 × I_M + I_H$ ··········（式4·20）

表4·11 は実際に使用されている絶縁電線の許容電流をまとめたものである。実務においては、上記①、②で示した条件を満たす電線を表4·11 などから選択する。

なお、複数の電線を同一の電線管に収めて配線する場合には、許容電流は電線1本の場合よりも小さくなる。電線管に収める電線本数に応じて電流減少係数が定められており、電線1本の許容電流にこれを乗じた値を許容電流として用いなければならない（表4·12）。

また、許容電流を超える電流が流れると電線の絶縁被覆が損傷するので、これを防止するために、図4·14 に示すように、上流側に過電流遮断器を設置しなければならない。一般に、過電流遮断器の定格電流 I_B は幹線の許容電流よりも小さくしなければならないが、電動機負荷がある場合には、電動機負荷の始動電流を考慮に入れて、式4·21、式4·22 のいずれか小さい方の値以下とするよう規定されている。

$I_B ≦ 3 × I_M + I_H$ ··············（式4·21）

$I_B ≦ 2.5 × I_A$ ·················（式4·22）

(2) 電圧降下

幹線の電線には電気抵抗の小さい銅線が用いられるが、それでも配線が長くなると電圧降下が大きくなる。電圧降下は、表4·13 に示した簡易計算式から容易に計算することができる。幹線では、電圧降下が標準電圧の2%以下となるように、電線を選定することが原則とされている。ただし、需要家の受変電設備から電気が供給される幹線の場合には、電圧降下は3%以下とすることができる。

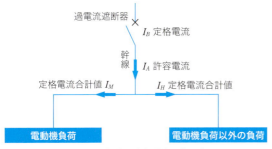

図4·14 幹線の許容電流の求め方

表4·11 絶縁電線※の許容電流（周囲温度30℃以下）

単線（銅）		より線（銅）	
直径 [mm]	許容電流 [A]	公称断面積 [mm²]	許容電流 [A]
1.6	27	2	27
2.0	35	3.5	37
2.6	48	5.5	49
3.2	62	8	61
4.0	81	14	88
5.0	107	22	115

※最高許容温度が60℃のIV電線など。

表4·12 電流減少係数

同一管内の電線数※	電流減少係数
3本以下	0.70
4本	0.63
5本または6本	0.56
7本以上15本以下	0.49
16本以上40本以下	0.43
41本以上60本以下	0.39
61本以上	0.34

※中性線、接地線および制御回路用の電線は電線数に算入しない。

表4·13 電圧降下の簡易計算式

電気方式	電圧降下 [V]
単相2線式	$e = \dfrac{35.6 × L × I}{1000 × A}$
三相3線式	$e = \dfrac{30.8 × L × I}{1000 × A}$
単相3線式 三相4線式	$e' = \dfrac{17.8 × L × I}{1000 × A}$

e ：各線間の電圧降下 [V]
e'：外側線または各相の1線と中性線との間の電圧降下 [V]
I ：負荷電流 [A]　　L：電線のこう長 [m]
A ：電線の断面積 [mm²]

4・5 分岐回路

1 概要

分岐回路は、幹線から分岐する分電盤や過電流遮断器から負荷（電気機器）直近にいたるまでの固定された電線部分を指す。分岐回路は種類によって、表4・14のように区分され、分岐回路ごとに接続できるコンセントの定格電流、過電流遮断器の定格電流、ならびに使用する電線の太さなどが規定されている。定格電流が50Aを超える機器は、一つの専用の分岐回路に接続し、それ以外の負荷を接続させてはならない。また、動力用分岐回路は、原則として電動機1台につき1回路を設ける。

分岐回路には、回路ごとに開閉器および過電流遮断器を設けるが、図4・15に示すように、回路の許容電流は分岐点から回路の開閉器および過電流遮断器までの距離によって制限を受ける。許容電流（電線の太さ）によっては開閉器および過電流遮断器を省略できる場合もある。

2 配線工事

配線材料には、配線のための配管材と配線器具がある。配線用の電線には、裸電線、絶縁電線、ケーブル、コードがあり、設置場所、用途や電圧により使い分ける（表4・15）。また、配管材には金属管、合成樹脂管、フロアダクト、金属ダクト、ケーブルラックなどがある（表4・16）。配線器具には、スイッチ、コンセント、プレート、自動点滅器などがあり、露出、埋込みなどの種別があり、用途や電気容量によって使い分けられる。これらは室内に露出することもあり、内装に影響するため、デザインへの配慮が必要である。

照明や電動機への配線方法は、設置場所や供給する電圧が300V以下と300Vを超える場合や高圧により変わる。配線工事では、屋内や屋外といった配管場所や

表4・14 分岐回路の種類

分岐回路の種類	コンセントの定格電流	過電流遮断器の定格電流	電線（銅）の太さ※
15A分岐回路	15A以下	15A以下	1.6mm
20A配線用遮断器分岐回路	20A以下	20A以下（配線用遮断器に限る）	1.6mm
20A分岐回路	20A	20A（ヒューズに限る）	2.0mm
30A分岐回路	20A以上 30A以下	30A	2.6mm
40A分岐回路	30A以上 40A以下	40A	8mm²
50A分岐回路	40A以上 50A以下	50A	14mm²

※ mmは電線の直径、mm²は断面積を示す。

表4・15 配線材料

名称	種類
裸電線	限られた用途のみに使用可能。硬銅線、軟銅線、銅合金線、硬アルミ線、アルミ合金線、銅覆鋼線、アルミ覆鋼線、亜鉛メッキ銅線、亜鉛メッキ鉄線など。
絶縁電線	600Vビニル絶縁電線、屋外用ビニル絶縁電線（OW線）、引込用ビニル絶縁電線（DW線）、600Vポリエチレン絶縁電線、600Vゴム絶縁電線、600Vふっ素樹脂絶縁電線、高圧絶縁電線および引下げ高圧絶縁電線など。
コード	すべての電気用品取締法の適用を受ける。小型の電気器具に使用される。ゴムコード、ビニルコード、ゴムキャブコード、ビニルキャブコードなど。
ケーブル	電圧および用途によって、ケーブル、キャブタイヤケーブルなどがある。

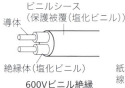

600Vビニル絶縁ビニルシースケーブル ／ キャブタイヤケーブル

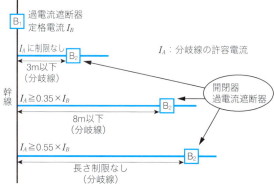

図4・15 分岐回路における開閉器および過電流遮断器の施設制限

表4・16 電圧別の幹線の分類と配線種別

幹線の分類	配線種別
低圧幹線	ビニル電源（配管、ダクト）
	ケーブル（配管、ダクト、ケーブルラック、垂直吊下げ）
	バスダクト
高圧・特高幹線	ケーブル
	バスダクト

用途に応じて露出、露出隠蔽、埋込みなどの方法があり、電気設備技術基準により規定されている（表4・17）。

■ フリーアクセスフロア

二重床を利用して、配管スペースを確保するもので、イニシャルコストは高いが、レイアウトの変更などに柔軟に対応できる。

■ スイッチ

スイッチ（開閉器）は電気回路において、電流のオン・オフ、つまり電路の開閉を切り替える部品である。人感センサーを備えたものやスマートフォンで操作可

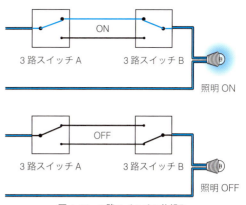

図4・16　3路スイッチの仕組み

表4・17　配線工事の種類と設置場所

配線工事方法	施設場所	展開した場所または点検できる隠蔽場所		点検できない隠蔽場所		特徴
	使用電圧	300V以下	300V超過	300V以下	300V超過	
がいし引き工事		◎	◎	×	×	電線には絶縁電線を使用し、がいし、がい管などを用いた方法。人が容易に触れることがない場所に施設する。現在ではあまり利用されていない。
合成樹脂管工事		◎	◎	◎	◎	現在最も利用されている方法で、安価。CD（Combine Duct）管の使用は、直接コンクリート床などへ埋め込むか、不燃性または自消性のある難燃性の管やダクトに収める場合に限り可能。
金属管工事		◎	◎	◎	◎	金属管をコンクリートに埋め込むか取り付けて配線。鉄筋コンクリート造の建物に多い工事方法。照明器具やコンセントなどは、アウトレットボックス、スイッチボックスなどをあらかじめ埋め込んでおく必要がある。
金属可とう電線管工事		◎	◎	◎	◎	フレキシブルコンジットやプリカチューブと呼ばれる金属製の可とう電線管を敷設。屈曲箇所が多く施工しにくい場所、電動機との接続箇所、エレベーターの配線、既存建物への配線に用いられる。部分的に使用される。
金属線ぴ工事		○	×	×	×	天井や壁などに金属線ぴを取り付け、その中に電線を敷設する。
金属ダクト工事		○	○	×	×	多数の屋内低圧配線を引き出す場所で、何本も金属管を埋設する必要があるところを、1本のダクトに収めて施設する方法。ダクトの形状は任意。
バスダクト工事		◎	○	×	×	エンクローザーやハウジングと呼ばれる金属ダクトの中に裸導体を、絶縁体を介して収めたもの。ビルや工場などの大電流（数百〜数千A）となる屋内幹線の施設に使用される。
ケーブル工事		◎	◎	◎	◎	さまざまな場所に施設可能。キャブタイヤケーブルを使用する場合は、制限がある。
フロアダクト工事		×	×	○	×	コンクリートの床などにフロアダクトを埋め込み、電線を施設する。工場や大規模事務所ビルにおいて、大電流を通じる屋内配線に敷設する。電力、電話、その他の弱電配線用として使用される。
ライティングダクト工事		○	×	×	×	バスダクトの一種。ダクト上のどこからでも分岐できる。きわめて小容量の配線、ショーウィンドウやホール壁面などの照明器具や電気器具に使用される。

◎：施設できる　　○：乾燥した場所に限り施設できる　　×：施設できない

バスダクト

フロアダクト

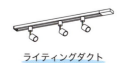
ライティングダクト

能なものもある。

3路スイッチは2ヶ所で照明などのオン・オフを行うことができ、主に廊下や階段などで使用される（図4・16）。

4・6　動力設備

1　概要

動力設備は、電力会社からの送電から引き込んだ電力を、空調などの熱源機器、送風や給排水のポンプ動力、エレベーターなど機械エネルギーに変換する設備であり、電動機とその付属機器、制御装置・保護装置、配線などが含まれる。建物の電気設備容量のおよそ50％を占める。動力設備では、電動機の負荷の性質、使用時間や使用条件などの用途、設備への電源、制御方式などを考慮する必要がある。

2　電動機

電動機の用途と電力負荷設備の種類の主なものを表4・18に示す。電動機には主にモーターが使用され、その多くは誘導電動機で、単相誘導電動機と三相誘導電動機がある（図4・17）。誘導電動機は、構造が簡単で堅牢、価格が安く、取扱いはよいが、力率が悪い。単相誘導電動機は、換気扇や室外機などの小さな電力負荷の動力源である。ポンプ、送風機、圧縮機など大きな電力が必要な場合は、三相誘導電動機が広く使用されている。また、三相交流用として同期電動機がある。容量に応じて分岐用遮断器が必要となる。

電動機の始動のための起動方式は、直流電動機と交流電動機で異なる。交流の場合は回転が定格速度に達するまでの始動時には、定格電流の数倍もの電流（始動電流）が流れ、配電線や他の機器に影響を及ぼす危険がある。そのため、始動時の電流を抑える工夫がなされている。始動電流制御方式には、主にスターデルタ始動方式やコンドルファ始動方式がある。また、三相誘導電動機は定速運転であるため、エレベーターなどでは初動を滑らかにするために直流用が用いられてきたが、インバータ制御により変速制御が可能となっ

表4・18　電動機の主な用途と負荷設備の種類

用途	負荷設備の種類
空調	ボイラー、冷凍機、送風機、給排水・冷却ポンプ、給排気・空調ファン、クーリングタワーファン
給排水衛生	給水・排水ポンプ、設備動力
搬送	エレベーター、エスカレーター、リフト
防災	消火ポンプ、スプリンクラーポンプ、排煙ファン、非常用エレベーター
事務	電気計算機、各種OA機器
通信	インバータ、直流発電機
厨房	高速ミキサー、ベーキングオーブン、ケーキミキサー、冷蔵庫、冷凍庫
医療機器	レントゲン、歯科用モーター、電動手術台、CT各種リハビリ用機器
その他	電動シャッター

表4・19　運転制御方式の分類と特徴

分類		特徴
手動方式	近接運転	電動機に近接した場所で、制御盤や操作スイッチによって運転を制御する。
	遠隔運転	電動機から離れた場所で、操作スイッチによって運転を制御する。
	近接・遠隔運転	近接、遠隔のいずれでも運転可能。
自動方式	連動運転	他の機器からの指令を受け、自動的に運転する。 例　冷凍機の動きに応じて、冷凍機の冷却水ポンプや冷却塔のファンが運転する。
	交互運転	2台の電動機が交互に運転する。 例　排水ポンプ
	自動運転	温度センサーや水面センサーなどの別センサーと連動して自動運転する。 例　排水ポンプの液面の変化を感知し、流れを制御する。

表4・20　電動機までの配線保護の目的と機器

保護目的	保護機器
過負荷、拘束	サーマルリレー、モーターブレーカー、2Eサーマルリレー、3Eリレー
欠相、不平衡	2Eサーマルリレー、3Eリレー
過電圧、不足電圧	過電圧継電器（OVR）、不足電圧継電器（UVR）
短絡、地絡	漏電遮断器、地絡継電器

図4・17　電動機の種類と始動方式

た。インバータ制御は効率が上がるため、省エネにもなる。

3 動力設備計画

動力設備を適切に効率良く運転するためには、運転の制御と、負荷設備までの配線保護の設計が重要である。配線保護は、過負荷や過電流による電動機そのものの損傷防止と、絶縁不良による短絡（ショート）や漏電などの事故の防止を目的としている。

運転制御の方式には、電動機に指令を出す方法として、人が操作する手動方式と、他の機器の動きに応じて発信される信号によって制御される自動方式がある（表4・19）。また、制御場所により、対象電動機のそばで行われる近接運転や、制御室や制御盤が遠方にある遠隔運転がある。

電動機まで配線の保護には、電流を制御する過電流保護装置や漏電を監視する漏電保護装置などがあり、これらは状況に応じて電動機の停止や警報信号を発信する。電動機が故障すると、過電流が流れ、配線から発熱することがあるが、この保護にはモーターの温度上昇により作動するサーマルリレー（熱動継電器）が用いられる。漏電に対しては、漏電遮断器などを設ける。火災時などには防災設備の運転も担うため、制御盤などの装置には防災対策が必要となる（表4・20）。

4・7 照明設備

1 概要

電気エネルギーを光エネルギーに変換し利用する設備を照明設備という。光源、照明器具などから構成される。住宅や事務所での照明とコンセント負荷にかかる電力消費量は、全体の4割を占めるといわれている。

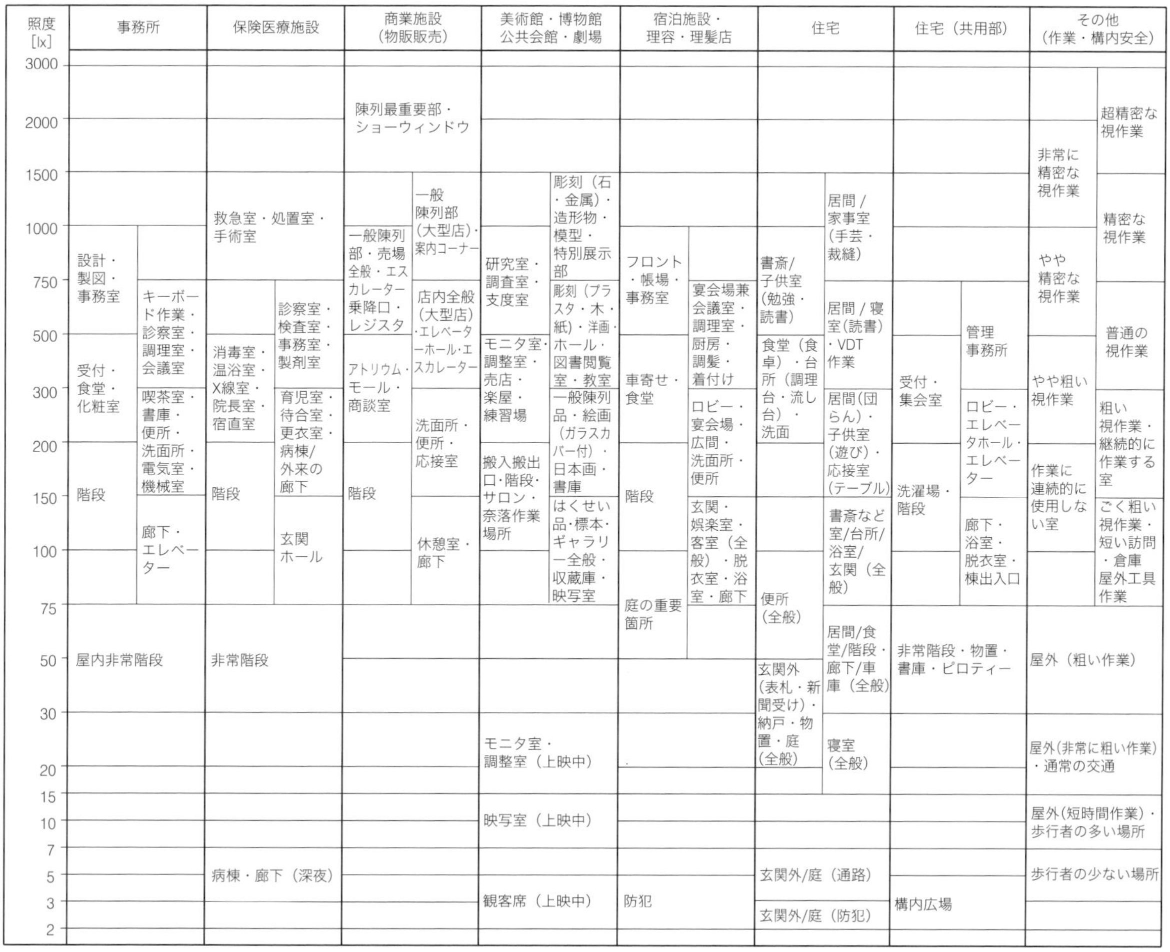

図4・18　照度基準（出典：JIS Z 9110-2010 より作成）

近年、電力消費量が小さく長寿命であるLED照明の開発が進んだことから、省エネルギーが期待できる分野として期待されている。

照明設備は、建築基準法、電気設備技術基準、内線規定、電気用品安全法、エネルギー使用の合理化等に関する法律（省エネ法）の規制を受ける。また、室内の平均照度は、JISの照度基準（図4・18）により規定されている。

2 照明器具の種類と特徴

(1) 光源

照明に用いられる光源は照明器具ごとに異なるが、光源は大きく分けると熱放射（温度放射）による白熱発光と、ルミネセンス発光による放電発光および電界発光に分けられる（表4・21）。照明設計においては、室の用途や作業内容に応じた必要な光量や演出効果、省エネ性などを考慮して選定する。

白熱発光では、通電により高温となったフィラメントからの熱放射（温度放射）によって発光する。白熱電球やハロゲン電球があり、フィラメントには通常はタングステンが使用される。タングステンを高温にすることで電球の効率は上がるが、タングステンの蒸発により寿命が短くなるため、蒸発を抑制するため窒素や、希ガス（アルゴンなど）が封入されている。ハロゲン電球は、不活性ガスにハロゲン物質が封入されている。

放電発光と電界発光は、まとめてルミネセンス発光といい、外部からのエネルギーを受けて光を放出する。

放電発光は、放射された電子が管内の水銀やアルゴンガスに照射することで紫外線が放出され、紫外線が管内の蛍光体にあたることで発光する。放電管内の圧力により低圧放電ランプと高圧放電ランプ（HID[*7]ランプ、高輝度放電ランプとも呼ばれる）に分類できる。一般に使用される蛍光ランプは、低圧放電ランプの一つで、封入ガスとして水銀が用いられる。高圧放電ラ

表4・21 光源の種類と特徴

	光源の種類		長所	短所	用途	形状
白熱発光	白熱電球		演色性が良い、高輝度、安価、取り扱いやすい、小型・軽量、瞬時点灯	効率が悪い、放射熱が多い、短寿命	・照明全般 ・温かみのある光が好まれる空間	
	ハロゲン電球		演色性が良い、長寿命（一般の白熱電球の2倍）、小型、高輝度	温度上昇大	・調光を要する劇場 ・自動車、飛行機のスポットライト ・店舗のスポット照明	
放電発光	低圧放電ランプ	蛍光ランプ	高効率、長寿命、安価、グレアが少ない、温度上昇小	サイズが大きい、安定器が必要、低温時の点灯が安定しない、寒冷地の屋外には不向き	・照明全般	
		低圧ナトリウムランプ	高効率	演色性が低い	・トンネル、道路	
	高圧放電ランプ（HIDランプ）	高圧水銀ランプ メタルハライドランプ 高圧ナトリウムランプ	小型で大光束、高効率、長寿命（〜24000時間）	点灯後の光束安定に時間がかかる、安定器が必要	・高天井の空間や屋外照明	
電界発光	LED		省電力、高輝度、長寿命、小型、紫外線・赤外線の放射が少ない	高温に弱い、やや高価、固体により光の色にばらつきがある	・さまざまな用途に利用できる	一般電球形　ハロゲン電球型　ビームランプ形
	有機EL		面発光、高効率、薄膜、軽量、高い演色性、低発熱、さまざまな素材に対応	開発途中、コスト、寿命面での課題あり	・面発光、薄膜であることを利用した用途	

*7　HID：High Intensity Discharge

ンプには、高圧水銀ランプ、メタルハライドランプなどがあり、ランプ効率が良く（図4・19）、小型、高輝度、長寿命である一方、点灯してから光束が安定するまでに時間を要する。

電界発光は、エレクトロルミネンス（EL）ともいい、発光ダイオード（LED[*8]）や有機EL（OLED[*9]）がある。特に、昨今のLED効率の向上は著しい（図4・19）。

LEDは、外形形状が砲弾型と表面実装型のものがあり（図4・20）、図4・21に示すように、ダイオードのN形半導体とP型半導体の接合部が通電により発光する。照明用の白色を再現するための方法には、赤青緑の単色LEDを混色する方法と蛍光ランプと同様に紫外線を放射し蛍光体を発光させる方法などがある（図4・22）。高効率、長寿命、小型、軽量と利点は多いが、発光に伴う発熱処理が必要となる。

有機ELは有機化合物に電界を加えて発光する。LED同様に高効率かつ長寿命であり、非常に薄膜のため軽量で、面発光が特徴である。将来的には曲げられる光源も可能であり、LEDとともに建築照明の光源として期待できる分野である。

なお、白熱電球は、製造・販売が終了しているメーカーが多く、蛍光灯も同様の方針で進んでおり、照明製品全体として省エネが求められている。

(2) 照明器具

照明器具は、シャンデリアやスタンド照明など形やデザインに特徴がある装飾照明と、ダウンライトやスポットライトなどのテクニカル照明に分類できる。また、システム天井や空調照明器具など、他の設備と一体となったものが開発されている。

照明器具は、ランプ、反射板、ソケットと電源コード、シェードなどの部品と取付器具で構成される。

配線はビニルケーブルが一般的であるが、ライティングダクト ▶ p.123 も多く採用される。

(3) 照明に関する用語

照明に関する用語を表4・22にまとめる。

1) グレア

視野内に極端に輝度の高いものがあったり、視野内の輝度比が大きな環境では、不快を生じたり、視認性が下がるなどの現象が起こる。これをグレア（眩しさ）という。高い輝度の光源が視野内に入り眩しさを感じ

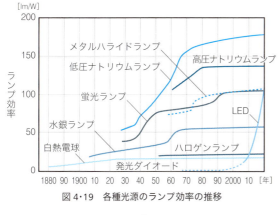

図4・19　各種光源のランプ効率の推移

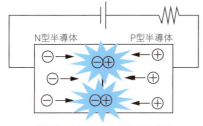

図4・21　LEDの外観形状

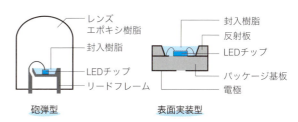

図4・20　LEDの外形形状と仕組み

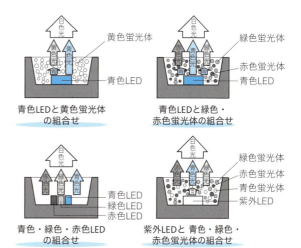

図4・22　白色LEDの発光方法

*8　LED：Light Emitting Diode
*9　OLED：Organic Light Emitting Diode

るものを直接グレアといい、光源からの光が反射して対象物が見えにくくなるものを反射グレアという。また、グレアによりものが見えにくくなる状態を不能グレア、目の機能には問題がないが眩しさにより心理的な不快感が生じる状態を不快グレアという。

グレアの評価として屋内統一グレア評価値（UGR[*10]）と屋外のグレア評価値（GR[*11]）がある（表4·23）。照明器具のグレアの分類と最大輝度の制限は、表4·24を参照とする。

2）演色性

光源ごとに、光源に含まれる光の波長が異なることで、照らされるものの見え方が変わる。このようなものの見え方に影響を及ぼす光源の性質を演色性といい、平均演色評価数（Ra）や特殊演色評価数（Ri）で表す。演色評価数が高いほど、自然光に近い特性を示す。

(4)照明方式

照明の方式は、大きく照明器具の配置による全般照

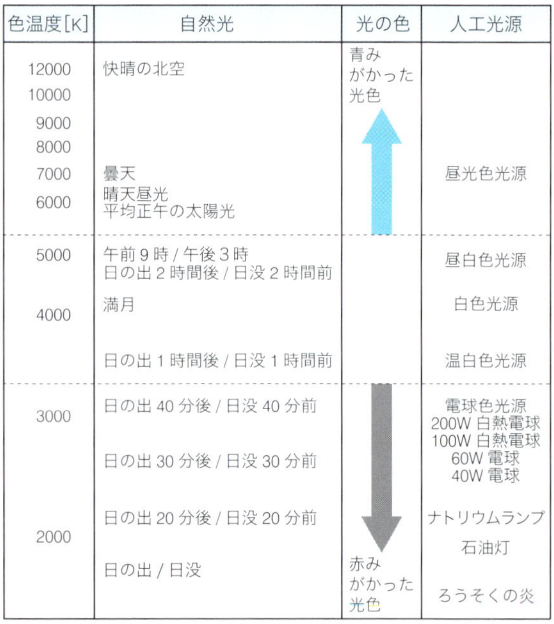

表4·22　照明に関する用語

用語	説明
光束 [lm] ルーメン	光源からの放射エネルギーの量に波長ごとの比視感度を乗じて換算したもの。単純なエネルギー量ではなく、人の目で見た明るさが反映された量である。
照度 [lx] ルクス	光の受照面に入射する単位面積当たりの光束。JISでは、維持照度（平均照度の下限値）が定められている（図4·18）。また、照度の均一さは、照度均斉度（対象面での平均照度と最低照度の差）で表され、JISにより基準が設けられている。
光度 [cd] カンデラ	立体角当たりの光源から放射される光束で、光源の光の強さを表す。
輝度 [cd/m²]	面光源における見かけの面積に対する光度で、面の輝きの程度を表す。
色温度 [K] ケルビン	光源の色を、それと等しい光色を放つ黒体の絶対温度で表したもの。色温度が低いと赤色の光で、高くなるにつれ、白から青へと変化する。その色温度に応じて、昼光色(D) 6500K、白色(W) 4200K、温白色(WW) 3500Kなどと分類できる（図4·23）。
波長 [m]	光はさまざまな波長の電磁波が重なり合ったものであり、その波長の重なり方により光色が異なる（図4·24）。

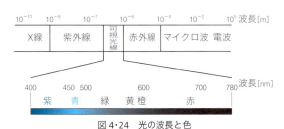

図4·24　光の波長と色

表4·23　屋内グレアの評価値とグレアの程度

UGR段階	グレアの程度
28	ひどすぎると感じ始める
25	不快である
22	不快であると感じ始める
19	気になる
16	気になると感じ始める
13	感じられる
10	感じ始める

（出典：JIS Z 9110-2010）

図4·23　光源の色温度

表4·24　照明器具のグレアの分類と輝度制限値

グレア分類	内容	各鉛直角における最大輝度 [cd/m²]		
		65°	75°	85°
V	VDT画面への映り込みを厳しく制限した照明器具	200	200	200
G0	不快グレアを厳しく制限した照明器具	3000	2000	2000
G1a	不快グレアを十分制限した照明器具	7200	4600	4600
G1b	不快グレアをかなり制限した照明器具	15000	7300	7300
G2	不快グレアをやや制限した照明器具	35000	17000	17000
G3	不快グレアを制限しない照明器具	規制なし		

（出典：公共建築協会『建築設備設計基準 平成27年版』）

[*10] UGR：Unified Glare Rating
[*11] GR：Glare Rating

明と局所照明に分けられる。

全般照明では室全体を均一に照らし、局所照明では作業面のみを照らす。これらを併用した局所全般照明（タスク・アンビエント照明方式）（図4・25）は、室全体の照度（アンビエント照明）を下げて作業面（タスク照明）のみに明るさを確保する方法で、室のレイアウトの変更に対応しやすく、また省エネルギーが期待できる。

照明の見せ方には、投光照明と建築化照明がある。投光照明では、スポットライトやダウンライトにより対象物を照らす。建築化照明では照明器具を天井や壁に埋め込むことで、建築やインテリアを生かすことができる。

3　照明計算

代表的な照明計算の方法に光束法や逐点法がある。

光束法は作業面の平均照度を式4・23より算出する方法で、事務所や工場などの全般照明の計算に用いられる。

$$E = \frac{N \times F \times U \times M}{A} \quad \cdots\cdots\cdots (式4・23)$$

E：作業面の必要照度 [lx]
N：ランプの本数もしくは照明器具の台数 [灯(台)]
F：ランプ1灯もしくは照明機器1台当たりの光束 [lm/灯(台)]
U：照明率　　M：保守率　　A：室面積 [m²]

ここで照明率は、内装材の反射率や室の形状によって決まり、反射率が高いほど、また、形状が方形や円形に近いほど高くなる。保守率は、ランプの経年劣化に伴う照度低下の補正係数である。

逐点法は、ある点における任意の離れた点光源からの水平面への直接照度を、求める点と光源の距離および光線と受照面のなす角から算出する方法である。線光源や面光源は点光源の集合とみなして計算できる。

図4・25　タスク・アンビエント照明方式

4　照明計画

より良い明るさ環境を実現するためには、作業面での照度（明るさ）以外にも、作業内容や場所の環境条件、作業者の心理状態に応じて、照度分布、輝度分布やグレア、光の方向、光源の色、演色性に配慮した設計が求められる。

照明計画は、建築設計や室内意匠設計と基本コンセプトを共有し、同時並行で進められることが重要である。設計コンセプトに応じ、図4・26に示す流れで行われる。

(1) 事務所の照明計画

事務所は長時間を過ごす空間であり、仕事の効率化のためにも、より快適な環境が求められる。一般的に事務作業スペースでは500〜750 lx程度の照度が要求される。それに対して、事務作業スペース以外の休憩スペースでは、色温度や照度を調整して雰囲気を変え、居心地の良い照明空間を演出することが求められる。また、省エネルギーに対しても配慮が必要である。

事務所の作業空間の照明方式では、タスク・アンビエント照明方式が多く採用されている。ただ、レイアウト変更も多いため、全般照明のみでもある程度の明るさが確保できるように照明器具を配置することが求められる。

器具の配置では、空調やさまざまな設備との取合いが必要となる。空調設備と照明器具を合わせたシステム天井も開発されている。天井に配置された照明は、特に夜間などは外部から見られる要素であり、設備的な取合いに加えて、デザインの観点からの検討が重要

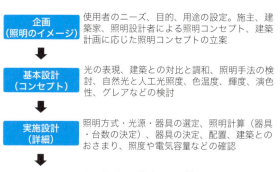

図4・26　照明設計の手順

となる（図4・27）。

■ 照明設備の省エネルギー

事務所ビルにおいては、用途別のエネルギー消費量のうち、照明とコンセント負荷が全体の4割を占める。照明設備においては、LEDの普及や震災以降の節電による照度の見直しなど、省エネルギーが進んでいる分野である。人感センサーによる制御、BEMS▶p.10と連携したスケジュール管理、光ダクトなどを利用した昼光の利用（図4・28）など、さまざまな角度からの省エネルギーが期待できる。

(2) 物品販売店の照明

物品販売店の照明計画では、店舗でのベース照明（基本照明）と商品を照らすアクセント照明（重点照明）、店内の雰囲気をつくる装飾照明を検討する。

量販店など多くの商品を陳列する店舗では、ベース照明を高めにし、全体を明るく活気のある空間に演出する。また、個性を強調する場合は、ベース照明を抑え、小型のスポットライトにより演出する。スポットライトの照度は、周辺の3～6倍程度が効果的である。商品を扱う場合は、演色性が高いもの（演色評価数Ra80以上）を用い、紫外線や熱の影響を考慮する。

(3) 美術館の照明

美術館や博物館の展示空間では、展示内容に応じて照明器具の種類や配置を柔軟に変更できることが望ま

図4・27　事務所ビルの照明（夜間外観から）

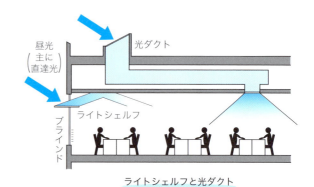

ライトシェルフと光ダクト

昼光利用時や不在時の調光

図4・28　昼光照明の利用

		直接照明方式	半直接照明方式	全般拡散照明方式	半間接照明方式	間接照明方式	
配光割合	上半球光束[%]	0	10	40	60	90	100
	下半球光束[%]	100	90	60	40	10	0
配光曲線							
照明器具の例		ダウンライト／埋込み器具	金属製反射笠／ルーバー付器具	ペンダント／シーリング	ペンダント／スタンド	シャンデリア／ブラケット	不透明反射皿／シーリング　コーブ照明

図4・29　配光曲線と照明器具の種類

自然光を再現する照明

国立西洋美術館は、近代建築の巨匠であるル・コルビュジエによる作品としてよく知られている。ル・コルビュジエは、自然光による美術作品の展示を計画し、西洋美術館をつくり上げた。自然光による明るさを確保するために、展示室の天井高が調整されている。かつてはこの窓から天空光が差し込み、美術作品を照らしていた。しかし、自然光には紫外線や赤外線が含まれているため、美術作品の保護という点から、現在では美術館では自然光を採り入れるべきではないとされている。国立西洋美術館でも改修の際に天窓は閉ざされ、蛍光灯による照明で再現された。

LED 照明や有機 EL 照明は、これまでの照明よりも調光や調色が繊細に制御できる。まだ開発段階だが、屋外の太陽光や空の状態によって変わる光も再現可能になってきている。実際、太陽光の波長に合わせた光が使用されている美術館もある。将来、これらの照明の開発が進めば、時間や季節で変わる光によって移り変わる美術作品の表情を楽しむなど、美術館での鑑賞スタイルも変わるかもしれない。

国立西洋美術館の展示室
(© 国立西洋美術館 http://www.nmwa.go.jp/)

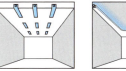

図 4·30　天井照明の種類

れる。

展示物の色や形状を忠実に再現できるように、演色性の高い光源を使用する。また、観賞に適切な照度、観賞面や展示ケースでのグレアの防止とともに、照明からの紫外線や熱により作品が傷むことを避けるため、照度の管理とともに紫外線の遮蔽なども重要である。

5　照明器具の選定

従来の白熱灯や蛍光灯のランプはある程度、形状が限られていたが、小型で高輝度を実現できる LED がでてきたことで、さまざまな形状が可能となっている。照明器具は、光源からの光の配光を調整し、ランプを保護する役割がある。照明器具は、配光（器具から上方への光束と下方への光束の分配）により、直接照明と間接照明に分けられる。取付方法には、直付け（シーリングライト）、埋込み（ダウンライト）、ペンダント、ブラケット（壁灯）、スタンドなどがある（図 4·29）。

建築化照明は、建築の内装の一部として照明を埋め込み、壁や天井を照らす方式で、天井全面の照明として、光天井照明、ルーバー天井照明、コーブ照明が、壁面の照明として、コーニス照明やライトウィンドウなどがある（図 4·30）。

4·8　コンセント設備

1　概要

コンセント設備は、プラグなどを差し込み、接続して電源を確保するための設備で、全般照明が普及する以前は照明用の電源として使用されていた。現在では、OA 機器、照明機器、各種電気機器の電源供給の出力として使用される。近年ではコンセント負荷は、電力負荷が増える要因となっている。

コンセントの取出口は、壁や床、天井に設置される。最近では部屋の形状や家具などの配置によらず、自在に取り出せるフリーアクセス・フロアシステムが多く採用されている。

2　コンセント設備計画

コンセント設備はそれに接続される機器や電力負荷

を想定して、容量や電圧などを決める。一般には、電気設備として単相100Vもしくは単相200V、業務用の動力として三相200Vが使用される。一般のコンセントは15A未満に設定されている。ただ、分電盤の20Aの遮断機から複数のコンセントが同一回路で分岐しているため、多くの機器を同時に使用した場合には過負荷となり遮断機が作動することとなる。エアコンや厨房機器、OA機器など、一つ当たりの電力負荷が大きい機器や、機器が連続して負荷がかかる場合など、使用目的によっては、専用のコンセントを設ける必要がある。

コンセントは多い方が便利であるが、設備費が高くなるため、適切な数の選定が必要である。例えば、一般的事務所のOAフロアでは、$8m^2$ごとに1ヶ所、廊下では歩行距離20mごとに2口1個が目安となっている。また、自動火災報知器や誘導灯、情報通信網設備などは専用回路が必要となる。住宅に必要なコンセントの設置個数を表4・25に示す。

3　コンセント方式

コンセントには、さまざまなコンセントプラグの形状がある（図4・31、図4・32）。一般にはJIS C 8303で、医療用はJIS T 1021で規格化されている。大型の装置、給湯器、暖房機器などは負荷が大きいものもあり、用途に応じて、容量に適したコンセントとする必要がある。また、コンピュータの電源などは、コンセントが簡単に抜けないように、引掛形、抜止形のプラグが用いられる。消費電力が大きいOA機器や冷蔵庫、電子レンジ、水回りにある洗濯機には、感電の危険があるので、接地極付や接地端子付コンセントを設ける義務がある。また、水回りに使われる場合は漏電ブレーカー（ELB[*12]）を使用することが望ましい。

コンセントは、設置場所により取付位置に注意が必要である。取付高さは、事務所などでは床上0.2～0.3m、和室では0.1～0.15mであり、機械室では0.5～0.6mなどとする。

コンセントに埃が溜まると、埃が湿気を吸い込み微弱な電流が流れ火災の原因となる。この現象はトラッキングと呼ばれる。

表4・25　コンセントの設置個数（住宅）

場所		望ましい施設数	
		100V	200V
台所		6	1
食事室		4	1
居室など	$5m^2$（3～4.5畳）	2	—
	$7.5～10m^2$（4.5～6畳）	3	
	$10～13m^2$（6～8畳）	4	1
	$13～17m^2$（8～10畳）	5	
	$17～20m^2$（10～13畳）	6	
トイレ		2	—
玄関		1	—
洗面・脱衣所		2	1
廊下		1	—

・コンセントは何口でも1個とみなす。
・エアコン、据付型電磁調理器具、大容量機器、換気扇（トイレを除く）、庭園灯、浄化槽、給湯器、ベランダ、車庫などのコンセントは、この表の設置数と別に考慮する。

接地防水

フロアコンセント

図4・32　その他のコンセントタップ（出典：Panasonicカタログ）

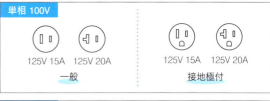
単相100V
125V 15A　125V 20A　　125V 15A　125V 20A
　　一般　　　　　　　　接地極付

単相200V
250V 15A　250V 20A　250V 30A　250V 15A　250V 20A　250V 30A
　　　一般　　　　　　　　　　接地極付

三相200V
250V 15A　250V 20A　250V 30A　250V 15A　250V 20A　250V 30A
　　　一般　　　　　　　　　　接地極付

図4・31　コンセントの形状

*12　ELB：Earth Leakage Breaker

4·9 情報通信設備

1 概要

受変電設備や幹線設備、動力や照明などの電力をエネルギーとして使用する分野に対して、信号伝達の手段である電話やLAN設備、テレビ共聴、業務・非常放送、インターホン、自動火災報知など、電力を情報伝達や機器の制御に使用する分野を情報通信設備と称する。前者は強電設備、後者は弱電設備と呼ばれることもある。

従来の情報通信設備は、主にアナログ信号を伝えるための設備であったが、最近では伝送路がデジタル化され、コンピュータ技術を使用してネットワークの構築がなされることが多くなり、システムが高度化かつ多様化している。

信号をデジタル化することで、伝送量や速度が向上し、また、コンピュータ処理が可能となり、データの加工や蓄積、検索などが容易となる。また、他の設備機器をコンピュータにより制御することで、機能の高度化、自由度の向上、省エネルギーが実現できている。

2 種類

(1) 電話設備

電話設備は、建物内と外部をつなぐ情報伝達の手段の一つである。

音声専用の電話設備は、電話機やFAXなどの端末機、配電盤、電話交換機、伝送ケーブルで構成される（図4·33）。NTTなどの電気通信事業者の電話回線は、主配電盤（MDF[*13]）に接続されており、構内電話交換機（PBX[*14]）を経て、端子盤（IDF[*15]）を通して端末機につながる。電話交換機は、外部の通信回線と構内の端末機で回線の交換を行っている。電話設備には停電対策として、蓄電池を備えた電源装置が設置される。

また、最近では、IP[*16]電話などのIP通信設備が導入されるケースが増えてきている。IP通信には、IP通信用の交換機が使われ、構内のLANと接続し、コンピュータと連動することで、音声通信とデータ通信を統合したシステムが構築される。

電話設備の設計では、建物の用途に応じて、必要な回線数、回線の種別を設定する（表4·26）。回線数では、建物内での用途や利用人数、FAX台数などから内線数を、また、通信の利用頻度から局線数を設定する。

(2) 構内情報通信網（LAN）設備

構内情報通信網（LAN[*17]）設備は、利用者の構内の限られた範囲で、コンピュータなどを接続して、情報交換を行うネットワーク網を指す。複数の端末（コンピュータなど）は、レイヤー2スイッチ（スイッチングハブ）、レイヤー3スイッチを経由し、ファイヤーウォールを介してルーターに接続され、光回線やADSL[*18]回線などの構外のインターネットに接続される（図4·34）。

LANの接続方法には、UTP[*19]ケーブル（いわゆるLANケーブル）や光ファイバーケーブルを利用して接続する有線システムと、ケーブルを使わずに電波を使って通信する無線LANシステムがある（表4·26）。通常、限られた範囲ではUTPケーブルが、長距離また大容量

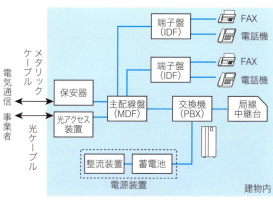

図4·33 電話設備の基本構成

表4·26 LANの配線材

種類	特徴	欠点	伝送距離
UTP	施工性が良く、安価	電磁源の影響あり	100m
光ファイバー	ノイズに強く、長距離可	施工性難、高価	20km
無線	伝送媒体なく、端末の移動・増設が容易	セキュリティに課題あり	100m程度

*13 MDF：Main Distributing Frame
*14 PBX：Private Branch eXchange
*15 IDF：Intermediate Distributing Frame
*16 IP：Internet Protocol
*17 LAN：Local Area Network
*18 ADSL：Asymmetric Digital Subscriber Line
*19 UTP：Unshielded Twisted Pair

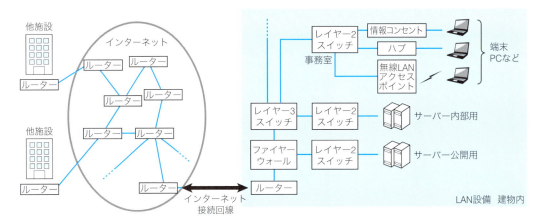

図4・34　LAN設備の基本構成

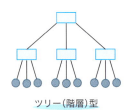

ツリー(階層)型

1つの交換機から枝分かれし、階層化して構成される。

□：交換機(ハブなど)
●：端末

スター型

中央に交換機を配し、端末と1対1で交信する。1つの端末機が故障しても、他の端末には影響しないが、交換機の故障はすべての機器に影響する。

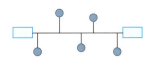

バス型

LANの初期の形態。送信された信号はすべての端末で受信される。1つの端末機が故障しても、他の端末には影響しない。システムを中断することなく、増設・移転が可能。

ループ(リング)型

環状に端末を配置。1つの端末機の故障が全体のネットワークに影響する。ケーブルを延長しやすい。

図4・35　トポロジーの種類

の場合には光ファイバーケーブルが用いられ、用途や費用に応じて計画される。

　ネットワーク内の機器の接続の相互関係を示すものをトポロジーといい、図4・35のような構成がある。大規模なネットワークでは、これらのトポロジーを組み合わせて構成する。建物の用途や業務内容に応じて、サーバーの設置場所やネットワーク回線の敷設スペース、電源、その他の設備との対応を検討する。

(3) 共同受信設備

　共同受信設備は、テレビやラジオなどの電波を建物内で共同利用するために、1ヶ所で受信し、建物内の受信機に分配するシステムである(図4・36)。受信する波長によりアンテナが異なる(表4・27)。アンテナで受信した電波は、場合によって増幅器で信号を増幅され、混合器でまとめられ、1本の伝送線(同軸ケーブル)で受信機に送信される。

　設計では、近隣への電波障害によるトラブルを避けるため、事前・事後で電波障害測定を行うことも必要である。

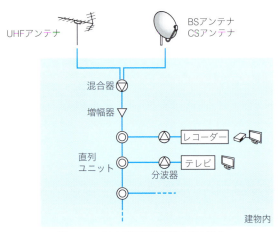

図4・36　テレビ共同受信設備の基本構成

表4・27　放送波の種類と周波数

地上波放送	UHF帯 地上デジタル放送	470〜770MHz
衛星放送	BS放送	12GHz帯
	CS放送	12GHz帯

CS110°はBS放送とアンテナを共有できる。

■ CATV（ケーブルテレビ）

ケーブルを用いた有線放送を指し、テレビなどの電波が届かない山間部や都市部での電波障害の対策として用いられる。双方向通信が可能なサービスや、光ケーブルの採用によって、インターネットへの接続も行えるなど、近年進化している。建物側での受信後は、テレビ共同通信設備と同様に、伝送路で増幅や分配をして利用側へ信号を提供する。

(4) 構内交換設備（インターホン設備）

構内交換設備（インターホン設備）は、構内の有線による専用通話に用いられる。通話や通信の接続を行う構内交換装置と電話機などの端末機で構成される。内線電話、病院のナースコール、家庭用のドアホンなどがある。集合住宅ではこの設備を利用して、防犯機能との連携が行われるなど多機能に利用されている。

インターホンの通話方式には、親子式、相互式、複合式がある（図4・37）。

(5) 放送設備

放送設備は、建物内で音楽や音声情報を伝送する設備である。一般放送や非常用の放送設備と、劇場などで使われる特殊音響設備などが含まれ、非常放送設備は、消防法の規制を受け、非常時には自動的に優先される。

放送設備は、マイクなどの音声を電気信号に変換する入力機器、音の増幅器、電気信号を音声に変換する出力器で構成される。劇場やコンサートホールの演出においては、良質な音響環境を提供するために特殊な音響設備が必要となる。

(6) 駐車場管制設備

駐車場管制設備は、駐車場を利用する車両が安全かつ効率良く誘導されるように、建物出入口部に設ける。車両を認識する検知器と、認識した信号を受け、車路の管制や警報を行う管制盤などで構成され、必要に応じて発券、料金精算などの機能を設ける（図4・38）。

車両検知器には、赤外線方式、ループコイル方式、車両認識システムなどがある（表4・28）。

利用者の状況、運用状況や駐車場の形態などにより、システムを構成する。

(7) 防犯設備・防災設備

防犯設備・防災設備は、建物や居住者の安全を守るシステムである。人やものの出入の管理や監視、火災や地震などの災害時において消火活動や安全に避難するための計画を行う。最近では、ICカードや生体認証を利用した出入管理のシステムも導入されてきている。

防犯設備や防災設備の設計では、建物使用者の出入りや動線などを十分に把握するなど、建築設計上の計画が重要となる。

(8) 中央監視設備

中央監視設備は、建物内でのさまざまな設備を適切

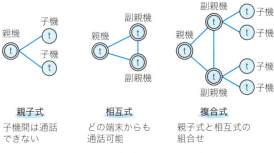

図4・37　インターホン通話方式

図4・39　中央監視制御システムの概要

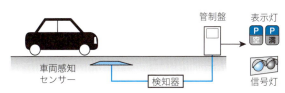

図4・38　駐車場管制設備の基本的な構成

表4・28　車両の検知方式

方式	特徴
赤外線方式	車路の両側に赤外線の受発信装置を設置する。太陽光による誤作動はないが、人の通過による誤作動がある。
ループコイル方式	ループ状にしたケーブルまたは絶縁電線を車路に埋め込み、磁界を発生させ、車両が通過したときの電磁誘導によって検知する。誤作動がない。
車両認識システム	カメラで撮影した車両やナンバープレートを自動で読み取る。複雑な車両の出入りを監視しやすく、車両の停車がないので渋滞しない。

に運用していくために、情報を集約し制御する設備である。現在の建物では、電気、空調、給排水、防災・セキュリティなどの設備が複雑に連携しており、これらを監視し制御するBEMSなどのシステムを活用することで、利便性とともに省エネ性も確保できる（図4・39）。

小規模建物では、警報盤と簡易な監視制御装置が設けられるが、中規模や大規模の建物では、中央監視室を設け監視制御装置が設置される。個別の建物内だけではなく、複数の建物に対してエネルギーの融通や、防犯などを管理センターで一括に制御する遠隔監視システムもある。大規模の建物では、中央監視室を設け、設備の制御および作業状況を監視できることが必要である。

中央監視設備は、中央処理装置、表示装置、入力装置、補助記憶装置、印字装置、伝送装置、フィールド端末で構成される。

消防法では、自動火災警報設備、ガス漏れ警報設備、漏電火災警報設備、非常警報設備、無線通信補助設備などの受信盤や警報装置などは、中央監視室内に設置することが定められている。

4・10　雷保護設備

1　概要

雷保護設備（避雷設備）は、落雷による建物の火災や設備の電気的な被害を防止するために設置される。JIS A 4201：2003（建築物等の避雷設備（避雷針））で規制されており、被保護物の種類、重要度などを考慮し、保護レベルを設けて性能保証を行う。2003年にJISの新規格が制定され、避雷設備は、「雷保護設備」に統一されている。現在は、新JIS規格と旧JIS規格を選択できる。

2　雷保護設備が必要な建物

雷保護設備の設置は、建築基準法により、高さが20mを超える建築物には義務付けられている（表4・29）。

消防法では危険物の製造所や貯蔵所、また、火薬類取締法では火薬の貯蔵所には、高さに関係なく雷保護設備の設置が義務付けられている。

雷保護設備の必要性や保護レベルについては、建物の建設場所の落雷密度や地域特性などから落雷回数を算出して、落雷の可能性や落雷による被害を考慮して検討したり、建物の使用目的や、構造、敷地、地形、高さなどにより判断する。

JIS A 4201：2003では、建物の側壁に対する保護が規定されている。外部雷保護システムによっては、超高層ビルでは側壁の意匠デザインにも影響するため、建築設計と連携を十分に行う必要がある。

3　雷保護システム

雷保護設備は、建物に被害が出ないよう、受けた雷撃を接地系に導き、大地に放電するための設備である。外部雷保護システムと、落雷により発生する過電圧から建物内の受変電設備やコンピュータ設備などを保護する内部雷保護システムがある。

(1) 外部雷保護システム

外部雷保護システムは、落雷を受ける突針や棟上げ導体などの受雷部、引下げ導線（避雷導線）、地中に電流を逃がすための接地極（接地電極）で構成される（図4・40）。

雷撃を受ける雷保護の方式には、金属体を突出させ

表4・29　雷保護が必要な建物と関連法規

建物種別	関連法規
高さ20mを超える建築物	建築基準法
煙突、広告塔、高架水槽、擁壁などの工作物、昇降機、ウォーターシュート	
一定量以上の危険物を取り扱う製造所、屋内貯蔵所、屋外タンク貯蔵所	消防法
危険工室、火薬や爆薬の停滞量が100kgを超える火薬一時置場	火薬類取締法
一級火薬庫	

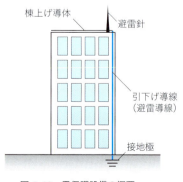

図4・40　雷保護設備の概要

受雷部とする突針方式、屋上パラペットや屋根に沿って配置した導体を受雷部とする棟上げ導体方式、屋上にメッシュ状に導体を配置し、その内側を保護範囲とするメッシュ導体方式（図4・41）、保護建物から離れた地上に独立した突針を立てる独立避雷針方式、保護建物の上方に架線した導線を利用する独立架空地線方式などがある。

保護の範囲として、保護角法、回転球体法がある（図4・42）。保護角法では、受雷部の頂点から保護角（α）の範囲にできる円錐の内部が保護範囲となる。αは被保護建物によって決められ、45°、60°などがある。回転球体法は、雷のリーダ先端が建物や大地に近づいたことを想定して、リーダ先端から建物などへの雷撃距離の半径でできる球が受雷部や大地に接する面が保護範囲となる。

引下げ導線の施設では、複数の電流経路を確保し、大地までの距離を最短にする必要がある。建築物などの金属製構造体や相互接続された鉄筋などは、引下げ導線として利用可能である。

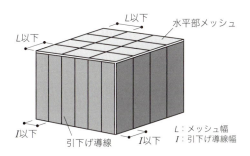

図4・41　メッシュ法による雷保護

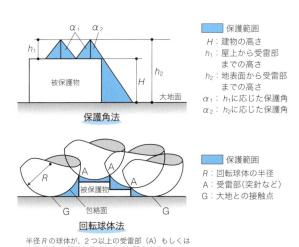

図4・42　保護範囲

(2) 内部雷保護システム

建物内の電気機器や機器内部の半導体は、雷による過電圧や大電流（雷サージ）を受けると、致命的な故障が発生する。内部雷保護システムでは、建物内を外部雷保護システムと絶縁した上で、過電圧から受変電設備やコンピュータなどの設備を保護する。

例えば、コンピュータ室などは、落雷時の異常な電流や電磁界の変化の影響を避けるため、保護レベルが最も高いレベルの領域に設置する。また、電源回路や通信系の回路は、サージ保護デバイス（SPD[*20]）を用いて電路にかかる過剰な電圧を制限し、電流を分流させる方法がある。

4・11　接地設備

1　概要

導体である地球は電位が相対的にゼロとみなされている。接地とは、機器などで生じた電圧上昇に対して、電流の流れる先を大地とすることで、設備機器の漏電などを防止することであり、電気機器と大地が電気的に接続されることを指す。接地には、建築設備の漏電による感電や火災を防止する保安用接地と、電子機器や通信設備などで生じる電磁波やノイズによる障害を防ぐ機能用接地がある。接地設備は主に接地電流を流すための接地線と大地との接続部分である接地極（接地電極）で構成される。

接地の種別は、目的によって系統接地、設備接地、雷保護用接地などの保安用と、ノイズ対策用接地、基準化用接地などの機能ごとに分けられる。

2　接地工事の種別

接地工事の種類は、一部の例外を除き、電気設備技術基準により、A〜D種の接地工事が定められている。

A、C、D種接地工事では、電気機器の金属製の外箱や架台などが接地され、器具の区分に応じて規定されている。A種接地工事は主に高圧用もしくは特別高圧用、D種接地工事は300V以下の低圧用、C種接地工事は300Vを超える低圧用である（表4・30）。また、B

[*20] SPD：Surge Protective Device

表 4・30 接地工事の種類と接地抵抗値

工事種別	接地抵抗値	接地線の太さ
A 種接地工事	10 Ω 以下	直径 2.6mm 以上の軟銅線
B 種接地工事	$\dfrac{電圧 (150, 300, 600) [V]}{高圧側または特別高圧側の電路の 1 線地絡電流 [A]}$ [Ω] 以下	直径 4.0mm 以上の軟銅線 工事の対象となる変圧器が、高圧電路または使用電圧が 15kV 以下の特別高圧架空電線路（中性点接地式で、電路に地絡を生じたとき 2 秒以内に電路を自動遮断するもの）と低圧電路とを結合する場合は、直径 2.6mm 以上の軟銅線
C 種接地工事	10 Ω 以下 低圧電路において、地絡を生じた場合に 0.5 秒以内に自動的に電路を遮断する装置を施設するときは、500 Ω 以下	直径 1.6mm 以上の軟銅線
D 種接地工事	100 Ω 以下 低圧電路において、地絡を生じた場合に 0.5 秒以内に自動的に電路を遮断する装置を施設するときは、500 Ω 以下	

種接地工事は系統用の接地工事で、高圧を低圧に変圧する変圧器の低圧側電路に設けられる。

3　接地抵抗

接地抵抗は、大地との結合の良否を示す指標であり、低いほど良い。接地抵抗には、接地線および接地極の抵抗、接地極と接地極に接する土壌との間の接触抵抗、電極周囲の土壌の抵抗がある。接地抵抗の計測には、電位効果法が用いられている。

4　接地極（接地電極）

接地極は、接地導線から大地へ電流を流す接続部分である。接地極には、銅板、銅棒、鉄管、鉄棒、銅覆鋼板、炭素覆鋼板などがあり、必要な接地抵抗が出るように長さや太さを選定する。

電力自由化

1886 年に東京電燈により電力の配電がなされるのを機に、さまざまな電気事業者が設立された。多いときには 800 社以上の事業者があり、送電網がつくられ、自由に電力が売買されていた。しかし、戦時期には国家が電力を管理することになった。日本発送電が設立され、それまでの電気事業者がまとめられ、発電から送配電までを一括して行われることになった。このとき配電網は 9 区に分けられ、これに、沖縄電力を含めた 10 社が現在の大手の電力会社となっている。

1990 年代に、それまで規制されていた電力事業市場への新規参入を緩和する、いわゆる「電力の自由化」が議論されるようになったが、それは欧米よりも高い産業用の電気料金の低減が主な目的だった。

さまざまな議論を経て、これまで 3 回にわたり自由化が行われてきた。第一次自由化（卸自由化 1995 年）では、独立系発電事業者（IPP [21]）の参入が認められ、電力会社に電力を売ることが可能となった。限られた範囲ではあるが、特定電気事業者による発電・小売りの展開が可能となった。第二次自由化（特別高圧自由化 1999 年）では、2 万 V 以上の特別高圧で受電し、2000kW 以上の契約電力である大口の需要者に対しては、電力を提供できる特定規模電気事業者（PPS [22]）の参入が認められ、売買が自由に行われるようになった。第三次自由化（高圧自由化 2003 年）では、小売市場の自由化範囲が契約電力 50kW 以上の需要者まで拡大された。

2016 年春には、小売市場の自由化の範囲がさらに拡大され、一般の家庭でも電力会社を選択できるようになった。また、これまで主に地域内で取引されていた電力が、全国規模で展開されるようになった。料金だけではなく、自然エネルギーや原発といった発電の形態や契約プランによって、携帯電話会社を選ぶように電力会社を選ぶ時代である。

---

*21 IPP：Independent Power Producer　　　　*22 PPS：Power Producer and Supplier

演習問題

問1 電気設備に関する次の記述のうち、最も不適当なものはどれか。
1. キュービクル形受変電設備は、周囲との間に保有距離を取れば屋外にも設置することができる。
2. 接地には、外部雷保護用接地、電位上昇による人体の感電などを防ぐ保安用接地、電位変動による電子機器の機能障害を防ぐ機能用接地などがある。
3. 比較的小さなモーターの始動電流を小さく抑えるためには、スターデルタ始動方式が多用される。
4. 鉄筋コンクリート造の建物において、構造体の鉄骨を避雷設備の引下げ導線の代わりに使用することはできない。

問2 電気設備に関する次の記述のうち、最も不適当なものはどれか。
1. 車両が通行する場所に、地中電線路を直接埋設式により施設する場合、原則として土被りは80cm以上とする。
2. 受電方式において、スポットネットワーク方式とは電力の供給の信頼性に重点を置いた方式である。
3. PBX（構内電話交換機）は、主に、電話設備の多い大規模な事務所などにおいて、通話を、効率的かつ経済的に処理することができる。
4. 動力設備において、同一電力を供給する場合、200Vよりも400V配線の方が細い配線を用いる。

問3 電圧の種別の表を埋めなさい。

	直流	交流
低圧	[①] V以下	[②] V以下
高圧	[③] Vを超え [④] V以下	[⑤] Vを超え [⑥] V以下
特別高圧	[⑦] Vを超える	[⑧] Vを超える

問4 次に挙げる屋内配線の特徴を簡潔に述べなさい。
1. バスダクト方式
2. フロアダクト方式
3. セルラダクト方式
4. アンダーカーペット方式
5. フリーアクセスフロア方式

問5 床面積300m²の部屋の平均照度を500 lx以上とする場合、（イ）～（ニ）の条件により計算した最低限必要な照明器具の台数を求めなさい。
（イ）照明器具：Hf点灯方式蛍光灯32W 2灯用
（ロ）32W Hf蛍光ランプ（定格出力）の全光束：3520 lm／灯
（ハ）照明率：0.6
（ニ）保守率：0.7

問6 幅7m、奥行き12mの事務室の平均照度を求めなさい。ただし、照明器具(Hf点灯方式蛍光灯32W 1灯) 25台、照明率を0.65、保守率を0.80、Hf点灯方式蛍光灯32W1灯当たりの光束を3520 lm/灯とする。

問7 予備電源設備として使用されるUPSおよびCVCFの役割を簡潔に説明しなさい。

演習問題　解答

問1 〈正解 4〉

1. キュービクル（鉄板で周囲を囲まれたボックスに受変電機器を収めたもの）は、操作、点検および防火のために、操作面：1.0m ＋保安上有効な距離、その他：0.6m 以上の保有距離を取れば屋外にも設置できる。
2. 外部雷保護用接地は、避雷針などにより雷放電電流を安全に大地に逃がすための接地である。保安接地は、電気設備の電路などの接地であり、電位上昇による人体の感電などを防ぐ。機能用接地は電位変動による電子機器の機能障害を防ぐための接地である。
3. 誘導電動機（モーター）は、交流の場合、回転が定格に達するまでの始動時に、定格電流の数倍の電流（始動電流）が流れる。これを制御するための始動方式として、スターデルタ始動やコンドルファ始動がある。
4. 引下げ導線（避雷導線）として、鉄骨柱や鉄筋などの建物駆体の金属部分の使用が認められている。

問2 〈正解 1〉

1. 地中電線を直接埋設式によって施設する場合の土被りは、車両その他の重量物の圧力を受ける恐れがある場所においては、1.2m 以上、その他の場所においては 60cm 以上必要である。
2. スポットネットワーク方式では、2～3回線の引込線を引き込んで同時に受電するため、1回線が停止しても、残りの回線から受電できるため信頼性が高い。
3. PBX は、大規模な事務所において、事務所内の電話機相互の接続（内線）や、電話局の回線（局線）と事務所内の電話機との接続（回線接続）を効率的かつ経済的に行う装置である。
4. 配線の太さは、流れる電流の量によって決まる。電力量と電圧電流の関係は、電力＝電圧×電流で表され、同一電力を供給する場合は、400V 配線では 200V 配線の半分の電力が流れることになるので、配線を細くすることができる。

問3

① 750　② 600　③ 750　④ 7000
⑤ 600　⑥ 7000　⑦ 7000　⑧ 7000

問4

1. バスダクト方式：金属ダクト内に絶縁体を介して裸導体を収めたもので、大規模建物の引込幹線および電気室内の高圧配線などに用いられる。
2. フロアダクト方式：床スラブ内に角パイプを埋め込み、適当な箇所にジャンクションボックスを設ける。
3. セルラダクト方式：コンクリートスラブの捨て型枠の波形鋼板の溝を利用して配線を敷設。
4. アンダーカーペット方式：床とカーペットの間に、直接ケーブルを敷設。
5. フリーアクセスフロア方式：二重床を配線やダクトスペースとして利用する。

問5

光束法による平均照度の計算は $E = \dfrac{N \times F \times U \times M}{A}$ で表される。

E：平均照度〔lx〕　　N：ランプの本数〔本〕
F：ランプ1本当たりの全光束〔lm／灯〕
U：照明率　　M：保守率　　A：床面積〔m²〕

照明の灯数は、$N = \dfrac{E \times A}{F \times U \times M}$ であり、$E = 500$ lx、$A = 300$m²、$F = 3520$ lm／灯、$U = 0.6$、$M = 0.7$、として計算すると、$N = 101.4\cdots$ となる。照明器具は、2灯用のものであることから、台数は $N/2$ で、51 台となる。

問6

問5と同じ計算式を用いて算出する。

$$E = \frac{N \times F \times U \times M}{A} = \frac{25 \times 3520 \times 0.65 \times 0.80}{7 \times 12}$$
$$= 544.7\cdots \fallingdotseq 545 \text{ lx}$$

問7

UPS は無停電電源装置であり、コンピュータなどの瞬時の停電に対処するために使用される。また、CVCF は定電圧周波数装置で、電圧などの変動によるコンピュータ設備の誤作動やデータの破損を防ぐ目的で使用される。

05

搬送設備

建物内には、その用途に合わせてさまざまな搬送設備が設置される。搬送設備には、人を輸送するエレベーター、エスカレーターや動く歩道、物を輸送する小荷物専用昇降機、機械式駐車装置、ゴミ搬送設備などがある。

5・1 エレベーター設備

エレベーターは、垂直方向の人の移動手段として、高層化する都市の発展に大きく寄与してきた。現在では、都市のライフラインと並び、人々の生活になくてはならない重要な社会インフラと位置づけられている。エレベーターは、安全技術の進歩により発展してきており、近年では、乗り心地などの快適性や意匠性へのニーズや、省エネルギー化や環境配慮への取り組みも進んでいる。また、超高層建築の出現に伴い、エレベーターの高速化と大容量化の技術競争が進んでいる。

1 歴史

現代のエレベーターの基礎となる技術が発明されたのは 1852 年。エリシャ・オーチスは、エレベーター製造会社を設立し、当時のエレベーターの欠点であるロープが切れると落下してしまう対策として、ロープ切断保安装置（現在の非常止め装置）を考案した。オーチスは、1853 年ニューヨーク万国博覧会でエレベーターを出品し、自らエレベーターに乗り込んでロープを切断して見せるというパフォーマンスを演じ、見事に安全装置が働きこの装置の有効性を強く印象づけた。一方、イギリスでは、フロストとストラットによって、カウンターバランス式のトラクション方式を採用した「ティーグル」というエレベーターが開発された。これとオーチスの開発した安全装置とがエレベーターの基本的な安全を確保するものとなり、1857 年、世界で初めてのオーチス社製の乗用エレベーターがニューヨークのブロードウェイの 5 階建てビルに納入された。

その後、1880 年以降のアメリカにおける高層建築の発展に伴い、エレベーターの技術進歩はアメリカを中心に発展した。日本で初めて電動機を使ったエレベーターが設置されたのは、1890 年 11 月に完成した東京浅草公園内の凌雲閣である。昇降装置の動力源は技術の進歩に伴い、人力から水圧力、蒸気力へと移り、現在のような電力のエレベーターの時代となる。

2 構造

エレベーターはその構造の違いから油圧式エレベーターとロープ式エレベーターに分けることができる。

(1) 油圧式エレベーター

油圧式エレベーターは油圧パワーユニットと呼ばれる駆動機により、圧縮された作動油が油圧ジャッキを押し上げ、かごを上昇させ、下降は自重によって行う方式である（図5・1）。従来は機械室が建物上部に設置

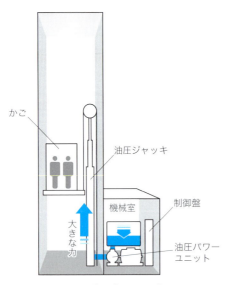

図 5・1　油圧式エレベーター

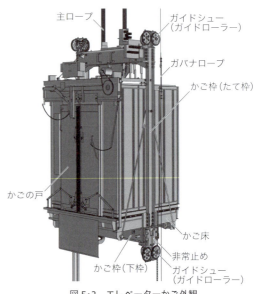

図 5・2　エレベーターかご外観

できないときに多く用いられた方式だが、油圧ジャッキを使うため、昇降行程や速度に制約があり、消費電力も大きいことから、近年では大積載量で昇降行程が短いときなどに限られる。

(2) ロープ式エレベーター

ロープ式エレベーターは、利用者が乗るかごをロープで吊り上げることにより昇降させる方式のエレベーターである（図5・2）。ロープは巻上機と呼ばれるモーターを回転制御することで、かごを目的階に昇降させる。

現在では、かごとおもりをツルベ式に釣り合わせることにより、モーターの負荷を軽くする方式が一般的で、駆動装置である巻上機（モーター）の設置場所により構造が異なるため、次の二つに分類できる（図5・3）。

1) 機械室直上ロープ式エレベーター

ロープ式エレベーターの一般的なエレベーターの構造で、かごと釣合おもりを巻上機（モーター）でツルベ式に吊る構造である。以前は、この方式が主流だったが、機械室を要するため、現在では高速エレベーターや大容量エレベーターに限られている。

2) 機械室レスロープ式エレベーター

巻上機（モーター）の小型化により従来では機械室に設置されていた機器を昇降路内に設置することが可能となった。この方式を機械室レスエレベーターと呼び、現在主流となっている。従来の機械室直上ロープ

エレベーターの速度

エレベーターの定格速度は、分速で表記され、45、60、90、105m/min と 15 または 30m/min きざみと半端な数値速度設定をしている。これは、日本に設置された初期のエレベーターが海外からの輸入製品であり、その頃の名残のためで、単位を m/min からフィート［ft］（1 ft=0.3048m）とすると、150、200、300、350 ft/min と、きりの良い数値となる。

現在の世界最高速エレベーター（上海中心大厦（中国）向エレベーター／三菱電機製）は、1230m/min [*1] であり、時速にすると 73.8km/h となる。このエレベーターでは、高速走行時に発生する「横揺れ」と「騒音」に対し、利用者の快適性を確保するため、振動をセンサーにより検知し揺れを緩和する、アクティブ制振ガイド技術や、空気流による騒音・振動を抑制する整風カバーの設置、高速走行時のかごの気圧変化を調整し利用者の耳の痛みなどの不快感を緩和する気圧制御装置が採用されている。

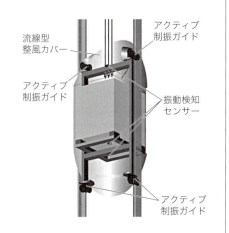

超高速エレベーターの制振ガイド技術

超高速エレベーターのかご整風カバー

[*1] 2016 年 5 月 10 日現在、稼働しているエレベーターにおいて（三菱電機㈱調べ）

式と比較すると、屋上に機械室を設置する必要がなくなり、塔屋のような突出がなくなることで、エレベーター配置や屋根のデザイン自由度向上、建物上部への荷重低減など建築的なメリットも大きい。現在では、速度105m/min、積載2000kg（定員30人乗）までが主流だが、巻上機の小型・大容量化により機械室レスエレベーターの適用領域は広がっていくことが予想される。

3 用途

エレベーターは、その用途により積載量と定員の算出方法が定められている（表5・1）。エレベーターの用途と特徴を以下に示す。

(1) 乗用エレベーター

乗用エレベーターは主に人の輸送を目的とする。エレベーターの積載量と定員は、かご床面積から決定され、かご内が満員になった場合でも積載オーバーにならないよう適正な積載量を定めている。

(2) 人荷用エレベーター

人荷用エレベーターは、人および荷物の輸送を目的とする。定員の算出方法は乗用エレベーターと同様だが、輸送する荷物の重量に応じて積載量を乗用エレベーターより重く設定することができる。

(3) 寝台用エレベーター

病院、養護施設などにおいて、寝台やストレッチャーに乗せた患者を輸送するエレベーターを寝台用エレベーターという。寝台やストレッチャーは、かご内で占める面積が大きい割に軽いため、同一面積の乗用エレベーターと比較して面積に対する積載量が緩和されている。積載量の緩和は乗用エレベーターと比較して

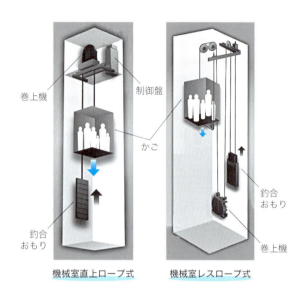

図5・3 ロープ式エレベーター

表5・1 エレベーターの定格積載量と定員

用途	積載荷重 [N]	積載量 [kg]	定格積載量 [kg]	定員 [人]
乗用	面積に応じて計算した荷重（法定積載荷重） $W = 3600 \times S$ $[S \leq 1.5]$ $W = 4900 \times (S - 1.5) + 5400$ $[1.5 < S \leq 3.0]$ $W = 5900 \times (S - 3.0) + 13000$ $[3.0 < S]$	法定積載荷重÷9.8（法定積載量）	法定積載量に50kg以下を加えるか減じた50kg単位の概数（法定積載荷重が3250N以下のものは10kg単位に上回る、または下回る概数としてもよい）	(法定積載量または定格積載量) ÷ (65kg/人の小数点以下端数切り捨て)
人荷用	乗用としての法定積載荷重以上で荷物用としての実状に合わせて定めた荷重	左記荷重÷9.8	積載量を上回る、または下回る概数	(法定積載量または乗用として計算した場合の定格積載量) ÷ (65kg/人の小数点以下端数切り捨て)
寝台用	$W = 2500 \times S$（法定積載荷重）	法定積載荷重÷9.8（法定積載量）	法定積載量を上回る、または下回る概数	(法定積載量または定格積載量) ÷ (65kg/人の小数点以下端数切り捨て)
荷物用	$W = 2500 \times S$（法定積載荷重）以上で荷物用としての実状に合わせて定めた荷重	左記荷重÷9.8	積載量を上回る、または下回る概数	—
自動車用	$W = 1500 \times S$（法定積載荷重）以上で自動車用としての実状に合わせて定めた荷重	左記荷重÷9.8	積載量を上回る、または下回る概数	—

W：法定積載荷重 [N]　　S：かご床面積 [m²]

コストダウンが図れるが、以下の点に注意する。
①事務所ビルなど多数の人が一度に乗り込む恐れがある建物には一時的に過負荷になることが想定されるため設置できない。
②大規模病院などでは乗用または人荷用エレベーターの併設を原則とする。

(4) 荷物用エレベーター

荷物の輸送を目的とするエレベーターで、荷扱い者または運転者以外の利用はできない。したがって、一般乗客の利用は、乗用エレベーターを併設するか、人荷用エレベーターとして計画する必要がある。最小積載量の計算は寝台用エレベーターと同様で、利用目的に応じて積載量を設定できる。また、フォークリフトやトラックに荷物を載せたまま昇降できる大容量エレベーターもある。

(5) 自動車用エレベーター

自動車運搬用エレベーターは駐車場に設置され自動車を輸送することを目的とするもので、自動車の運転者またはエレベーターの運転者以外の利用は前提としていない。貨物を搭載した貨物自動車やフォークリフトなどを運搬する場合は、荷物用エレベーターとして計画する必要がある。

(6) 小荷物専用昇降機

荷物を運搬するための昇降機で、かご床面積が1m²以下、かつ天井高さが1.2m以下のものを小荷物専用昇降機と呼ぶ。小荷物専用昇降機にはフロアタイプとテーブルタイプがあり、フロアタイプは手押し車や配膳車をそのまま積み込める。また、テーブルタイプは床からおよそ500〜700mm程度の高さに出入口となるテーブルが設置される。

4 エレベーターの計画

建物竣工後に利用者がエレベーターの輸送能力を超える交通需要が発生しても、容易にエレベーターを追加することは難しい。したがって、事前に交通需要を把握し、それに見合う昇降機（エスカレーターを含む）を計画することが重要となってくる。エレベーター設備の計画は一般的に図5・4に示すフローで行う。

エレベーター設置台数の算出には、交通需要をできるだけ正確に把握する必要がある。交通需要は、計画しているビルの規模（事務所ビルやマンションにおける居住人口、デパートにおける売場面積など）とピーク時の集中率により予測する。エレベーター設置台数は、量的には交通需要量に見合う十分な台数が必要であり、質的にはエレベーター利用者の待ち時間を抑えることが大切である。事務所ビルの乗用エレベーターの速度はサービス区間の最上階との関係で算出され、目安となる設定基準は、「目安速度 [m/min] ＝最上階数× 10」となる。

(1) エレベーター停止階の決定

高層ビルでは、輸送能力向上、レンタブル比の向上やエレベーター乗場数の削減（設備の低減）を目的として、エレベーターのサービス階を低・中・高層など複数に分割（ゾーニング）を行うことが一般的である

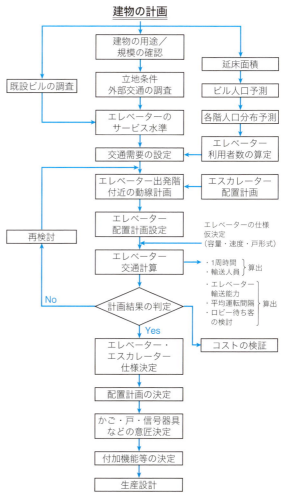

図5・4　エレベーター設備の計画フロー

(図5・5)。ゾーニングの決定には以下の点に注意して計画する必要がある。

① 一つのテナントが異なるサービスゾーンにまたがる入居は避けるようにする。
② 一つのサービスゾーンは一般的に7～10階床として構成する。
③ サービスゾーンの最上階や、最下階は次のサービスゾーンとラップさせ、乗継階を設ける。
④ 一つのゾーン（グループ）をサービスするエレベーターの台数は8台までとする。
⑤ 一つのゾーン（グループ）ではサービス階床をすべて揃えるようにする。
⑥ ゾーニングした場合は、エレベーターホールに停止階を表示して乗客を誘導する必要がある。

(2) エレベーター交通計算

エレベーターの設置台数、定員、速度、停止階を数値で検証するのがエレベーター交通計算である。交通計算は、1日で最も利用者が集中する時間帯を対象に、「5分間輸送能力」と「平均運転間隔」という指標で昇降機の仕様や停止階が適正であるか評価する（表5・2）。

① 5分間輸送能力は、建物の利用人口の何％を5分間で輸送可能かを表す指標である。これは、エレベーターで運べる人数を判断する評価基準となり、5分間輸送能力が実際の利用人数より小さいと、積み残しが発生する。
② 平均運転間隔は、エレベーターの1周時間をグループ内台数で割った数値であり、待ち時間を判断する評価基準となる。長待ちによる利用者からのクレームがない平均運転間隔となるよう計画する必要がある。

(3) エレベーターの配置

エレベーターの配置はビルの機能に大きな影響を与える。特に高層ビルではエレベーターが多数設置されるため、乗客が利用しやすい配置を計画する必要がある（図5・6）。また、エレベーターをビル内に分散配置することは輸送効率が低下するため、できるだけビル中央に集中配置することが望ましい。

5　管制運転

エレベーターには災害時のさまざまな管制運転機能がある。災害時には利用者の人命確保と閉込めの回避を最優先し、災害時のエレベーター利用は想定していない。

(1) 地震時管制運転

地震には初期微動P波と、揺れの大きいS波がある。P波はS波に比べて伝わる速度が速いため、大きな揺れに先駆けて到達する。エレベーターには地震感知器が設置されており、初期微動P波をセンサーがキャッチし、エレベーターを最寄り階に到着させ戸が開く。その後、本震の大きさをS波センサーで確認し、本震が小さい場合には、エレベーターは自動的に通常運転に戻る。

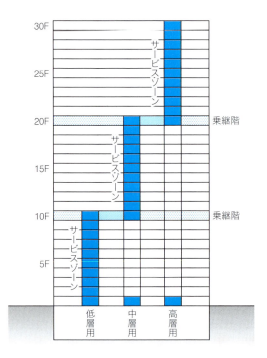

図5・5　エレベーターのゾーニング例 （出典：日本エレベーター協会版『建築設計・施工のための昇降機計画指針』日本エレベーター協会、1985）

表5・2　エレベーター交通計算の評価基準

建物用途		5分間輸送能力	平均運転間隔
事務所ビル	一社占有ビル	20～25%	30秒以下推奨
	準専用ビル	16～20%	
	官公庁ビル		
	貸事務所ビル	11～15%	40秒以下推奨
共同住宅		3.5～5%	1台の場合：90秒以下推奨 2台の場合：60秒以下推奨
ホテル		8～10%	40秒以下推奨

（出典：日本エレベーター協会版『建築設計・施工のための昇降機計画指針』日本エレベーター協会、1985）

(2) 長周期地震管制運転

2004年の新潟県中越地震では、約150km離れた関東平野部で長周期地震が発生し、高層ビルにおいてエレベーターのロープ類が波長の大きい建物の揺れと共振し昇降路内の機器に引っ掛かる被害が発生した。これに伴い、2009年に昇降路突出物への保護措置（引掛かり防止対策）と、長周期地震管制運転が義務付けられた。長周期地震管制運転は、高さ120m以上の高層建物において、P波感知器では検知できない波長の大きい揺れを感知すると、最寄り階に停止し、その後エレベーターのロープが建物の揺れと共振しない位置へかごを退避させる（図5・7）。

(3) 火災時管制運転

火災時は、エレベーター利用によるかご内への煙の流入や竪穴である昇降路から煙や炎が蔓延することを防ぐため、エレベーターを利用させないことを大原則とする。火災が起こった場合、エレベーターは避難階（通常1階）へ直行し乗客を降ろした後、休止して二次災害を防ぐ。

(4) 停電時自動着床装置

停電によりエレベーター内に人が閉じ込められることを防ぐため、停電時には自動的にエレベーターの状

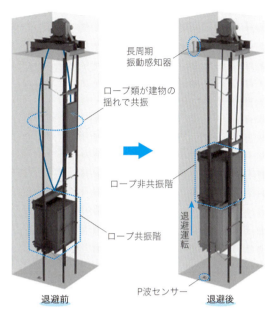

乗客避難後にロープの振れ幅を確認し、退避可能と判断したら、機器の保護を図るためロープの振れが拡大する前にロープの非共振階へ退避運転を行う

図5・7　長周期地震管制運転の退避動作

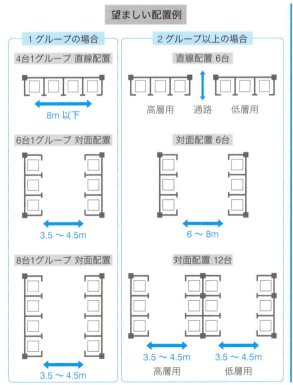
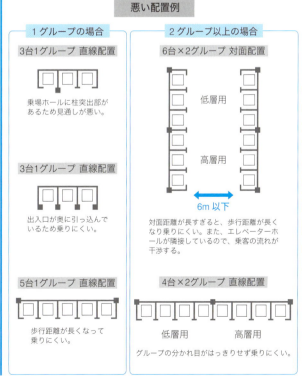

図5・6　エレベーターの望ましい配置例と悪い配置例　（出典：日本エレベーター協会版『建築設計・施工のための昇降機計画指針』日本エレベーター協会、1985）

態を確認したうえ、バッテリーで最寄り階へエレベーターを着床させる。

(5)自家発電時管制運転

停電時に建物の自家発電による電源をエレベーターに供給する場合、発電機の電源容量オーバーを防ぐため、エレベーターの同時使用台数を制限する。

(6)冠水時管制運転

ピットが一定以上の深さまで浸水した場合、最寄り階に停止し、戸が開く。その後、戸を閉めて運転を休止する。また、最下階に走行中は、最下階に停止後直ちに直上階まで走行し、かごが水に浸かるのを防ぐ。近年では、集中豪雨により乗場から昇降路内に水が入る事例が増えており、エレベーター昇降路に雨水が浸入しないよう配慮した設備計画が必要である。

6 非常用エレベーター

建築基準法では、高さ31mを超える建築物に、非常用エレベーターの設置が義務付けられている。高層ビルでは、火災時にエレベーターによる救出と消火活動支援が不可欠であるため、消防隊が素早く消火活動できるよう、かごサイズ、速度、運転機能、配線、予備電源 ▶p.156 など細かな基準がある。

(1)設置を要する建築物と所要台数

非常用エレベーターは、高さ31mを超える建築物すべてに設置する。ただし31mを超える部分が以下のいずれかに該当する場合は設置不要である。

①機械室、階段室など通常人がいない用途の場合。
②床面積の合計が500m²以下の場合。
③高さ31mを超える部分の階数が4階以下で床面積の合計100m²以内ごとに防火区画されている場合。
④主要構造部が不燃材料で造られた、機械製作工場などの火災発生の恐れが少ない場合。

設置台数は高さ31mを超える部分の床面積が1500m²以下の場合は1台、1500m²を超える場合は3000m²以内を増すごとに1台ずつ増加する。また、非常用エレベーターは、屋外への出口までの距離が30m以内の場所に設置し、2台以上設ける場合は、避難および消火に有効な間隔を保って配置する必要がある。

(2)非常用エレベーターの仕様

非常用エレベーターの速度は60m/min以上とし、避難階から最上階までの直行時間が1分程度となるよう建物の高さに応じて速度を決定する。

また、非常用エレベーターのかごサイズは間口1800mm、奥行1500mm（17人乗、積載1150kg）以上にする。

(3)非常用エレベーターと他の部分との区画

非常用エレベーターの昇降路は、2機以内ごとに耐火構造の床および壁で区画する。また、エレベーターの機械室においても一般用と非常用の間を耐火構造の壁で区画する。

(4)非常用エレベーターの乗降ロビー

非常用エレベーターの乗降ロビーは、消防隊が消火、

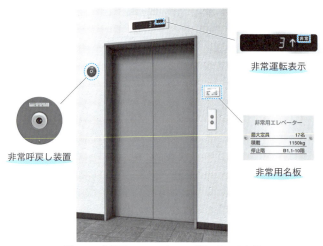

図5・8 非常用エレベーターの乗場に必要な仕様

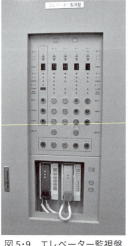

図5・9 エレベーター監視盤

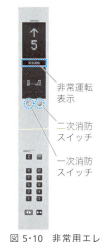

図5・10 非常用エレベーターかご操作盤

救出活動を行う際のスペースであり、初期避難者の滞留場所として防火、防煙、停電対策が完備されたものでなければならない。非常用エレベーターは、この安全性が確保されて初めて火災時にも利用できる。計画にあたって次の点に留意する。

① 床面積は、1台当たり10m²以上必要であり、形状は1辺の最小長さを2.5mとして正方形に近いものを推奨。
② 乗降ロビーは、各階において屋内と連絡させる。
③ 乗降ロビーは、耐火構造の床および壁で囲み、天井・壁の下地・仕上げも不燃材とする。
④ 乗降ロビーには、バルコニー、外気に向かって開くことのできる窓、排煙設備を設け、出入口には特定防火設備を設ける。
⑤ 乗降ロビーには、予備電源を持った照明設備を設ける。また屋内消火栓・連結送水管の放水口、非常用コンセント設備などの消火設備を設けるようにする。
⑥ 乗降ロビーには、非常用エレベーターの用途、積載量、最大定員の表示、避難経路、注意事項の標識を取り付け、非常運転灯を設ける（図5·8）。
⑦ 避難階（直上直下階を含む）の乗降ロビーには、かごを呼び戻す装置を設ける。

(5) 電源設備・通話装置

非常用エレベーターは、予備電源が必要である。予備電源は商用電源の停電と同時に自動的に切り替わるものとする。

中央監視室は呼戻し装置、インターホン、位置表示機類の設置が義務付けられており、エレベーター監視盤の設置が必要となる（図5·9）。

(6) 非常運転

非常用エレベーターは、乗降ロビーの呼戻しボタン

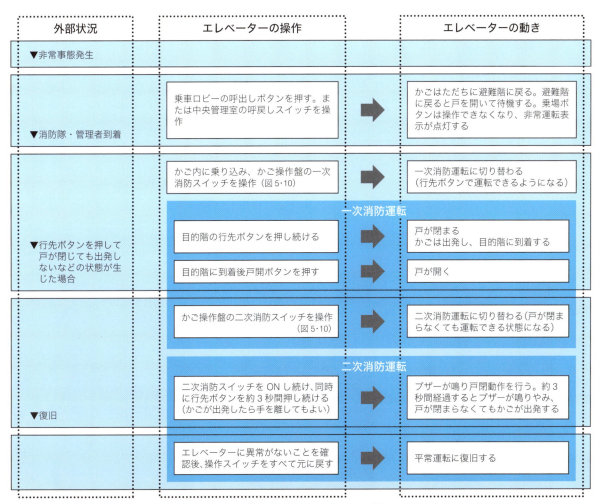

図5·11 非常運転時のエレベーター動作

または中央監視室の呼戻しスイッチが操作されると非常運転となる。非常運転は、消防士が特定の鍵を使って行い、一次消防運転は、目的階へ移動後、戸開ボタンを操作しないと戸が開かない運転となる。また、二次消防運転は、消火活動時の放水や火災によりドア装置が故障した場合でも、他階へ避難できるよう法的に制限されている戸開状態でのエレベーター移動が可能である（図5・11）。

7　計画時に配慮すること

(1) エレベーターの福祉対応

バリアフリー新法に準拠し、エレベーターは、表5・3の仕様を見込む必要がある。

1) 車いす用エレベーター仕様

車いす利用者が利用しやすいよう、表5・4の仕様とする必要がある。具体例を図5・12に示す。

2) 視覚障がい者対応仕様

乗場やかごの操作盤ボタンに点字表示、エレベーターの運行状況を音声で知らせるアナウンスを設置する。

表5・3　建築物移動等円滑化基準のエレベーター

		建築物移動等円滑化基準		建築物移動等円滑化誘導基準	
		特別特定建築物	特定建築物	特別特定建築物	特定建築物
適合かごサイズ	間口	140cm	—	160cm	140cm
	奥行	135cm	135cm	135cm	135cm
	出入口幅	80cm 以上	80cm 以上	90cm 以上	80cm 以上
	機種	乗　用：11人乗以上 寝台用：1000kg 以上 （住宅用は適用不可）	乗　用：11人乗以上 住宅用：9人乗以上 寝台用：750kg 以上	乗　用：13人乗以上 （住宅用、寝台用は適用不可）	乗　用：11人乗以上 寝台用：1000kg 以上 （住宅用は適用不可）

表5・4　車いす用エレベーターの仕様

	仕様		備考
乗場	専用乗場ボタン	床上1000mm程度の位置に設ける	車いすに座ったまま操作できる専用乗場ボタンを一般用乗場ボタンの下に設ける。
かご	専用操作盤	正副（計2面）床上1000mm程度の位置に設ける	車いすに座ったまま操作できる専用操作盤を両側面壁に設ける。行先ボタン、戸開閉ボタン、インターホン呼出しボタン、インターホンとインジケーターを設ける。
	鏡	合わせガラス製鏡またはステンレス鏡面材	かご内の鏡は、破損したときの危険性や防火上の内装制限によって材質や大きさに制限がある。
	手摺	左右両側壁に設ける	車いす利用者や、足腰の不自由な方の介助として取り付けるようにする。
サービス機能	ドアセンサー	マルチビームセーフティシュー付	エレベーターの出入口に設けた赤外線ビームが、戸が閉まり終わるまでの乗客の乗り降りを見守り、乗り降りが終わると速やかに戸が閉まる。
	戸開放時間制御	通常より長くする	専用ボタンを押したときには、戸が開いている時間が通常より長くなる。

図5・12　車いす用エレベーター

点字は一般用操作盤への設置が必要となる。

3）聴覚障がい者対応仕様

かご操作盤のインターホン呼出しボタンは、聴覚障がい者でもインターホンが通話できる状態であるか判断できるように、呼出し中はランプが点灯し、外部から応答があるとランプが点滅する。

(2) エレベーターのピット床下部利用

エレベーターは万が一ロープが破断した場合でも、かごは非常止め装置が働き落下しない構造となっている。一方、おもり側には通常非常止め装置は設置されていないため、自由落下することになる。そのため、エレベーターのピット床下部は、原則デッドスペースとし、人が数多く出入りする通路などに使用してはならない。やむを得ず他の目的に利用する場合には、次のいずれかの措置が必要となる[*2]（図5·13）。

① ピット床を二重スラブとし、釣合おもり側にも非常止め装置を設ける。

② ピット床を二重スラブとし、釣合おもり側直下部を厚壁とする。

③ エレベーター1基分のみのピット床下部を人の出入りが極めて少ない物置、ポンプ室などに使用するもので、そのポンプ室などの出入口側と反対側に釣合おもりを設ける場合は、一重スラブとすることができる。なお、出入口の戸は施錠装置を有する鋼製、その他の金属製とする。

(3) エレベーター機械室

エレベーター機械室の計画にあたっては、次の点に留意する。

① 床面から天井または梁の下端までの垂直距離はかごの定格速度に応じて法規どおり確保する（表5·5）。

② 40℃以下に保持できるようエレベーターの機器

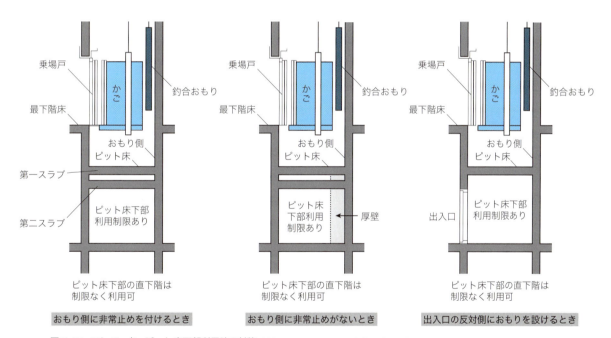

図5·13　エレベーターピット床下部利用時の対策　(出典：日本エレベーター協会『昇降機技術基準の解説 2014年度版』日本エレベーター協会)

表5·5　定格速度と建築基準法に定められた機械室の高さ

定格速度	機械室高さ [m]
60m/min 以下の場合	2.0
60m/min を超え 150m/min 以下の場合	2.2
150m/min を超え 210m/min 以下の場合	2.5
210m/min を超える場合	2.8

[*2]　ピット床下部利用がある場合、使用用途によっては、所轄の審査機関への事前協議が必要。

発熱量に見合った強制換気設備および採光用窓を設置し、換気設備は巻上機を中心に対称の位置に設置する。

③延焼の恐れのある部分（建築基準法 2 条 6 号）に面する採光窓は鋼製サッシに網入りガラスの防火設備として認定されたものとする。また、換気扇および換気口には、ファイヤーダンパが必要となる（取付け高さは床面より 1800mm 以上）。

④機械室出入口扉は、鋼製錠付とし有効幅は 700mm 以上、有効高さは 1800mm 以上とする。

⑤エレベーターに関係ない機器および配管配線などを機械室に設置してはいけない。

⑥エレベーターの機械室は、専用機械室とし、他用途の部屋への通路に使用してはいけない。

⑦機械室に至る階段の蹴上げは 23cm 以下、踏面は 15cm 以上（屋外の場合は 20cm 以上）、幅は 70cm 以上とする。また、階段の両側には側壁または手摺を設ける。

⑧機械室には出入口近くに室内照明スイッチを設置し、移動点検灯用のコンセントを設置する。

5・2　エスカレーター設備

1　一般式エスカレーター

(1)歴史と機能

日本で初めて設置されたエスカレーターは、1914 年（大正 3 年）に東京上野で開催された「東京大正博覧会」の最大の呼びものとして設置された 2 台のエスカレーターである。その後、エスカレーターはショッピングビルや駅などの公共施設に広く普及し、エレベーターと並び必要不可欠な輸送設備となっている。エスカレーターの最大の設置メリットは、その輸送能力の大きさにある。駅などの交通機関や百貨店など利用者の多い施設では、エレベーターだけでは利用者の移動を賄えないため、大人数の利用者を待たせず大量に輸送することができるエスカレーターを効果的に設置する必要がある。

(2)構造

エスカレーターは駆動チェーンと呼ばれるチェーンに連結されたステップ（踏板）を駆動装置で連続的に循環させる構造である（図5・14）。また、エスカレーター本体の建物への固定は、骨組であるトラスの上部と下部先端を建物に乗せかけるようにして固定するシンプルな構造となっている。

法規には以下の構造とすることが定められている。

①勾配は、30°以下とする。ただし、速度 30m/min 以下、階高が 6m 以下、踏段の奥行 35cm 以上かつ乗込口の水平踏段が 2 枚以上の場合は、35°以下とすることが認められている。

②踏段の両側に手摺を設け、手摺の上端部が踏段と同一方向に同一速度で連動するようにする。

③踏段の幅は、1.1m 以下とし、踏段の端から当該踏段の端の側にある手摺の上端部の中心までの水平距離は、25cm 以下とする。

④踏段の定格速度は 50m/min 以下の範囲において、エスカレーターの勾配に応じて定める毎分の速度以下とする。

⑤地震その他の振動によって脱落する恐れがないものとする。

(3)輸送能力と配置

エスカレーターはエレベーターの十数倍の輸送能力を持つため、主要動線に効果的に配置する（図5・15）。輸送能力はステップ幅と速度で決まる。ステップ幅は 1.1m 以下と定められており、利用者を 2 列で輸送できる 1000mm 幅と、1 列で輸送する 600mm 幅が一般的である。公称輸送能力は、全ステップに人が乗った場合

図 5・14　エスカレーター外観

の人数となるため、実際の輸送人数は乗込率を乗じた人数となり、乗込率は平均50％程度である（表5・6）。

(4) 区画

エスカレーターが設置されている場所は乗降口部分も含めて法令の昇降路部分に相当するため、他の部分と区画しなければならない。

表5・6　エスカレーターの輸送能力

踏段幅	公称輸送能力（A）	実輸送能力（$A \times 0.5$）
1000mm型	9000人/時	4500人/時
600mm型	4500人/時	2250人/時
速度	30m/min	
傾斜角度	30°	

重ね配置型	連続配置型	交差配置型	並列配置型
乗客を各階ごとに店内に誘導する方式で、据付面積が小さく、店内の見通しも良いが、乗継が不便である。	最も多く用いられている配置で連続的に乗継ができ据付面積も比較的小さい。	エスカレーターを昇り下り複列に設置する場合は、ほとんどこの配置が採用される。据付面積も小さく、昇りと下りの乗降口が離れているため、乗客の混雑が軽減できる。	連続配置型を昇り用、下り用の2系統に併設したもので、外観は豪華になり展望も良いが、据付面積を多く要する。

図5・15　エスカレーターの代表的な配置

エスカレーターの支持構造

エスカレーターは、上部と下部を建物の梁に支持させる単純な構造となっている。

上部、下部のエスカレーターを支持する部分の寸法は「かかり代」と呼び、エスカレーターの「かかり代」の寸法は、建築基準法上定められた中規模地震時の層間変形角（地震時の建物の水平変位を階高で割った値）の5倍を見込むことが定められている。また、建物の層間変形によりエスカレーターに圧縮力が生じないよう十分な隙間の確保が必要である。

階高が高い場合は、エスカレーターのトラス本体の強度がもたないため、上部、下部の支持に加え、エスカレータートラス中央でも支持する必要がある。

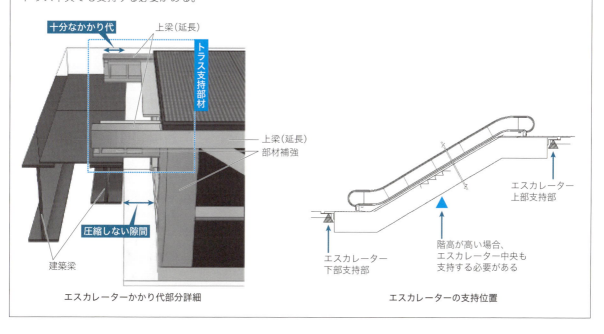

エスカレーターかかり代部分詳細　　エスカレーターの支持位置

各階のエスカレーター部分の区画の大きさに制限は設けられていないが、区画内を他の用途に使用することは認められていない。エスカレーターは吹抜け部分や各階脇に設置されることが多いが、これらの部分とは区画されていなければならない。なお、左右のエスカレーター間が大きく離れていると、その部分は吹抜けとみなされる場合があるので注意が必要である。

　エスカレーターの区画は随時閉鎖でき、火災時には煙または熱感知器連動で自動閉鎖できなければならない。この区画は垂直シャッターで行い、水平シャッターは認められていない。なお、垂直シャッター閉鎖時に残留者があることを考慮して、エスカレーターまわりの区画には避難戸が必要である。

　エスカレーター乗降口に対面するシャッターは、手摺折り返し部分の先端から1.2m以上離す必要があり、2m以内にあるものにあたってはエスカレーターをシャッターの閉鎖開始に連動して運転を停止させる必要がある。

(5) 周辺の安全対策

　エスカレーターの周辺には、転落や首が挟まれるといった事故を防止するため、状況に応じて図5·16のような安全対策を設ける必要がある。

①固定保護板・可動警告板（三角ガード）
　エスカレーターと交差する天井の下端部が移動手摺と水平距離で500mm以内に近接する場合は、固定保護板・可動警告板を設けて、手摺より乗り出して頭などが挟まれることを防ぐ。

②転落防止柵
　エスカレーターの開口部周囲に高さ110cm以上の柵を設けて転落や物の落下を防ぐ。

③落下防止網
　エスカレーター相互間または建物床との間に20cm以上の間隙のある場合は、落下物による危害を防止するために、網などを隔階に設ける。

④侵入防止用仕切板
　エスカレーターと建築床の開口部との間に隙間や空間がある場合は、転落防止柵および落下防止せきを設けること。なお、乗降口に面する部分は子供が誤って侵入しないよう仕切板を設ける。

2　動く歩道

　ステップに段差がないエスカレーターを、動く歩道と呼ぶ（図5·17）。動く歩道の勾配は15°以下と規定されている。動く歩道を含むエスカレーターは、勾配により最大定格速度が定められている（表5·7）。

表5·7　エスカレーターの勾配と定格速度

勾配		定格速度	備考
8°以下		50m/min 以下	動く歩道
8°を超え30°以下	15°以下でステップ（踏板）に段差がないもの	45m/min 以下	
	ステップ（踏板）に段差があるもの		エスカレーター
30°超え35°以下		30m/min 以下	

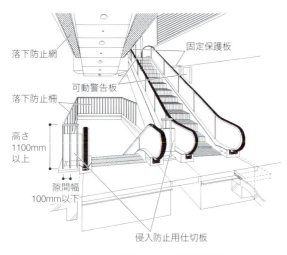

図5·16　エスカレーターの安全対策

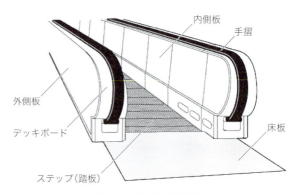

図5·17　動く歩道外観図

演習問題

問1 次の記述のうち、最も不適当なものはどれか。
1. 荷物用エレベーターは、荷物の輸送を目的としているため、荷扱者または運転者以外の人の利用はできない。人の利用を想定する場合は、人荷用エレベーターとして計画する必要がある。
2. エレベーター機械室を通過した先に定期メンテナンスが必要な他設備の機械室を配置した。メンテナンスの頻度は1年に1回程度であるため問題ない。
3. 非常用エレベーターのかごサイズは、間口1800mm以上、奥行1500mm以上であれば、利用目的に合わせて任意に設定できるため、間口1800mm、奥行2000mmとした。
4. エスカレーター乗降口に対面するシャッターは、手摺折返し部分の先端から1.2m以上離す必要がある。エスカレーターの乗降口に誘導手摺を設置する場合は、誘導手摺の先端からシャッターを1.2m以上離す必要がある。

問2 次の記述のうち、最も不適当なものはどれか。
1. 非常用エレベーターは、避難階から最上階までの直行時間が1分以内となるよう建物の高さに応じて速度を決定する必要がある。ただし、非常用エレベーターの速度は60m/min以上とする。
2. 機械室を設置するエレベーターの機械室は、強制換気設備が必要であるが、機械室レスエレベーターは、どのような環境であっても強制換気設備は設置する必要がない。
3. エスカレーターの乗込口に対面するシャッターが、手摺折り返し部分の先端から1.5mの位置であったため、シャッターの閉鎖開始と連動してエスカレーターを停止させるよう調整した。
4. 人荷用エレベーターの定格積載量は、かごの床面積により決定される乗用エレベーターの定格積載量以上であればよいため、想定する荷物に合わせた積載を昇降機メーカーと相談して決定した。

問3 次の記述のうち、最も不適当なものはどれか。
1. ステップに段差がない動く歩道の勾配と速度は、勾配15°以下、定格速度は45m/min以下と規定されている。
2. エレベーターは地震時、停電時の管制運転では最寄り階に停止するが、火災時の管制運転では避難階（通常1階）に停止する。
3. 非常用エレベーターは、中央管理室に呼戻し装置、インターホン、位置表示機類の設置が義務付けられているため、エレベーター監視盤の設置が必要である。
4. 停電時に自家発電源をエレベーターに供給する際は、エレベーターに必ず自家発電時管制運転を仕様に含める必要がある。

問4 10階建て、各階の階高3.5m、各階床面積1600m²の建物に設置する非常用エレベーターの適正仕様（台数、速度、かごサイズ）を答えよ。

問5 30階建ての事務所ビルを計画する際、エレベーターを低層用、中層用、高層用の三つにゾーニングする場合、考慮しなければならない事柄について解説しなさい。

問6 次のエスカレーターに関する記述で（ ）に当てはまる言葉を下記より選びなさい。

エスカレーターには（①）の幅が800mmと1200mmのものがある。標準なエスカレーターは速度30m/min、勾配（②）以下となっている。階高6m以下の場合は、勾配35°とすることもできる。エスカレーターの開口部は、（③）で区画されていなければならない。また、エスカレーターの搬送能力は、エレベーターの（④）といわれている。

イ．3倍　ロ．十数倍　ハ．約50倍
ニ．ステップ　ホ．踏板　ヘ．15°
ト．30°　チ．20°　リ．10°
ヌ．防火区画　ル．排煙区画

演習問題　解答

問1　〈正解2〉

エレベーターの機械室は専用機械室とし、他用途の部屋の通路に使用してはいけないと定められている。稼働中のエレベーター機械室に保守作業員以外の人間が入ることは非常に危険であるため、機械室は常に施錠しておく必要がある。

問2　〈正解2〉

エレベーターは機械室だけでなく昇降路も気温40℃以下とすることが定められているため、機械室レスエレベーターも換気設備を設置する場合がある。特に昇降路をガラスで構成した展望タイプのエレベーターでは、日射の影響による熱を考慮し、気温が40℃以上にならないよう注意して換気設備を計画する必要がある。

問3　〈正解4〉

エレベーターの自家発電時管制運転は、自家発電源の容量オーバーを防ぐためエレベーターの同時使用台数を制限する制御のことであり、台数制限がなければ必要ではない。自家発電時管制運転のないエレベーターに自家発電源が供給された場合は、商用電源と同様の動作となり、電源が供給された時点で通常動作に復旧する。

問4

31m以上の階の最大床面積が1500m²以上となるため、非常用エレベーターを2台設置する必要がある。その際の非常用エレベーターかごサイズは間口1800mm、奥行1500mm（17人乗、積載1150kg）以上となる。避難階（通常1階）から最上階までの高さは3.5m×10階床＝35mとなり、直行時間は速度45m/minでも1分以内となるが、非常用エレベーターの速度は60m/min以上と規定されているため、速度60m/min以上の速度が必要である。

問5

エレベーターのサービスゾーンは、7～10階床として構成することが望ましいため、エレベーターの停止階は、低層用は1～10階、中層用は1階および10～20階、高層用は1階および20～30階とし、乗継階を10階と20階とすることが想定できる。また、エレベーターの目安速度は、最上階数×10であるため、低層用105m/min、中層用210m/min、高層用300m/min程度で速度を設定し、1階のエレベーターホールは各グループの利用動線が交わらないよう配置することが望ましい。

問6

①ニ　　②ト　　③ヌ　　④ロ

06

防災設備

6・1 消防用設備

1 役割と構成

消防用設備は、火災による被害をできるだけ少なくするための設備である。政令でその設置基準や技術基準が設けられており、それらにしたがって設置し、維持することが義務付けられている。

消防用設備には、消火設備と警報設備および避難設備がある（表6・1）。また、火災の種類によって表6・2に示すように区分されており、それぞれに適切な消火方法が異なる。消火方法としては、水の冷却作用を利用する水冷却法や空気を遮断する窒息法などがある。

2 予備電源設備

消防用設備の電源は、常用電源と予備電源▶p.117がある。常用電源とは電力会社などから常時供給される電源を指し、予備電源は、常用電源の供給が断たれたときに供給される電源のことである。

予備電源については、建築基準法によるものと消防法によるものがある。建築基準法によるものを、表6・3に示す。消防法によるものには、誘導灯、自動火災報知設備、非常警報設備などがある。またそれぞれの設備には供給される最低容量が定められている。

予備電源には、自家発電設備▶p.118と蓄電池設備▶p.119があり、自家発電設備には、ディーゼルエンジン、ガスエンジン、ガスタービンの三種類がある。また蓄電池には、鉛蓄電池、アルカリ蓄電池などがある。

表6・1 消防用設備などの種類

区分		種類
消防用設備	消火設備	①消火器　②屋内消火栓設備　③スプリンクラー設備　④水噴霧消火設備　⑤泡消火設備　⑥二酸化炭素消火設備　⑦ハロゲン化物消火設備　⑧粉末消火設備　⑨屋外消火栓設備　⑩動力消防ポンプ設備
	警報設備	①自動火災報知設備　②漏電火災警報器　③消防機関へ通報する火災報知設備　④警鐘、携帯用拡声器、手動式サイレンその他の非常警報器具および非常警報設備（非常ベル、自動サイレン、放送設備）
	避難設備	①すべり台、避難はしご、救助袋、緩降機、避難はしご、その他の避難器具　②誘導灯および誘導標識
消防用水		防火水槽またはこれに代わる貯水池，他の用水
消火活動上必要な施設		①排煙設備　②連結散水設備　③連結送水管　④非常用コンセント設備　⑤無線通信補助設備

表6・2 火災の種類

区分	火災の種類
A 火災	普通火災
B 火災	可燃性火災、油脂火災
C 火災	電気火災
D 火災	金属（Mg、K、Na）火災
ガス火災	都市ガス火災、LPG 火災

表6・3 消防用設備の予備電源の種類

防災設備			自家発電設備		蓄電池設備	自家発電設備と蓄電池設備[※2]	内燃機関[※3]	容量
			予備	常用[※1]				
非常用の照明装置	一般、特殊建築物	居室			○	○		30分間
		避難施設など			○	○		
	地下道（地下街）				○	○		
非常用の照明装置進入口（赤色灯）			○	○	○			
排煙設備	特別避難階段の付室 非常用エレベーターの昇降ロビー		○	○				
	上記以外						○	
非常用エレベーター			○	○				60分間
非常用の排水設備			○	○				30分間
防火戸・防火シャッターなど						○		
防火ダンパー等、可動防煙壁						○		

※1　自家常用発電装置を示す。
※2　10分間容量の蓄電池設備と40秒以内に起動する自家発電設備に限る。
※3　電動機付のものに限る。

6・2 自動火災報知設備

1 役割と構成

建物内や地下街において発生した火災に伴う熱、煙、炎などを自動的に検知し、ベルなどによって火災の発生を初期段階で知らせる設備を自動火災報知設備という。

消防法によって、建物などの用途別に一定の規模以上のものについて、設置と維持が義務付けられている。

自動火災報知設備は、感知器、受信機、発信機、地区音響装置、表示灯、中継器などから構成される（図6・1）。

2 感知器

(1) 差動式感知器

設置された感知器の温度が、火災などにより急激に上昇し、温度上昇率が一定以上に達した場合に作動するもので、スポット型（図6・2）、分布型がある。スポット型は、感知器内部の空気室に閉じ込められた空気が、火災の熱による急激な熱膨張によって作動する。分布型は、感知器外部に張り巡らされた空気管内に閉じ込められた空気の急激な熱膨張によって作動する。

(2) 定温式感知器

火災により感知器が一定の温度以上になった場合に作動する。スポット型（図6・3）と感知線型のものがあり、スポット型は、バイメタル（2種類の熱膨張率の異なる金属板を張り合わせたもの）により感知するものである。消防法では、作動温度を示す公称作動温度は60℃以上150℃以下と消防法により規定されている。感知線型は、長く張り巡らした電線が、火災の熱により一定の温度以上になると作動する。

(3) 熱複合式感知器

差動式感知器のスポット型と定温式感知器のスポット型の性能を併せ持ったものである。これら2つの火災信号を発信することができる。

(4) 煙感知器

煙が一定の濃度を超えたときに作動するものである（図6・4）。内部に光源と受光素子があり、火災の煙が入ってくると、数秒おきに点滅している光源の光が煙に乱反射されるので、この光を受光素子で検出することで煙を感知する。また、煙を感知した直後に発報する非蓄積式と、煙の蓄積後に発報する蓄積式がある。

(5) その他の感知器

煙複合式、熱・煙複合式、多信号感知器など多くの種類があり、用途によって使い分けがなされている（図6・5）。

3 発信機

発信機は、火災の発生を手動で発信し受信機に信号を送り、建物利用者に知らせるものである。P型発信機とT型発信機がある。

P型発信機（図6・6）は、P型やR型の受信機に接続

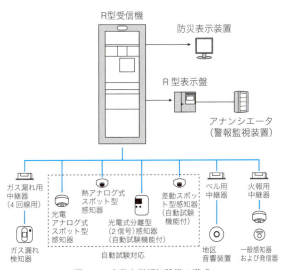

図6・1 自動火災報知設備の構成

図6・2 差動式感知器（スポット型）（出典：Panasonic カタログ）

図6・3 定温式感知器（スポット型）（出典：Panasonic カタログ）

図6・4 煙感知器 （出典：Panasonic カタログ）

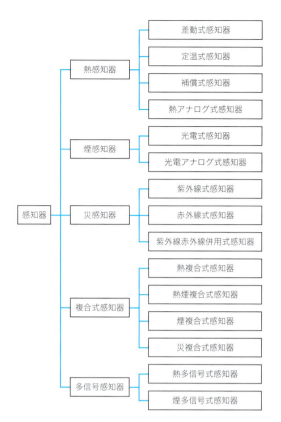

図 6・5　感知器の種類

図 6・6　P 型発信機（1 級）
（出典：Panasonic カタログ）

図 6・9　地区音響装置
（出典：Panasonic カタログ）

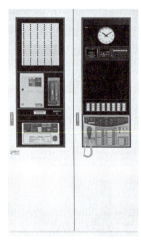

図 6・7　受信機の外観（出典：Panasonic カタログ）

し、受信したことを発信者が確認できるようになっており、応答ランプなどを持っている。また通話用電話ジャックを備えている。T 型発信機（1 級）は電話型をしており、受信機と通話できる。

4　受信機

感知器や発信機からの信号を受信し、火災の発生を建物の関係者にランプなどで表示し、地区音響装置によって知らせるものである（図 6・7）。

受信機は、図 6・8 に示すように分類されており、専用のものと他の機能を兼用するものに分けられる。

専用のものとしては小規模建物用の P 型受信機、大規模建物用の R 型受信機があり、兼用するものとしてガス漏れ警報設備の機能を併せ持つ GP 型、GR 型がある。また、P 型、GP 型には 3 種類のタイプがある。

受信機は、人が常駐している中央管理室、防災センターや守衛室に設けなければならない。受信機の電源は非常電源が必要である。

5　地区音響装置

地区音響装置は、受信機の作動と連動して、建物の関係者に、火災の発生を報知するもので、「地区ベル」とも呼ばれている（図 6・9）。音圧レベルは 90dB 以上、25m ごとの設置が定められている。

地区音響装置の構成を、図 6・10 に示す。

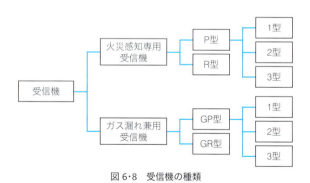

図 6・8　受信機の種類

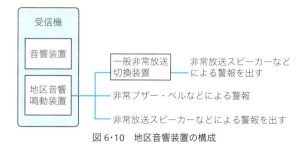

図 6・10　地区音響装置の構成

6 中継器

中継器は、感知器、または発信機からの信号などを中継し、受信機に固有の信号を発信する機能を持つ（図6・11）。

7 警戒区域

警戒区域は火災の発生を知ることができる最小単位の区域をいう。表6・4に、警戒区域の基準を示す。ただし、エレベーター昇降路、パイプダクト類の竪穴は、一般居室や廊下などの警戒区域と分けなければならない。

6・3 誘導灯設備

1 役割と構成

誘導灯設備は消防法によって定められており、主に不特定多数の人が利用する建物に設置義務がある。地震や火災などの災害時に、建物内の避難口の場所や避難口への方向を示し、避難を円滑に誘導するための照明設備である。通常時は常用電源を用い、停電時は、蓄電池による非常電源で20分以上点灯する。また設置基準は政令によって詳細に決められている。

誘導灯設備は設置場所によって、図6・12に示すような種類に分けられる。

避難口誘導灯および通路誘導灯については、一般電源によって点灯したときは、直線距離で30mの位置から、非常点灯のときは、直線距離で20mの位置から表示面の文字および色彩が識別できる必要がある。また、廊下通路誘導灯は、一般電源点灯のときは直線距離で20mの位置から、非常電源点灯のときは直線距離で5mの位置から表示面の矢印が識別できることが求められる。照度は一般電源点灯のときは10〜30 lxとし、非常電源点灯のときは1 lxが必要である。

2 種類

(1) 避難口誘導灯

避難口誘導灯は、屋内から直接地上へ通ずる出入口や直通階段や直通階段の階段室の出入口の上部に設け

図6・11 中継器（出典：Panasonic カタログ）

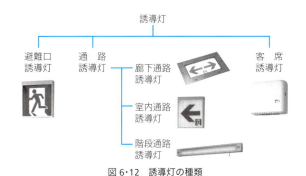

図6・12 誘導灯の種類

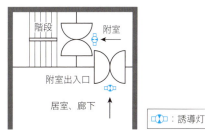

図6・13 避難口誘導灯の配置例

表6・4 警戒区域の基準

原則	例外
防火対象物の二つ以上の階にわたらない	二つの階にわたる警戒区域のうち、面積が500m²以下の場合
	煙感知器を階段、傾斜路並びにパイプシャフト、パイプダクト、その他これらに類するものに設置する場合
一の警戒区域の面積は600m²以下とする	防火対象物の主要な出入口から内部を見とおすことができる場合は、その面積を1000m²以下とすることができる
一の警戒区域の一辺の長さは50m以下とする	煙感知器が設置されている場合、または主要な出入口から内部を見とおすことができる場合は、その長さを100m以下とすることができる

なければならない。また、出入口に通ずる廊下または通路に通ずる出入口の上部に設ける必要がある。取付位置の高さは 1.5〜2.5m とする。現在はコンパクトになっており、A 型、B 型、C 型の大きさがある。図 6・13 にその配置例を示す。

(2) 廊下通路誘導灯

廊下通路誘導灯は、地上へ通ずる廊下や直通階段や、直通階段に通ずる廊下で歩行距離が 20m を超える場合に設置される。配置例を図 6・14 に示す。取付位置の高さは 1m 以下とする。

(3) 室内通路誘導灯

室内通路誘導灯は、居室内の通路の曲がり角に、歩行距離が 20m 超えないように設置する（図 6・15）。また天井に取り付ける場合は図 6・16 のように設置し、天井に付けることが難しい場合は床面に埋め込む。

(4) 階段通路誘導灯

階段通路誘導灯は、階段や傾斜路の天井または壁などに設置する。非常用の照明装置と兼用する場合は、それぞれの規格に適合しなくてはならない。

(5) 客席誘導灯

客席誘導灯は、劇場、映画館、演芸場、公会堂、集会場などの客席部分に設置され、客席内の通路の床面の水平面で測った客席の照度が 0.2 lx 以上となるようにする。図 6・17 に示すように壁面または客席のシート側面などに取り付けられている。

客席内通路が階段状になっている場合は、その客席の通路の中心線上において通路部分の全長にわたり照明できるものとし、その照度は、0.2 lx 以上である必要がある。また設置高さは、原則として、床面から 0.5m 以下でなければならない。

6・4 非常用照明設備

1 役割と構成

非常用の照明設備は、避難を助けるものであり、不特定多数の人々が利用する居室や、避難のための通路・廊下・ロビーなどに設置される。図 6・18 に示すように白熱球や蛍光灯を使用したものなどがあり、それぞれの適性に合ったものを選ぶ必要がある。LED 照明は現在のところ、一部の例外を除いては、非常用照明には使用できない。

床面の照度を白熱灯では 1 lx 以上、蛍光灯では 2 lx 以上を確保しなければならない。また 30 分間以上継続して点灯しなければならない。さらに、配線、器具

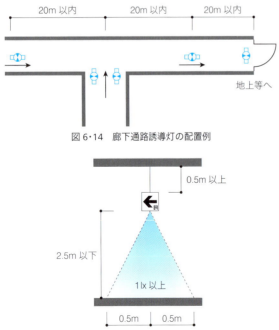

図 6・14　廊下通路誘導灯の配置例

図 6・16　室内通路誘導灯の天井取付け例

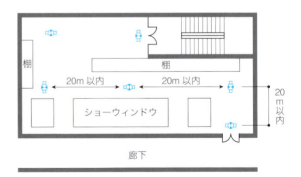

図 6・15　室内通路誘導灯の配置例

図 6・17　客席誘導灯の取付け例

は耐熱性を有するものとし、照明器具は、火災時の熱気流により著しく光度が低下しない構造にする。停電時にも予備電源により機能を発揮する必要がある。

停電が復旧し、電源が常用電源に回復したときには、自動的に常用の電源に切り替わる構造とする。非常用照明の電源点灯方式などを表6・5に示す。電源、光源などにより点灯方式が異なる。

2 設置基準

(1)設置対象

表6・6に非常用照明設備の設置基準を示す。

非常用照明設備の設置は、建築基準法により定められており、新築の建築物は設置対象になるのは当然であるが、増改築、大規模な修繕や模様替が行われる建築物の既存部分についても適用される。

(2)非常用照明器具の性能

非常用照明器具は直接照明とし、非常時（停電時）に30分以上点灯する能力があり、また140℃の温度に30分間耐える耐熱性能が求められる。さらに停電時には、予備電源で即時点灯しなければならない。

(3)配線回路

配線設計に関しては、敷設場所に応じた耐熱配線の選定、電線の種類、常用と予備電源の切替方式、設備の設置場所などについての検討が必要である。回路設計に関しては、電池内蔵型の場合は、一般用照明器具と同一回路でよい。電源別置型の場合は、配線の種別および敷設場所により耐熱配線にしなければならない。また、配線用遮断器の容量や電圧降下率などに注意する。

分岐回路数は1防火区画に対し1回路以上とし、1分岐回路の負荷は原則として2以上の防火区画にまたが

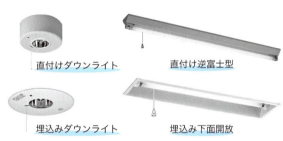

図6・18 非常用照明器具の種類 （出典：東芝ライテックカタログ）

直付けダウンライト　　直付け逆富士型
埋込みダウンライト　　埋込み下面開放

表6・5 非常用照明器具の特徴

電源種別	形状	点灯方式		配線耐熱処置
		常時点灯	非常時点灯	
電池内蔵型	専用	×	○	なし
	単独	×	○	
	組込	○	○	
別置型	併用	×	○	あり
	単独	×	○	
	組込	○	○	

表6・6 非常用照明設備の設置基準

対象建築物	設置義務のある部分	設置義務免除の建築物または部分
1. 特殊建築物 （一）劇場、映画館、演芸場、観覧場、公会堂、集会場 （二）病院、診療所（患者の収容施設があるものに限る）、ホテル、旅館、下宿、共同住宅、寄宿舎、児童福祉施設等 （三）学校等、博物館、美術館、図書館 （四）百貨店、マーケット、展示場、キャバレー、カフェ、ナイトクラブ、バー、ダンスホール、遊技場、公衆浴場、待合、料理店、飲食店、物品販売業を営む店舗（床面積10m² 以内のものを除く）	①居室 ②令第116条の2第1項第一号に該当する窓その他の開口部を有しない居室（無窓の居室） ③①及び②の居室から、地上へ通ずる避難路となる廊下、階段その他の通路 ④①②または③に類する部分。例えば、廊下に接するロビー、通り抜け避難に用いられる場所、その他通常、照明設備が必要とされる部分	①イ．病院の病室 　ロ．下宿の宿泊室 　ハ．寄宿舎の寝室 　ニ．これらの類似室 ②共同住宅、長屋の住戸 ③学校等 ④採光上有効に直接外気に開放された通路や屋外階段等 ⑤平12建告第1141号による居室等 ⑥その他
2. 階数が3以上で、延べ面積が500m² を超える建築物	同上	上記の①②③④⑤⑥ 一戸建住宅
3. 延べ面積が1000m² を超える建築物	同上	同上
4. 無窓の居室を有する建築物	①令第116条の2第1項第一号に該当する窓その他の開口部を有しない居室（無窓の居室） ②①の居室から、地上へ通ずる避難路となる廊下、階段その他の通路 ③①または②に類する部分。例えば、廊下に接するロビー、通り抜け避難に用いられる場所、その他通常、照明設備が必要とされる部分	上記の①②③④

建築基準法施行令126条の4、防災設備に関する指針2004年版より抜粋

らないものとする。さらに電源別置型の非常用照明器具と他の設備の配線とは別回路とする必要がある。

6・5 非常警報設備

1 役割と構成

建物内の居住者に火災の発生を知らせ、避難を円滑に進める役割を持っている。非常警報設備は、非常ベル、自動式サイレンと非常放送設備を含んでいる。その機器構成については、非常ベル・自動式サイレンは、操作装置、起動装置、表示灯および音響装置によって構成されている。また非常放送設備は、操作装置、増幅器、起動装置、表示灯およびスピーカーによって構成されている。

なお、対象物に自動火災報知設備が設置された場合、非常警報設備を省略することができる。

2 種類

(1)非常ベル・自動式サイレン

非常ベルや自動式サイレンは、火災の発生を居住者に知らせるもので、図6・19に示すように構成されている。非常ベル・自動式サイレンは各階に水平距離が25m以内になるように配置する必要があり、起動装置を50m以内に設けなければならない。また、起動装置の上方に表示灯が必要である。

図6・20に非常警報設備や非常ベルの例を示す。

(2)非常放送設備

音声により火災の発生を居住者に知らせ、避難に必要な情報を伝えるものである。そのシステム構成を図6・21に示す。放送する区域の面積により、設置するスピーカーの音圧レベルは、種類が異なる。また一般放送と兼ねることはできるが、非常時は一般放送の機能を切断し、非常放送に切り替えなければならない。表6・7にスピーカーの種類と適応面積の基準を示す。

6・6 ガス漏れ警報設備

1 役割と構成

ガス漏れを検知し、建物内の居住者に警報する設備で、ガス漏れ検知器、中継器、警報装置および受信機で構成されたものである。地階の床面積の合計が1000m²以上の建物、延べ面積1000m²以上の地下街や共同住宅の3階以上の住戸などに設置される。

図6・19 非常ベル設備システムの構成

図6・21 非常放送設備システムの構成

図6・20 非常警報設備（一体型）（出典：Panasonic カタログ）

表6・7 スピーカーの種類と適応面積

放送区域面積	スピーカー性能：L級 92dB以上	スピーカー性能：M級 92dB未満 87dB以上	スピーカー性能：S級 87dB未満 84dB以上
100m²超	○	×	×
50m²超 100m²以下	○	○	×
50m²以下	○	○	○

2 種類

ガス漏れ警報設備は、軽ガス用（都市ガス）と重ガス用（LPガス）がある。軽ガス用（図6・22）の検知器は天井に設置し、重ガス用（図6・23）はできるだけ床面に近い位置に設置する。警報装置には、音声警報装置、ガス漏れ表示灯、検知区域警報装置の三つがある。

6・7 消火栓設備

1 屋内消火栓設備

(1) 役割と構成

屋内消火栓設備は消防隊の到着前の初期消火のために用いられる設備であり、水による冷却によって消火をする。この設備の系統図は図6・24に示すように、消防用水、加圧送水ポンプ、消火栓、消火栓開閉弁、配管などにより構成されている。

消火栓には「1号消火栓」と「2号消火栓」の2種類があり、その使用区分は防火対象物の種別よって分けられている。指定の可燃物を扱ったり、貯蔵したりする場合は、図6・25に示す「1号消火栓」を用いなければならないが、通常はどちらを選択してもよい。

(2) 設置基準

1号消火栓は、2人以上で操作し、その警戒区域は25m以内となっている。2号消火栓は1人で操作ができ、その警戒区域は15m以内となっている。1号消火栓と2号消火栓の主な仕様を表6・8に示す。同一の建

図6・22 軽ガス用検知器
（出典：Panasonic カタログ）

図6・23 重ガス用検知器
（出典：Panasonic カタログ）

1号消火栓（2段型）

2号消火栓（易操作性）

図6・25 消火栓 （出典：横井製作所 HP）

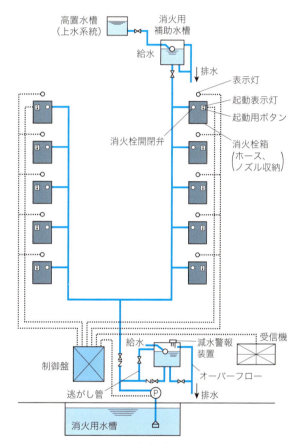

図6・24 屋内消火栓設備系統図

表6・8 屋内消火栓の仕様

	1号屋内消火栓	2号屋内消火栓
警戒区域の半径 [m]	25	15
最大同時使用個数 [個]	2	2
水源の水量 [m³]	同時使用個数×2.6	同時使用個数×1.2
ノズルの放水圧力 [MPa]	0.17 以上	0.25 以上
放水量 [ℓ/min]	130 以上	60 以上
主配管の立上り管 [mm]	50 以上	32 以上
ホース口径 [mm] × 長さ [mm]	40 × 30	25 × 20

物で1号消火栓、2号消火栓の混用は、誤操作のもとになるので避けなければならない。

2 屋外消火栓設備

(1)構成

建物の屋外から、建物の1階と2階に消火栓によって放水し消火する設備である。屋内消火栓設備と同様に、消防用水、加圧送水ポンプ、消火栓、消火栓開閉弁、配管などにより構成されている。

(2)設置基準

警戒区域の半径は40mである。すなわち消火栓内のホースの接続口から水平距離40m以内になるように設置する。

6・8 スプリンクラー設備

1 役割と構成

火災による熱でスプリンクラーヘッド（図6・26）が反応し、水を噴射、消火する設備である。非常に効果

フラッシュ型

マルチ型

フレーム型

図6・26　スプリンクラーヘッド（出典：千住スプリンクラーHP）

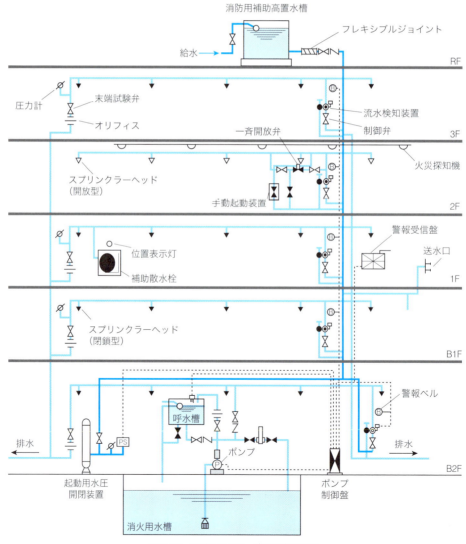

図6・27　スプリンクラー消火設備系統図

的な消火設備で、百貨店、病院、ホテルや地下街など不特定多数の人が使用する建物や11階以上の階に設置する必要がある。

この設備の系統図は図6・27に示すとおり、消防用水、加圧送水ポンプ、スプリンクラーヘッド、流水検知装置、配管などで構成される。ただ最近の建物は、電算機室、情報処理室など電気設備の重要性が増しており、スプリンクラーの噴水による水害が懸念されるので感知器と連動させるなどの対策が行われている。

2　設置基準

建物や室の用途により設置されるスプリンクラー設備の種類は異なる（表6・9）。

スプリンクラーヘッドは、設置間隔も適応場所により異なり、ヘッド設置間隔は1.7〜2.5mとなっている（表6・10）。さらに間仕切り壁などで散水の障害とならないような配置をする必要がある。

表6・9　スプリンクラー設備の種類

ヘッド種類		用途・特徴	系統図
閉鎖型	湿式	一般ビル向け 配管、ヘッド内は水が満たされており、スプリンクラーヘッドの感熱部が熱で溶け、湿式流水検知装置が作動して放水する。冬期に配管の凍結の恐れのない部分に使用する。	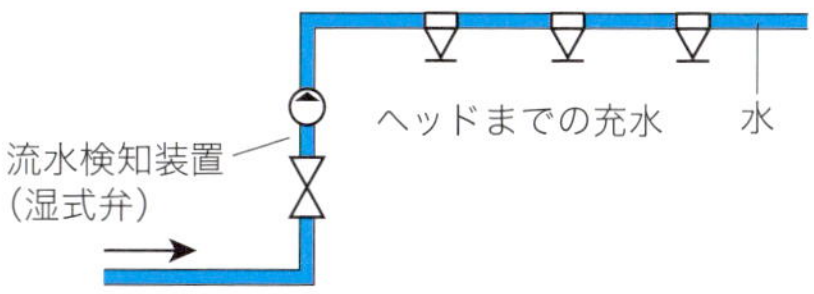 流水検知装置（湿式弁）／ヘッドまでの充水／水
閉鎖型	乾式	寒冷地向け（冬期凍結の恐れのある部分などに用いる） 乾式流水検知装置の二次側の配管およびヘッドは加圧空気が満たされており、スプリンクラーヘッドの感熱部の熱で溶け、加圧空気が放出し、その後放水する。	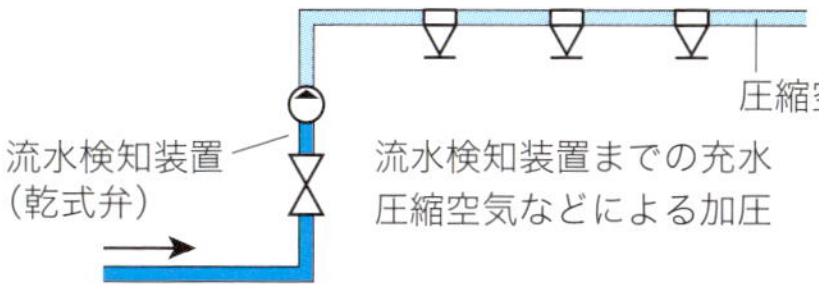 流水検知装置（乾式弁）／圧縮空気／流水検知装置までの充水／圧縮空気などによる加圧
閉鎖型	予作動式	病院、共同住宅、重要文化財、建造物、電算機室など 火災感知器などの作動により、予作動式流水検知装置が作動し、配管中に圧力水を送り、さらに火熱によるスプリンクラーヘッドの作動により放水する。	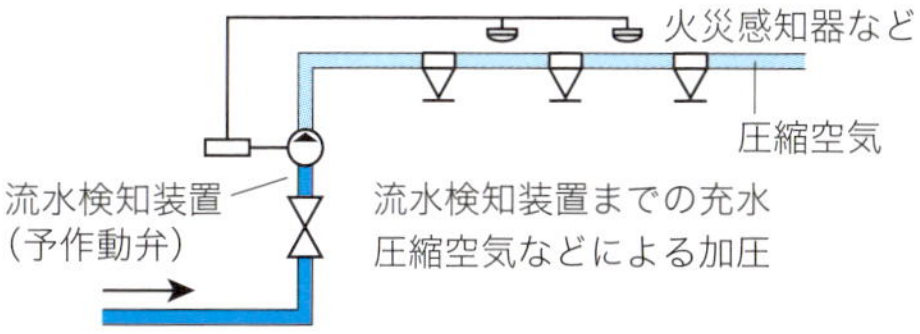 火災感知器など／圧縮空気／流水検知装置（予作動弁）／流水検知装置までの充水／圧縮空気などによる加圧
開放型		劇場の舞台部 開放型スプリンクラーヘッドを用い、火災感知器などと連動して作動するか、または手動によって一斉開放弁を開いて放水する。	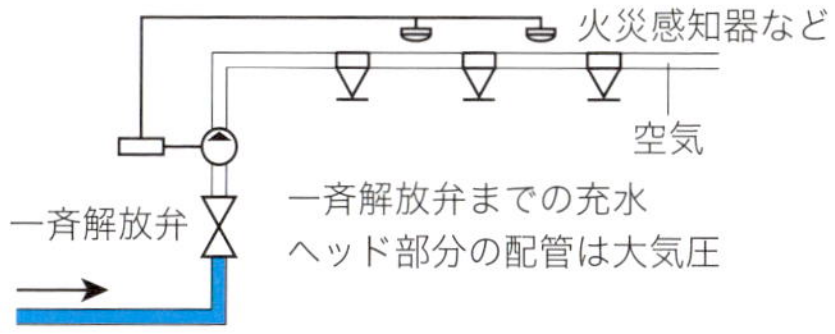 火災感知器など／空気／一斉開放弁／一斉解放弁までの充水／ヘッド部分の配管は大気圧

表6・10　スプリンクラーヘッドの適用場所と散水距離

防火対象物の適用場所	ヘッドの水平散水距離（半径）
・舞台部 ・準危険物または特殊可燃物を貯蔵し、または取り扱う場所 ・規定数量以上の準危険物または特殊可燃物を収納するラック倉庫の棚の内部以外の倉庫部分 ・地下街の厨房などの火気を使用する部分	1.7m
・規定数量以上の準危険物または特殊可燃物を収納するラック倉庫の棚の内部以外の倉庫部分	2.0m
・非耐火建築物 ・一般のものを収納するラック倉庫の棚の内部以外の部分 ・地下街の火気を使用する場所以外の一般部分	2.1m
・耐火建築物	2.3m
・一般のものを収納するラック倉庫の内部部分	2.5m
・開口部に設ける場合	上枠の長さ2.5m以下ごと

6・9 その他の消火設備

1 連結送水管設備

(1) 役割

連結送水管設備は、消防隊の消火活動のために建物に設置される設備である。消防ポンプ車で消火活動が困難な3階以上のほか、地下街やアーケード等に設ける。また、11階以上の高層建物では、放水圧力、放水量が低下するのでブースターポンプにより加圧しなければならない。

(2) 設置基準

連結送水管設備は、図6・28に示すように、送水口、放水口、弁類、配管により構成されている。建物の各部分と放水口との水平距離は50m以内（アーケードでは25m以内）となるようにし、設置場所は階段室や非常用エレベーターの附室のように、消防隊が消火活動しやすい場所とする。配管口径は100mm以上であり、配管内に水が充満している湿式と、空気の充満した配管の乾式がある。乾式は寒冷地で採用されることが多い。また、湿式では送水口近傍に逆止弁を設ける。

2 連結散水設備

(1) 役割

連結散水設備は、消防隊の消火活動のために建物の地階や地下街に設置される設備である。

建物の地階や地下街に火災が発生すると、煙が充満しやすく、消火活動が困難になる。そこでスプリンクラー設備の代替えとして、天井に設けた散水ヘッドに送水して消火する設備である。

(2) 設置基準

連結散水設備の系統図を図6・29に示す。地階の面積が700m²以上の規模が対象となり、散水ヘッドに水が入っていない開放型または内部に水を充満した閉鎖型の散水ヘッドを天井面に設置し、消防ポンプ車から地上の送水口を通して送水して消火する。散水ヘッド間隔は開放型では3.7m、閉鎖型ではスプリンクラーのヘッド間隔（表6・10参照）と同様である。一つの放水区域では開放型と閉鎖型の併用はできない。

3 水噴霧消火設備

(1) 役割と構成

開放型スプリンクラー設備とほとんど同様の構成であり、消防用水、加圧送水ポンプ、水噴霧ヘッド、流水検知装置、配管などで構成されている。水の冷却作用と霧による空気遮断による窒息作用により消火し、電気火災・油火災などに有効である。

(2) 設置基準

消火すべき対象の種類などにより、水噴霧ヘッドの配置や個数を決める必要がある。

4 泡消火設備

(1) 役割と構成

駐車場、石油タンク、石油精製工場などの消火に適応される。泡消火材を発泡させて、可燃物を覆い、泡による窒息作用と冷却作用によって消火するものである。設置方式により固定式と移動式があり、固定式の系統図は、図6・30に示すように、消防用水、加圧送水装置、泡消火薬剤、混合装置、開放弁、泡ヘッド、配管などにより構成されている。移動式は水タンク、泡消火薬剤、加圧送液装置、泡消火ノズルおよび配管などにより構成される。

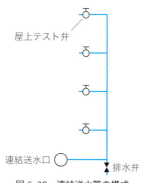

図6・28 連結送水管の構成

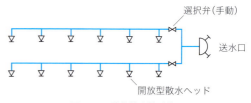

図6・29 連結散水管系統図

(2) 設置基準

表6·11に泡消火設備の設置基準を示す。固定式は、飛行機の格納庫、駐車場や特殊可燃物倉庫などの防火対象物に設置が規定されている。

移動式については、火災の際に煙が充満する恐れのない屋外に開放された駐車場などで使うことが認められている。設置する場合は、防火対象物の各部分からホース接続口までの水平距離が15m以下になるようにしなければならない。

5 二酸化炭素消火設備

(1) 役割と構成

二酸化炭素の気化による冷却作用と酸素濃度の低下による窒息作用により消火するものである。気体であるため室の隅々まで行き渡り、また他の機器への損傷が少ない。

移動式と固定式があるが、移動式はホース、ホースリール、ノズル、消火剤貯蔵容器などから構成されている。固定式には全域放出方式と局所放出方式があり、噴射ヘッド、起動装置、起動用ガス容器、消火剤貯蔵容器、音響警報装置、配管などから構成されている。

この設備は、誤操作などによって人体に危険を及ぼす可能性があるので、採用する際には十分に検討する必要がある。

(2) 消火剤の必要量

移動式では、ノズル1個につき消火剤の重さ90kg以上の量を確保し、また1個当たり60kg/min以上の消火剤を放射できるものとする。二酸化炭素の貯蔵容器の開放弁は手動で開閉できることが必要である。

全域放出方式では噴射ヘッドは区画内で均一に拡散するように配置をする。消火剤は防火対象物によって定められた量を定められた時間に噴射できるものとする(表6·12)。局所放出方式では、対象物全体を噴射ヘッドの有効射程内に入るようにし、消火剤の必要量は対象物の種別に応じて決められており、30秒以内で放射できるものとする。

6 イナートガス消火設備

(1) 役割と構成

イナートガス消火設備は、二酸化炭素消火設備に比べ、人体への危険性は低い。かつては、この用途にハロゲン化合物が用いられていたが、オゾン層破壊の原因と指摘され、また地球温暖化の要因の一つとして疑われるようになり、現在は採用されていない。イナートガス消火剤の種類を表6·13に示す。

この設備は固定式であり、全域放出方式となっている。図6·31に示すように、放出ノズル、手動起動装置、起動用ガス容器、消火剤貯蔵容器、放出警報用スピーカー、火災感知器、排気ダクト、配管などから構成さ

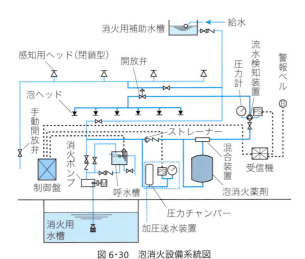

図6·30 泡消火設備系統図

表6·11 泡消火設備の設置基準

防火対象物の種別	設置基準
飛行機などの格納庫、ヘリコプターなどの発着の用に供する部分	床面積8m²につき1個以上
自動車の修理・整備の用に供する部分、駐車の用に供する部分	一つの放射区域の面積を50～100m²とする。床面積9m²につき1個以上
第1類、第2類、第4類の準危険物または特殊可燃物を貯蔵し、または取り扱うもの	泡ヘッドの種別に応じ上記と同様に設ける

表6·12 全域放出方式による噴射ヘッドの放射時間

防火対象物	放射時間[分]
通信機器室	3.5
特殊可燃物の貯蔵所または取扱所	7
その他の部分	1

表6·13 イナートガス消火剤の種類

区分	イナート系		
呼称	IG-541	IG-100	IG-55
通称	イナージェン	窒素ガス	アルゴナイト
消火原理	酸素濃度の抑制		
避難時視界	良好	良好	良好
オゾン破壊指数	0	0	0
温暖化係数	0.08	0	0
貯蔵状態	気体	気体	気体

れている。

(2) 設置基準

移動式ではノズル1個につき消火剤の量は45kgf以上の量を確保し、また1個当たり35kgf/min以上の消火剤を放射できるものとする。全域放出方式では放出ノズルは区画内で均一に拡散するように配置をする。消火剤は防火対象物によって定められた量を定められた時間に噴射ができるものとする。

局所放出方式では、対象物全体を噴射ヘッドの有効射程内に入るようにする。消火剤の必要量は対象物の種別や消火剤の種類に応じて決められており、30秒以内で放射できるものとする。

(3) 消火剤の貯蔵量

イナートガス消火剤の貯蔵量は、表6・14に示すように、放射した区画内の濃度が消火するのに適切な濃度（設計消火剤濃度）以上であり、人体などに影響を与えないよう許容濃度以下でなければならない。

貯蔵容器の設置場所は、不燃材料でつくった壁、柱、床または天井で区画し、開口部には防火戸を設けた室であり、防護区画を通ることなく出入りできることが必要である。また、出入口に、容器置場である旨および「立入禁止」と表示しなければならない。

7 粉末消火設備

炭酸水素ナトリウムや炭酸水素カリウムなどを主成分とする粉末が熱によって化学反応を起こし、発生する不燃性ガスによる窒息作用や化学反応による冷却作用などによって消火するものである。表6・15のように火災の種別により適する粉末の種類が変わる。いずれも引火性のある液体の表面火災の消火に有効であり、さらに電気絶縁性に優れており、消火剤が粉末のため凍結しないという特性がある。開放された駐車場や危険物取扱い施設などに用いられる。ただし駐車場に設置する場合は、消火剤としてリン酸を主成分とするものを用いなければならない。また消火剤が粉末のため消火設備が作動したときに視界が悪くなるので、避難のための警報装置等の対策が必要である。設備の構成は二酸化炭素消火設備やイナートガス消火設備とほぼ同じである。設備の方式には、移動式、全域放出方式、局所放出方式がある。

6・10 排煙設備

1 目的と機能

排煙設備の目的は、火災発生時に建物内の人が容易に避難できるように、避難経路への煙の侵入を抑制し、排出することである。居室の用途や面積等によって区画し、区画内部の煙を排出し、避難路への煙の侵入を避け、避難路の安全を確保しようとするものである。この区画を防煙区画といい、面積や用途などにより決められている。

排煙の方式には、自然排煙方式と機械排煙方式がある。機械排煙方式の事例を図6・32に示す。また新鮮

表6・14 イナートガス消火剤の貯蔵量

消火剤の種別	設計消火剤濃度	許容濃度
窒素	40.3%	52.3%
IG-55	37.9%	43.0%
IG-541	37.6%	43.0%

表6・15 粉末消火剤の種類と適応火災

粉末種類	成分	適応火災種別
第1種	炭酸水素ナトリウム	油火災（B火災） 電気火災（C火災） ガス火災
第2種	炭酸水素カリウム	油火災（B火災） 電気火災（C火災） ガス火災
第3種	リン酸塩類	普通火災（A火災） 油火災（B火災） 電気火災（C火災） ガス火災
第4種	炭酸水素カリウム、尿素反応物	油火災（B火災） 電気火災（C火災） ガス火災

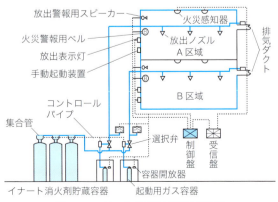

図6・31 イナートガス消火設備の系統図

空気の給気方法には、加圧給気を用いる場合がある。

2 設置基準

排煙設備は、建築基準法や消防法において、設置すべき建物やその機構が規定されている。排煙が必要な部分は下記に示すとおりである。

① 建築物の居室や通路
② 特別避難階段の附室
③ 非常用エレベーターの乗降ロビー
④ 地下街の地下道

防煙区画、排煙風量、排煙機容量、排煙口に関する主な規定内容を表6・16に示す。

また、特別避難階段の附室や非常用エレベーター乗降ロビーの排煙設備の基準を表6・17に示す。一つの防煙区画においては、自然排煙方式と機械排煙方式を併用させてはならない。

3 自然排煙方式

自然排煙方式は、排煙に有効な窓や外気に直接面した開口部があり、その開口部の面積が、床面積の1/50以上あるものをいう。

窓や排煙口などの開口部から直接屋外へ排煙するもので、電源などを必要とせず、簡単な方式である。煙が天井面付近に滞積するので開口部は天井面に近い位置に設けるようにする。

自然排煙方式は、煙の温度差や風力などの自然条件により能力に差異が出る。機械排煙方式に比べ、排気能力が確実性に欠けるため、外気に直接面する排煙口を確保しにくい建物には不向きである。しかし外部の開口部が義務付けられている共同住宅、病院や学校では採用されることが多い。

4 機械排煙方式

機械排煙方式の設備は、排煙機、排煙口、手動開放装置、ダクト電源装置などから構成されており、排煙機によって強制的に火災による煙を排出するものであり、安定した排気量を確保することが可能である。しかし、火災による煙の量や密度は必ずしも一定ではなく、火災状況によって大きく変わり、防煙区画や給気の状況によっては十分に性能を発揮できないこともあるので、これらのことを十分に検討して、排煙計画を進めなければならない。また、停電時にも機械などの機能を確保するため、非常用電源設備を設置する必要がある。

排煙口の開放装置は感知器と連動して自動的に開くものや手動で開けるものがある。いずれの場合も必ず手動開放装置が必要であり、吊下式の場合には、高さは1.8m、壁に設ける場合には、高さは0.8～1.5mと

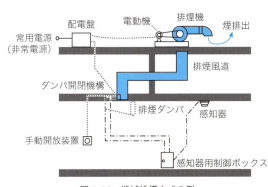

図6・32 機械排煙方式の例

表6・16 建築基準法の排煙設備の主な規定

項目	内容
防煙区画	・500m²以下ごとに防煙区画を構成する ・防煙垂れ壁は50cm以上とする
排煙風量	・機械排煙風量は床面積1m²に対し1m³/min（60m³/h）以上とする
排煙機容量	・2ヶ所以上の排煙区画を受け持つ場合、排煙機の容量は、接続される最大区画の風量×2m³/min以上で最小120m³/min（7200m³/h）とする
排煙口	・排煙口は常時閉とし風速10m/s以下とする ・防煙区画の各部分より30m以内に設置する ・手動開放装置を設置する

表6・17 特別避難階段附室や非常用エレベーター乗降ロビーの排煙設備の基準

排煙対象	自然換気による排煙				排煙機を使用するときの排出能力
	給気口の開口面積	給気風道の断面積	排煙口の開口面積	排煙風道の断面積	
附室 昇降ロビー	1m²以上	2m²以上	4m²以上	5m²以上	4m³/s以上
附室兼用ロビー	1.5m²以上	3m²以上	6m²以上	9m²以上	4m³/s以上

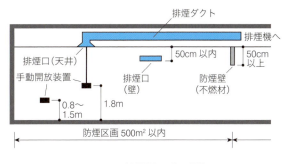

図6・33 機械排煙の主な基準

する。機械排煙に関する主な基準を図6・33に示す。

5　防煙区画

(1) 目的

火災による煙の拡散を防ぎ、煙を排出する効率を上げるために設定するゾーニングのことをいう。建物や部屋の用途・目的を考慮して、効率的な排煙ができる必要がある。

(2) 面積区画

出火による煙の広がりを抑え、避難を容易にするために排煙すべき区画を設置するものである。排煙設備を配置することにより、避難経路を確保し、煙を効率的に排除することができる。建築基準法では、同一用途内の面積区画の場合は50cm以上のたれ壁で区画することが求められている。区画の面積は500m²以内である。

機械排煙で計画する場合、同一ダクト系統の防煙区画の規模は均等化した方がよい。一つの区画は同一階で設定し、2層以上にまたがる防煙区画は許容されていない。

(3) 用途区画

百貨店とホテル、集会室と百貨店、宿泊施設と店舗など異なる用途の部分を一つの区画でまとめると、避難人員の人数や構成、避難形態などがそれぞれ異なるため、その区画内における危険性が増加する。そこで用途ごとに区画することが必要である。用途区画は一般に耐火構造の床や壁で区画され、自動閉鎖式甲種防火戸で区画する。

(4) 竪穴区画

吹抜け、階段、エスカレーターなど複数の階にまたがった部分や配管スペース、ダクトスペースなど上下階を貫通した部分では、煙が持つ浮力のため、火災時においては火煙が伝播しやすい。煙の水平移動速度は、温度による差違はあるが、一般的には人間の歩行速度に近い。垂直方向では竪穴上下に開口がある場合は、人の歩行速度の約2倍となり、水平移動速度に比べはるかに速い。そのため、階段などの竪穴になる部分を区画して煙の広がりを防ぐ。この区画を竪穴区画という。

竪穴区画の開口部には、煙感知器連動の閉鎖戸、シャッター、スイングドアなどを設置する必要がある。また、ダクトシャフトには防火ダンパを設置しなければならない。

(5) 避難区画

この区画は、火災時に円滑に避難できることを目的としたものである。居室と廊下、廊下と階段附室、階段など、避難上重要な部分を火災の影響から抑止するために設置された区画である。この区画は、耐火性能を有し、床まで完全防煙区画とすることが望ましい。

6　加圧給気防煙方式

図6・34に示す排煙方式であり、第2種排煙方式とも呼ばれる。避難や消防隊の消火活動において重要となる特別避難階段や非常用エレベーターの附室に新鮮空気を給気することによって、その圧力を高め、火災による煙の侵入を防ぐものである。

高温の煙を処理する機械排煙と異なり、長時間の運転が可能であり排煙機能が維持できる。また、区画内の気圧が上昇することで煙の侵入を防ぐことができる。ただし、加圧給気により圧力がかかるため、避難路上の扉が開けにくくなる場合があり、過剰給気にならないように注意する必要がある。

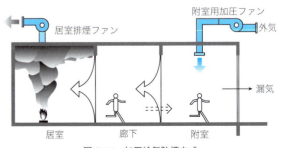

図6・34　加圧給気防煙方式

演習問題

問1 防災設備に関する次の記述のうち、最も不適当なものはどれか。
1. 予作動式の閉鎖型スプリンクラー設備は、非火災時の誤放水を避けるため、衝撃等でスプリンクラーヘッドが損傷しても散水を抑える構造となっている。
2. イナートガス消火設備は、設計値量の消火剤が誤作動により放出されても、人命への危険性はほとんどない。
3. 屋外消火栓設備は、防火対象物の外部に設置され、建築物の1階および2階部分で発生した火災の消火や隣接建築物への延焼防止を目的としている。
4. 連結送水管の放水口は、建築物の使用者が火災の初期の段階で直接消火活動を行うために設置する。

問2 非常用照明設備に関する次の記述が、正しいか誤っているか答えなさい。また誤っているものは、その理由を記しなさい。
1. 蛍光灯を用いた非常用の照明装置を設置し、床面において水平面照度で2 lx以上を確保した。
2. 放電燈の安定器を高力率型のものとした。
3. 照明器具の電気配線は、配線の途中にメンテナンス用のスイッチを設けた。
4. 常用の電源は、蓄電池または交流低圧屋内幹線によるものとした。

問3 防災設備の種類により、予備電源の容量が決められている。下に示した設備の予備電源の容量を記しなさい。
1. 非常用の照明装置   [分]
2. 非常用エレベーター   [分]
3. 排煙設備   [分]
4. 防火シャッター   [分]
5. 防火戸   [分]
6. 非常用の照明装置進入口   [分]

問4 図に示すように、一般居室に排煙設備を設ける場合、排煙設備の排煙ダクト①、②、③、④の通過風量を求めなさい。

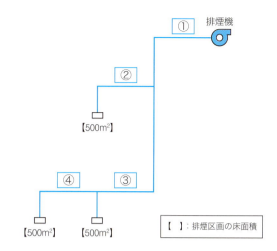

問5 次に挙げる消防用設備の特徴を簡潔に述べなさい。
1. 二酸化炭素消火設備
2. 泡消火設備
3. スプリンクラー設備
4. 連結散水設備
5. 屋内消火栓設備

問6 非常用エレベーターの乗降ロビーや特別避難階段の附室においては、第2種換気法を採用することが多い。その理由を述べなさい。

問7 次の自動火災報知設備に関する記述で、（ ）に当てはまる言葉を下記より選び記入しなさい。

自動火災報知設備は、一般的に300～500m²以上の建築物で必要となる。熱感知器には一定温度になると作動する（①）、温度の急上昇によって作動する（②）、この両方の性能を併せ持ち、2つの信号を発信することができる（③）などがある。また煙感知器には光の遮断作用によって作動する（④）がある。

イ．熱複合式（スポット）感知器
ロ．差動式（スポット）感知器
ハ．光電式（スポット）感知器
ニ．定温式（スポット）感知器

演習問題　解答

問1 〈正解 4〉

1. 予作動式の閉鎖型スプリンクラー設備は、感知器と連動して予作動弁を開き散水する方式で、ヘッドが開き、かつ感知器が反応して散水する。
2. イナートガスを用いた消火設備は、酸素濃度を下げる窒息作用によって消火する設備である。受変電室、通信機器室、ボイラー室など水を嫌う設備のある部屋の消火に採用される。イナートガスの消炎のための設計値量は、人体への影響が少なく設定されているので、放出による人体への危険性はほとんどない。
3. 屋外消火栓設備は、建築物の 1、2 階の部分の消火や隣接建築物への延焼防止を目的として屋外に設けられる設備である（消防法施行令第 19 条）。
4. 連結送水管の放水口は、消防隊が本格的に消火活動を行うための設備である。特別避難階段の附室や非常用エレベーターの乗降ロビーなどに設置されている（消防法施行令第 29 条）。

問2

1. ○：非常用照明設備は、電源内蔵型と電源別置型があり、1 lx 以上を確保することが定められている。ただし蛍光灯を用いる場合は 2 lx 以上確保する必要がある（建築基準法 昭45 告1830 号）。
2. ×：電池内蔵形照明器具の光源に蛍光灯を用いるものの光源は、ラピッドスタート形または即時点灯回路に接続したスタータ形蛍光ランプまたは高周波点灯専用形蛍光ランプ（HF ランプ）とし、安定器は低力率形を用いることが必要である（建築基準法 昭45 告1830 号）。
3. ×：電池別置型非常用照明の配線は専用回路とし、途中にスイッチ、コンセントを設けてはならない（建築基準法 昭45 告1830 号）。
4. ○：非常用照明器具への供給電源は常用電源および予備電源が必要であり、かつ専用回路としなければならない（建築基準法 昭45 告1830 号）。

問3

消防用設備の予備電源設備の容量は、その種類により決められている。（建築基準法 令126 条の 5 など）。

1. 非常用の照明装置　　　［30 分］
2. 非常用エレベーター　　［60 分］
3. 排煙設備　　　　　　　［30 分］
4. 防火シャッター　　　　［30 分］
5. 防火戸　　　　　　　　［30 分］
6. 非常用の照明装置進入口［30 分］

問4

「2 以上の防煙区画部分に係る排煙機やダクトにあっては、当該防煙区画部分のうち床面積の最大のものの床面積 $1m^2$ につき $2m^3/min$ 以上の空気を排出する能力を有するものとすること」と建築基準法で定められている。②および④ダクトは受け持つ排煙口が 1 ヶ所であり $500m^3/min$ となる。①および③ダクトの受け持つ排煙口は複数箇所である。いずれも一つの排煙口の最大排気量は $500m^3/min$ であり、$(500m^3/min × 2) = 1000m^3/min$ となる（建築基準法 令126 条の 3 第九号）。

① $1000m^3/min$　　② $500m^3/min$
③ $1000m^3/min$　　④ $500m^3/min$

問5

1. 二酸化炭素の気化による冷却作用と窒息作用により消火するものである。建物内に設置された機器への損傷が少ないが、誤操作などによって人体に危険を及ぼす可能性もある。
2. 泡消火材を発泡させて、可燃物を覆い、泡による窒息作用と冷却作用によって消火する。駐車場、石油タンク、石油精製工場などの消火に適応される。
3. 火災による熱で反応し、水を噴射、消火する設備である。非常に効果的な消火設備で、百貨店、病院、ホテルや地下街など不特定多数の人が使用する建物や 11 階以上の階に設置する必要がある。
4. 火災が発生すると、煙が充満しやすく、消防隊の消火活動が困難な、建物の地階や地下街に設置される。天井に設けた散水ヘッドに送水して消火する。
5. 消防隊の到着前の初期消火のために用いられるもので、水による冷却によって消火をする。

問6

避難や消防隊の消火活動上の重要な部分である特別避難階段や非常用エレベーターの附室に新鮮空気を機械給気し、排気は自然排気することによって、附室内の圧力を高め、火災による煙の侵入を防ぐことができる。機械排気と異なり、低温での運転なので長時間運転が可能であり、排煙機能が維持できる。また、区画内の気圧が上昇し煙の侵入を防ぐことができるので消防隊の消火活動が容易になる。

問7　①ニ　②ロ　③イ　④ハ

07

設備関連技術

7・1　設備の実際と今後

1　建築と設備の接点

　建築基準法でも定義されているように、建築物とは建築と建築設備が統合したものである。設備の技術が現在ほど高度化していなかった時代は、建築と設備は分化せずに建物の設計や施工を行っていた。しかし現在のように設備が複雑化し、要求事項が高度化すると、設備分野が独立し、建築設備専門の技術者が生まれてきた。そこで、建築計画と設備計画の接点の領域で種々の問題が発生するようになってきた（図7・1）。

　現代では、建物、特に規模の大きい建物では、建築設備の力を借りなければ、室内の安全かつ快適な環境を得るのが困難になってきている。また建築設備の能力を発揮するためには、計画段階からの検討が必要である。これらは、認識されてはいるが、設計や施工における分離発注や設備技術者の人数不足などもあり、しばしば建築計画が先行し、設備への配慮が十分に行われないまま進みがちである。

　このようなケースでは、種々の無理、無駄が生じ、設備機能が十分に発揮できなくなり、竣工後のクレームにつながる恐れがある。

　企画や設計のできるだけ早い段階から、設備設計者が参画し、建築と設備の調整を行い、建築物に関する知識を共有することが肝要である。

2　電気室における配慮

　電気室は、電気設備の核となるものであり、重要施設として扱われている。事務所ビルでは延べ床面積の1～2%を占める。水や湿気を極端に嫌うため、天井からの漏水や出入口からの浸水を避けなければならない。そのため、直上階に厨房や便所など水回りのものは配置してはならない。出入口からの浸水対策として床面を周辺部分より高くするなどの工夫が必要である。また蓄熱槽を床下に配置してはならない。機器には、重量の大きなものがあり注意を要する。熱、騒音、振

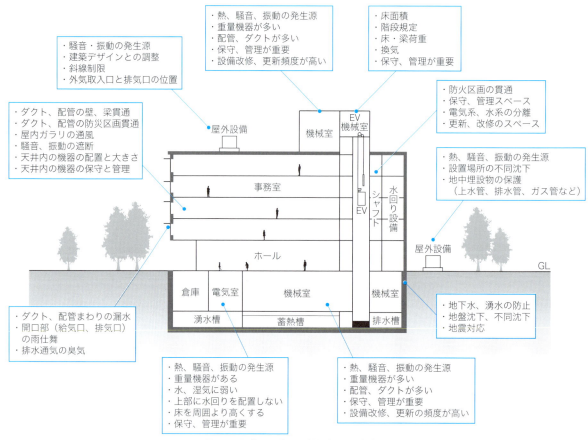

図7・1　設備に関連する建築計画の注意事項

動を出すものへの対策も必要である。天井高に関しては、受電容量が大きなものでは、2階分を要求する場合がある。

3　機械室における配慮

機械室は、設備関係の室のうち最も大きな面積を占めており、事務所ビルでは延べ床面積の3.5～4.5%を占める。特に空調システムによって、機械室の必要面積が大きく変わる。機械室には多くの重量のある機械が配置されており、騒音、振動、熱などを発生している。配管・ダクトや機器の更新や故障対応のためのスペースが必要となる。

4　設備用スペース

各種設備には、配管、配線、ダクトなどが通るスペースが必要であり、縦スペース（シャフト）と横スペースがある。スペースの位置、大きさを決めるには、梁の位置やメンテナンススペースなどを考慮する必要がある。縦シャフトは基本的には垂直につながっていることが求められる。横スペースでは排水管などに勾配が必要であり、天井裏配管には点検スペース高さが必要である。点検口はメンテナンスがしやすく、共用部分に面して配置しなければならない。

5　屋外に配置する機器

最近は、屋上に設備機器を設置することが多くなってきたが、屋外に設置される設備機器が騒音、振動、熱、光、臭気などを発生し、建物内部の入居者に影響を与えることがあり、建物の機能障害さえも起こす場合がある。また近隣にも影響を与え、周辺環境を悪化させることがある。

高置水槽、ヒートポンプチラー、ポンプなど、屋上に設置される屋外機器は、デザインや斜線制限などにより制限を受けることがしばしば起こるため、建築と設備が連携して、建物の企画段階など早い段階での調整が必要である。

冷却塔、給気口や排気口については、相互間の位置や距離を適切に決めなければならない。さらに隣接する建物の給気口や排気口も同様の配慮が必要である。屋外設置機器・外壁ガラリなどの騒音対策にも、建築と設備の協力が求められる。最近は、屋上に太陽光発電や屋上緑化などを設置することも多く、屋上に設置する設備機器との調整が必要である。

7・2　設備計画と建築構造

1　設備荷重

冷凍機、ポンプ、空調機、変圧器、受水槽、高置水槽など建築設備のなかには、重量が非常に大きなものがある。このため、機器の配置によっては、スラブや梁の補強が必要となる。また新築や改修・更新に伴う設備機器の搬入経路や搬出経路にも補強をしなければならない。繰り返し変動する荷重負荷がかかる配管などは、それに対する検討も必要である。また重量のある設備機器は、地震時に、大きな被害を受けがちであり、設置箇所や設置方法にも検討が必要である。

2　構造体の貫通

(1)梁、壁、スラブの貫通

電線、電気配管、給排水管、空調配管、ダクトなどが建築の構造体を貫通することで、さまざまな問題が起きることがある。特に梁、壁、スラブを貫通する場合、構造設計者も交えて十分な検討が必要である。これを疎かにすると、構造強度の低下を招き、クラック発生の原因となる。梁貫通スリーブのサイズと相互間隔の寸法や梁の上端からの寸法の事例を表7・1に示す。梁貫通に適した場所は梁の中央部である。さらに梁貫通の場所には補強が必要となる（図7・2）。壁においては、図7・3に示すような補強が必要である。

表7・1　梁貫通スリーブサイズとスリーブ間隔

構造	スリーブサイズ R	梁上端から貫通位置までの寸法 a	スリーブ間隔 A
鉄筋コンクリート造	$H/4$	$0.4～0.6H$	$4R$
鉄骨鉄筋コンクリート造	$H/3$		$3R$
鉄骨造			

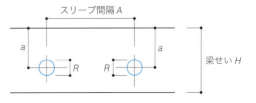

(2) 地下外壁の貫通

水道管、排水管、ガス管、電線管など、土中から建物へ引き込まれる配管が多数ある。それらが地中壁を貫通する際に起こりうる問題への対策が必要となる。

例えば、湧き水や地下水などに耐えるような防水対策が必要である。また建物周辺では地下躯体を構築後、建物周辺を埋め戻すため建物周辺部で不同沈下が起こりやすく、その変位を吸収する対策を取らなければならない（図7・4）。特にガス引込管に関しては省令により定められている。

(3) 防火区画や防水層の貫通

配管、配線、ダクトなどが防火区画、防火壁を貫通することで防火性能を損なってはならない。配管については、貫通部から1m以内の部分に不燃処理を施さなければならない。ダクトについては、貫通部に防火ダンパを設ける必要がある。いずれも貫通部の隙間は不燃材を充てんすることになっている（図7・5）。

配管やダクトなどはできるだけ防水層を貫通しないように計画すべきであるが、やむを得ず貫通する際は、その部分の納まりに細心の注意を払う必要がある。

3 建築設備の耐震

(1) 耐震の基本

建築物を設計するにあたっては、安全性を最優先に考えなければならない。特に我が国では、しばしば大きな被害を出す地震が発生するため、建築基準法などで定められた耐震基準に適合した設計をしなければならない。

建築・設備維持保全推進協会では、建築物の用途に応じて耐震のクラスを決めている（表7・2）。また日本建築センターでは一般に、設備機器の耐震設計を行う場合、局部震度法▶p.180 により地震力を算定することが多い。

建物の用途や地震時おける強度の必要性に応じて耐震クラスを決め、建物、設備システムなどの耐震設計を行う。全体として耐震上バランスのとれた建物にす

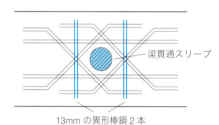

図7・2　梁貫通スリーブの補強例

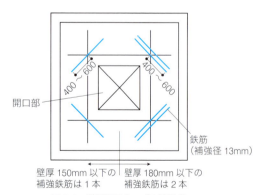

図7・3　壁貫通スリーブの補強例

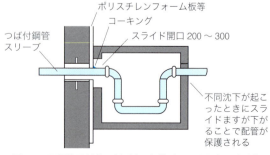

図7・4　不同沈下対策の例（小口径管（100A以下）の場合）

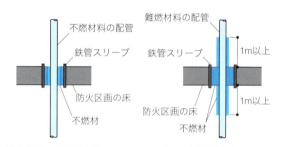

図7・5　防火区画貫通の例

表7・2　耐震クラス

耐震クラス	施設用途	建築物の用途
クラスS	①災害応急対策活動などに必要な施設および設備 ②人命・物品の安全性確保が特に必要な施設	①消防・警察・特定の病院、特定の行政機関施設 ②危険物など保管処理施設 ③社会的に影響の大きい情報・金融などの中枢施設 ④重要文化施設や社会資産 ⑤ライフラインなどの供給処理施設 ⑥集合住宅を含む超高層ビル ⑦民間企業の特定中枢施設
クラスA	①同上に準じる施設	①耐震グレードSに準じる施設 ②病院などの医療施設
クラスB	①一般的な用途	一般的な建築物

ることが肝要であり、種々の耐震対策にバラツキがあってはならない。建築物の安全性や信頼性の上からも、設計段階、施工段階において十分な検討や管理が必要である。

(2) 免震構造

建築物に入る地震のエネルギーを小さくする対策をしたものである。建物基礎と柱の間に積層ゴムアイソレーターなどを取り付けて建物に入る地震エネルギーを抑制する方法を用いることが多い（図7・6）。

この構造では、地震時には、建築物が揺れる周期が長くなるので、これに強風が加わると、大きな揺れになることがある。また、長周期地震動の場合、共振を引き起こして揺れが増幅し、被害がひどくなる場合がある。

(3) 制震構造

建築物に入った地震のエネルギーを建物内部の構造により減衰させ、建築物の振動を低減させる建築構造を指す。建築物の層間に制震ダンパを入れたり、あえて構造の一部を破壊させることによりエネルギーを吸収させたり、重量物を適切に配置し建築物の揺れを制御する方法などがある（図7・7）。

(4) 建築設備の耐震計画

耐震計画の基本となるのは、地震による人的、物的被害を防止することにある。

建築設備の耐震計画を立てる場合には、まず建築物や施設の用途により、どの耐震クラスを採用するかを明確にした上で、その計画が確実に実行できるのか検討する。消防、警察など特定の行政機関、民間企業が特定する中核施設などは防災復旧拠点となるため、設備の機能確保が求められる。また地震時における機能損傷をできるだけ抑え、早急な機能回復が要求される場合は、最も高い耐震クラスで耐震計画をしなければならない。

(5) 建築設備の耐震設計

1) 耐震基準

基本的に耐震基準は建築基準法によって定められているが、建築設備に関しては、「建築設備耐震設計・施工指針」（日本建築センター）や「空気調和・衛生工学会新指針 建築設備耐震設計・施工法」（空気調和・衛生工学会）によることが多い。またこれらは、設備機器の据付けや固定が中心となっている。

設備機器本体は、それぞれの関連の協会やメーカー各社の基準や指針に従っている。建築設備の耐震性を確保するためには、その主要部分を占める設備機器について基準整備を施すことが重要である。

2) 地震力

設備の耐震設計に用いる地震力の検討には、次に示す「局部震度法」を用いることが多い。より詳細な検

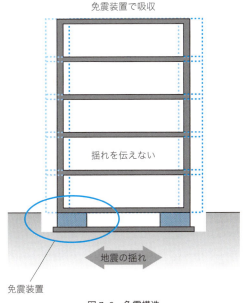

図7・6　免震構造

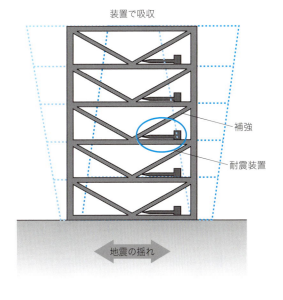

図7・7　制震構造

討をする場合は「建築物の動的解析による方法」を用いる。

3）局部震度法

設備機器に掛かる地震力には、水平方向と鉛直方向の力がある。要求する耐震クラスや地域を考慮して、地震力を計算するのが局部震度法である。水平方向の地震力F_Hは、設備機器の重心に対して、設計標準水平震度kが水平方向に作用するものとし、耐震クラスに応じて表7・3に示す数値を採用する。

$$F_H = Z \times k \times W \quad\quad\quad (式7\cdot1)$$

Z：地域係数（通常は1）　　W：設備機器重量

設計標準鉛直震度F_Vを考慮する必要があり、震度は設計標準水平震度の1/2とし、鉛直方向に作用するものとする。

$$F_V = Z \times \frac{k}{2} \times W \quad\quad\quad (式7\cdot2)$$

なお、水槽や石油などの貯蓄槽の場合は、別途、設計用重量および地震力の作用高さを決めることがある。

表7・3 耐震クラスの設計標準水平震度

階	耐震クラスS	耐震クラスA	耐震クラスB
上層階、屋上、搭屋	2.0	1.5	1.0
中間階	1.5	1.0	0.6
地階および1階	1.0 (1.5)	0.6 (1.0)	0.4 (0.6)

水槽の場合は（ ）内の数値を適用する。
上層階：・2～6階建ての建築物の最上階をいう
　　　　・7～9階建ての建築物の上層の2層をいう
　　　　・10～12階建ての建築物の上層の3層をいう
　　　　・13階建て以上の建築物の上層の4層をいう
中間階：・地階、1階を除く各階で上層階に該当しない階をいう
（出典：建築研究所『建築設備耐震設計・施工指針』）

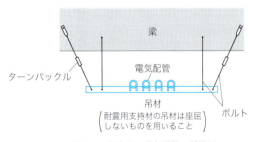

図7・8 梁からの電気配管の補強例

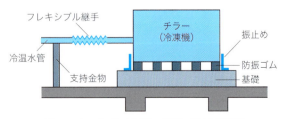

図7・9 ヒートポンプチラー設置における補強例

4）電気設備の耐震

電気設備機器は落下、転倒や移動しなければ、機能障害を起こすことはほとんどない。通常、大きな地震後は軽微な補修や修理で機能を回復する。スラブ下に設置された電気配管の補強の事例を図7・8に示す。

5）機械設備（空調・衛生設備）の耐震

空調・衛生設備の固定や据付けにも落下、転倒や移動に対する対策が行われている。設備機器自体の耐震性能はほとんど自主基準にもとづいて検討されている。躯体に設置されたヒートポンプチラーの例を図7・9に示す。

7・3　建築設備の品質と保全

1　建築設備の評価

(1) 建築設備のライフサイクル（LC[*1]）

建築物の生涯費用は、一般的にライフサイクルコスト（LCC[*2]）といわれている。建築設備においても、企画、設計、施工などの建設にかかる費用（イニシャルコスト）と、設備管理、修繕、光熱水費（ランニングコスト）と、解体、廃棄処分費を含めた建築設備の生涯に必要とされるすべての費用をいう。

図7・10に示すように、建築物に掛かるライフサイクルコストは、建築物の建設から運用を経て廃棄に至るまでのコストである。全体にかかる費用のなかで初

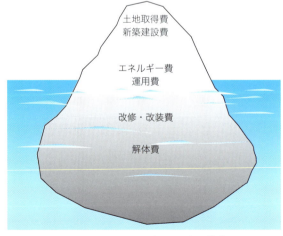

図7・10　ライフサイクルコストの構成

[*1] LC：Life Cycle
[*2] LCC：Life Cycle Cost

期建設費の比重は少なく、氷山の浮いている部分に例えられる。これは建築も設備も同様である。

費用を、設備システムの建設時と運用時のどちらに重点配分するかによって、ライフサイクルコストに大きく影響する。

建築物を建設する場合、しばしばユーザーも設計者もイニシャルコストのみに関心を持って、設備システムや設備機器などを決めがちである。しかし表7・4に示すように、建築物はイニシャルコスト以外にもさまざまなコストが掛かってくる。イニシャルコストをランニングコストが大きく上回ることがしばしばあり、設備システム、機器、部材を決定する場合は、運用費や解体費も含むライフサイクルコストを算出して、経済性の評価を行うようにすることが大切である。

(2) 建築における環境評価

毎年、建築物は世界が消費する原材料の約40%を消費しており、約30億トンの原材料が壁や柱、仕上げ材などに使われている。また世界中で消費されるエネルギーの30%以上が、建築物内で使用される照明、コンセント、冷暖房、給湯などの建築設備によって消費されている。そして、このような消費によって排出される負荷は、温暖化など地球規模の環境問題にも大きな影響を及ぼしている。従来から、建築物における環境評価は、空気、水、熱、音などといった個別的要素の評価が多くなされてきた。最近は、環境負荷を削減し、サステイナブルな建築づくりの要請が高まる中で、これらの個別的環境要素の評価にとどまらず、建築物の環境性能を総合的に評価することが重要と認識され、各国で総合的評価手法の開発がなされてきている。

1) 海外の環境評価システム

建築物について環境性能を総合的に評価しようとする手法は、1990年にイギリスで開発されたBREEAM[*3]に始まる（表7・5）。このシステムは、年々改良されており、国や地域の特性に応じた各国版がある。アメリカでは、1997年に初版のLEED[*4]が発表されている。認証を受けた登録建物は国内にとどまらず各国および我が国も認証を受けた建物が存在するようになっている。カナダ主唱による国際的取り組みのGBTool[*5]は1998年に初版が発表されている。

いずれの手法も、各評価項目におけるプラス・マイナスの評価点を加算して、合計点による評価となっている。

2) 我が国の環境評価システム

我が国では、産官学のプロジェクトとしてCASBEE[*6]（キャスビー）（建築環境総合性能評価システム）の開発が

表7・4 ライフサイクルコストの内訳

大区分	中区分	小区分
イニシャルコスト	企画・設計費	建設企画費、現地調査費、用地関係費、敷地整理費、設計費、不動産取得税、特別土地保有税、登録免許税
	建築費	工事費、工事監理費、環境対策費、開業準備費、不動産取得税、登録免許税、事業所税
ランニングコスト	維持管理費 修繕・更新費	建物管理費、設備管理費、環境衛生管理費、清掃管理費、保安・警備費、設計費、工事費、工事監理費、環境対策費
	運用費	電気料金、ガス料金、燃油料金、水道料金、下水道料金
	一般管理費	固定資産税、都市計画税、償却資産税、損害保険料、借地料、一般事務費、借入金利息
解体コスト		機器解体費、撤去費、運搬費、処分費

表7・5 各国の環境評価法

名称と発行年	対象	評価項目	評価尺度と評価
BREEAM イギリス 1990年	事務所 工場 住宅	地球環境 地域環境 室内環境	評価項目ごとに採点され、合計点数で建物が評価される。対象建物ごとに評価シートが開発されている。
LEED アメリカ 1997年	事務所 商業施設 集合住宅	敷地 エネルギー 材料 室内環境 設計プロセス	総合点数は69点であり、評価項目ごとに決められた方式で加点される。最終評価はプラチナ、ゴールド、シルバー認定に分けられる。
GBTool カナダ+ 20ヶ国以上 1998年	事務所 集合住宅 学校	資源 環境負荷 室内環境 敷地 LC評価	標準建物を設定し、対象建物を−2〜+5点で評価し、評価点数に重み係数を乗じて合計する。
CASBEE 日本 2002年	事務所 集合住宅 商業施設	Q1 室内環境 Q2 サービス性能 Q3 敷地内室外環境 L1 エネルギー L2 資源・材料 L3 敷地外環境	評価項目ごとに評価し、建物性能と環境負荷を対比させて評価する。新築と更新用評価シートが用意されている。

[*3] BREEAM: Building Research Establishment Environmental Assessment Method
[*4] LEED: Leadership in Energy and Environmental Design
[*5] GBTool: Green Building Assessment Tool
[*6] CASBEE: Comprehensive Assessment System for Built Environment Efficiency

進められ、「CASBEE　事務所」が 2002 年に完成した（表 7・5）。以降、建築系、まちづくり系、住宅系について目的に応じた拡張ツールが完成されている。また全国の自治体では「自治体版 CASBEE」の開発が進んでいる。

このシステムは、建築物の環境性能を評価し格付けする手法である。省エネルギーや環境負荷の少ない設備システムや資材の使用といった環境を配慮し、室内の快適性や景観への配慮なども含めた建物の品質を総合的に評価するシステムである。

評価手法としては、建築物の環境品質として、Q1 室内環境、Q2 サービス性能、Q3 敷地内（室外）環境を、建築物の環境負荷として、L1 エネルギー、L2 資源・材料、L3 敷地外環境について、それぞれを構成している項目を 5 段階で評価し、この結果から、環境効率を表す評価指標の BEE[*7]（建築物の環境性能効率）を、BEE ＝ Q（環境品質）／L（環境負荷）として総合評価することである。総合評価結果では「S ランク（素晴らしい）」から、「A ランク（大変良い）」「B ＋ランク（良い）」「B －ランク（やや劣る）」「C ランク（劣る）」の 5 段階のランキングがある。

CASBEE ではライフサイクル CO_2 計算による温暖化影響チャートも表示されるようになっている。

(3) ライフサイクル評価法

ライフサイクルで環境評価することをライフサイクルアセスメント（LCA[*8]）という。建築物の立地条件や時間・利用状況などに関係なく、建築物自身の環境負荷、消費エネルギー、二酸化炭素排出量やコストなどを計算し評価する手法である。各国のライフサイクル評価法を表 7・6 に示す。

2　主な評価対象項目

(1) フロン

フロンは塩素を含む化合物であり、断熱材の発泡剤や冷暖房機器の冷媒に多く用いられていた。フロンガスが大気中に放出されるとオゾン層を破壊し、地上に到達する紫外線が増加し人間の健康に多大な影響を与えるといわれている。そこで 1987 年に採択されたモントリオール議定書では、表 7・7 に示されるようにフロンを特定フロン、指定フロン、代替フロンごとに規制が決められた。クロロフルオロカーボン系（特定フロン）は生産が停止され、代わりにオゾン層の破壊係数の少ないハイドロクロロフルオロカーボン系（指定フロン）がこれに代わるものとして盛んに用いられるようになった。しかしこれは暫定的に使用が認められ

表 7・6　各国のライフサイクル評価法

名称と発行年	対象	評価項目
Eco-Quantum オランダ 1996 年	建築物	資源、エネルギー、大気汚染、廃棄物
ENVEST イギリス 2000 年	建築物	化石燃料、気候変動、オゾン保護、酸性雨、廃棄物、水、有害物質、富栄養化
Eco-Effect スウェーデン 2001 年	建築物	エネルギー、資源、室内環境、屋外環境、LCC
BEES アメリカ 1997 年	建築材料	温暖化、酸性雨, 資源、室内環境、富栄養化、廃棄物
ATHENA カナダ 1997 年	建築材料	資源、エネルギー、温暖化廃棄物、大気汚染、水質汚染

表 7・7　フロンのオゾン破壊係数と地球温暖化係数

フロン系統名	物質名	オゾン破壊係数	地球温暖化係数
クロロフルオロカーボン類（特定フロン）	CFC-11	1.0	4750
	CFC-12	1.0	10900
	CFC-13		14400
	CFC-113	0.8	6130
	CFC-114	1.0	10000
	CFC-115	0.6	7370
	CFC-500		8080
	CFC-502		4660
ハイドロクロロフルオロカーボン類（指定フロン）	HCFC-22	0.055	1810
	HCFC-123	0.02	77
	HCFC-124	0.11	609
ハイドロフルオロカーボン類（代替フロン）	HFC-23	0	14800
	HFC-32	0	675
	HFC-134a	0	1430
	HFC-143a	0	4470
	HFC-152a	0	124
	HFC-245fa	0	1030
	HFC-404A	0	3920
	HFC-407C	0	1770
	HFC-407E	0	1550
	HFC-410A	0	2090
	HFC-507A	0	3990

[*7]　BEE：Built Environment Efficiency
[*8]　LCA：Life Cycle Assessment

たものであり、先進国では2020年に全廃されることになっている。現在は、代替フロンとして塩素を含まないハイドロフルオロカーボン系に移行しつつある。

しかし、代替フロンには、温暖化係数（二酸化炭素を1として温暖化能力を示した数値）が二酸化炭素の100倍から1万倍のものもあり、地球温暖化への影響が懸念されている。

(2) LCCO₂

建築物の建設、改修、運用、解体までのライフサイクルにおいて排出される二酸化炭素の総量をLCCO₂（ライフサイクルCO₂）という。我が国においては、建設に伴う資材・機材の製造建設、改修、運用の二酸化炭素排出量は、産業で排出される量の約3分の1を占めている。住宅・業務ビルの新築工事の二酸化炭素排出量は10.8％、運用時の二酸化炭素排出量は23.9％となり、極めて大きな比重を占めている▶p.11、図1・8。環境に配慮するためには、この部分を低減させることが大切である。

(3) 廃棄物

我が国の建設に伴う廃棄物は、2013年で約7500万トンに達しており、そのうちの主なものとしてはコンクリート塊42％、アスファルト・コンクリート塊36％となっており、コンクリート類が非常に多い（図7・11）。

近年では、環境負荷の低減のため、各種の廃棄物が、リサイクル材として使用されるようになってきた。建築設備においても、廃棄物の分別収集が進んでおり、金属やプラスチック類でリサイクル率が向上している。

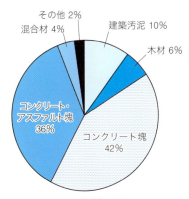

図7・11　我が国の廃棄物の種別
（出典：国土交通省平成24年建設副産物実態調査）

3　建築設備の維持保全

(1) 建築設備の維持保全の変遷

我が国で、建築設備が本格的に採用されるようになったのは1960年代からであり、建築設備の維持保全も同時期に行われるようになった。当初は設備の運転、巡回、点検、消耗品の補充など日常管理にとどまっていた。その後1970年代に入り、建築設備の技術が進歩するとともに、維持保全も複雑になってきた。また維持保全業務の内容が拡大し、人手不足も相まってこれらに対応するため、中央監視盤設備が導入された。このため維持保全に高度な専門知識が要求されるようになった。

1990年代から2000年代には、建築物をライフサイクルで評価するようになったことやIT化が進むなど、維持保全を取り巻く環境は激しく変わった。建築設備においても、ライフサイクルで考える時代に入った。建築設備は運用時のコストの比率が大きく、ビル経営に大きな影響を与えるようになり、設備保全もビル経営の一環として、一層の業務の効率化が問われることになった。一方、環境問題では地球温暖化やヒートアイランド現象が大きく取り上げられるようになってきた。このため、国では「エネルギーの使用の合理化等に関する法律（省エネ法）」▶p.10、112が幾度か改正され、ビル内の環境衛生面では室内の衛生環境の更なる向上を背景に「建築物における衛生的環境の確保に関する法律（建築物衛生法）」▶p.20、71の改正も行われた。

このような背景のもと、新しい時代の建築設備の維持保全は、効率化とともに品質の確保、省エネルギーなど多くの問題を同時に解決していく必要に迫られ、大きく変貌を遂げようとしている。

(2) 維持保全の概要

維持保全とは、表7・8に示すように、建築物の設計時点（竣工時）に示された初期性能の劣化を防ぎ、また、社会的要求の変化にこたえるものである。すなわち、建物の所有者や使用者が長期間にわたって、常時満足するように運用すること、利用者の安全を確保することが大きな目的である。

また、建築物を維持していくにあたり、「ビル衛生管理法」「建築基準法」「消防法」「省エネ法」などの法令にもとづき、安全、衛生、環境性能を確保しなければ

ならない。その上で、竣工時の機能や性能を常に最適な状態に保つことが維持保全の目的である。初期性能を確保し、運転、点検、整備、修繕の業務を行うことである。

建築設備の機能や性能の劣化に対処することに加え、社会的な劣化（陳腐化、不合理など）にも対処する必要がある。社会ニーズの要求レベルの向上・変化や安全強化は年々変わっていく。これらに対処するため、機能改善や性能向上を目的とした改修が行われる。これも維持保全の一環である。

(3) 予防保全と事後保全
1) 予防保全
定期点検や非定期点検によって、設備システムや設備機器の各部位の機能劣化・消耗を常時・把握し、機能劣化・消耗の状態を予測し、予防的な処理を事前に行うものである。また設備システムや機器が故障を起こす前に、被害の拡大や二次被害を防ぐため、事前に計画的に保守や修繕を行う。これは経費やサービス低下を最小限に抑えることになり、設備システムや設備機器の長寿命化にもつながる。

予防保全には状態監視保全と時間基準保全がある。

状態監視保全は、機能や性能の劣化を早期に見つけ適切な対策をとることである。時間基準保全は、一定の時間基準に従い、定期点検・交換、オーバーホールなどにより、事前に故障や事故を防ぐものである。

2) 事後保全
設備の機能や性能の一部または全部を失ったことが確認された段階で、修理や修繕を行うことである。機器や部品などをその寿命まで使用するので経済的である。しかし、初期の段階で発見されていれば損害は少ないものでも、発見の遅れにより重大な損害や事故につながることもある。

3) 故障率
建築設備は、建物使用開始時では、竣工時の試運転調整が行われており、設計時点で示された設備性能が確保できるが、それ以外の季節では、必ずしも性能確保が十分できているとはいえない。また設備機器の初期故障などにより、建築物の竣工当初は故障が起こりがちである。この時期を過ぎると、故障が少なく安定期に入る。その後、設備機器の消耗や劣化により故障が増加してくる。故障率と経年変化の関係を図7・12に示す。図中に予防保全を行うことによる効果も示す。

4) 各領域の保全要素
近年、維持保全の業務は、幅広くなり、建築物の技術分野以外にも経営や法務分野などの多岐にわたっており、対象となる建築物も広範囲にわたっている。

また建築物のライフサイクルのすべての領域である企画・設計、施工、運用、診断、改修に関わってくる。各段階の保全業務を図7・13に示す。

4　品質管理

(1) 品質管理の変遷
我が国では、明治以前は、棟梁が建物の設計、施工、管理を行っていたが、近代建築が取り入れられるようになると、輸入建築技術については、発注者およびこれに雇われた建築家（建築技師・監督技師）が独占的に有し、極めて強い主導的役割を演じていて、建築生産は「指導監督型」で進められることになった。「指導監督型」のプロジェクト運営は、少なくとも建前としては戦後まで継承された。

戦災復興が進み、高度経済成長がスタートし、社会

表7・8　維持保全の内容

項目		内容
定期保全業務	運転	設備機器の運転・操作、設備機器や設備システムの稼動、運転制御、状態監視
	点検	定期的にシステム、機器の各部を点検、機器の劣化状況の調査
	整備	点検結果による不具合部の交換、管の詰まり除去
	修繕	経年による摩耗や劣化による機能回復のための手当、特に専門技術を要さないレベル
非定期保全業務	改修	劣化・損耗した部分の機能回復に加え、用途や機能の変更、新しい機能の付加

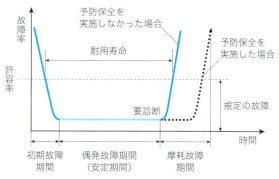

図7・12　故障率の経年変化（バスタブカーブ）

秩序の再編が進みだすと、「指導監督型」の運営では、適応できなくなってきた。建設工事量の急速な増大があり「指導監督型」を担ってきた監理担当専門家の数は工事量の増大に追いつかないようになった。

一方、施工者側においては、施工やその管理の経験の蓄積、独自の技術改良や技術開発などを通じて、自前の生産技術・能力を獲得するようになってきた。さらに、多様な技術や材料開発の進展は、施工における専門分化を促し、多くの工種間の調整・統合の業務を元請ゼネコンが行うようになった。そして「自主管理確認型」のプロジェクト運営が増加してきた。

プロジェクト運営の管理能力の差により建物の品質に差が目立ちはじめ、これらを解決するため施工側では、「ミスをゼロにする ZD*9 活動」が始められた。

1973 年には、品質問題やオイルショックの克服のために、TQC*10 活動が建設業で取り入れられた。TQC 活動は、建築生産や設備生産に品質の確保・向上と生産効率化をもたらし、建築の生産活動に大きな影響を与えた。ただ、必ずしも設計事務所や専門工事業者にまで活動は広がらなかった。

近年、建設業の国際化と品質の確保・向上に呼応して、1995 年頃から一部の建設会社で ISO*11 を取り入れ、ISO 認証 9001 の取得を行うようになってきた。その後、国土交通省が公共入札の条件に ISO 認証取得を加え、その活動は活発になってきた。

(2) ISO（国際標準化機構）
1）概要

ISO は、英国を中心に欧州で設立された機構である。通商活動をはじめ、種々の国際活動を円滑に進めるため、国際的に適用させる規格や標準類を制定する国際機関の名称である。物資およびサービスの国際交流を容易にし、経済的活動分野などの協力を促進させることを目的としている。英語の isonomy（法の下での平等）あるいは、isometric（同じくらいの大きさ）などの接頭語である「iso-」から命名されたといわれている。

2）ISO 9000 シリーズの構成（図 7・14）

1987 年に制定された品質管理および品質保証の規格のことで、製品そのものでなく、企業の品質保証体制についての要求事項を規定した国際規格のことである。品質に対する顧客の要求は年々厳しくなってきており、製品またはサービスの品質は、企業業績を決定する大切な要素となっている。これに対応するため、国ごとの品質システムに対する多様な方法を世界的に統一したものである。ISO 9000 シリーズは、各種の規格で成り立っており、現在では世界の 70 ヶ国以上が採用している。日本でも JIS Q 9000 シリーズとして制定された。

① ISO 9001

最も範囲が広く、「設計、開発、製造、据付け、付帯サービスまで」を対象としており、これらすべてを供

企画・設計
① 建築物のライフサイクルにわたる維持管理の容易性や経済性に配慮し、部材やシステムを計画・設計する。
② 建物所有者や管理者へ設計思想を伝達する。

施　工
① 維持保全の設計思想を把握し実現する。
② 施工技術を十分に活用し、的確な施工管理を行う。
③ 品質保証を確認し、施工品質のバラツキを低減する。
④ 表示や保証の詳細を明確にする。

竣工・引渡し
① 管理担当者に設計品質などを正確に伝達する。
② 施工段階と維持管理段階の責任範囲を明確にする。
③ 情報の伝達や引継ぎ方法の標準化を構築する。

維持管理
① 業務内容を基準化し、適正水準の確立をする。
② 関連業界との連携や技術のレベルアップを図る。
③ 設計や施工へデータをフィードバックする。

診断・改修
① 現状診断をし、現在の要求水準を比較検討する。
② 新築工事とは違った配慮をする。
③ 設計段階で施工時の問題まで考慮する。

図 7・13　保全関連の業務フロー

---

*9　ZD：Zero Defects
*10　TQC：Total Quality Control
*11　ISO：International Organization for Standardization

給者が行う場合に選択する。経営者の責任、設計管理や各種の要求事項が明示されている。

② ISO 9002

「製造、据付けおよび付帯サービス」を対象とする。ISO 9001との違いは設計管理についての要求事項を含んでいないことである。

③ ISO 9003

製品の「最終検査・試験」のみを対象とし、ISO 9002に比べて購買、工程管理、付帯サービスの三つを含んでいない。

3) ISO 14000 シリーズの構成

1992年の地球サミット「環境と開発に関する国連会議」をきっかけとして検討が始まり、1996年から発行が開始された国際規格である。この企画では、環境マネジメントシステム (EMS[*12]) として、企業などの活動・製品およびサービスによって生じる環境への影響を持続的に改善するためのシステムを構築し、そのシステムを継続的に改善していくことが規定されている。この中で、有害な環境影響（環境への負荷）の低減、有益な環境影響の増大、組織の経営改善および環境経営が期待されている。日本ではJIS Q 14000として制定された。ISO 14000シリーズは各種の規格より成り立っている。

① ISO 14001

この規格の中心となるものであり、環境マネジメントシステムが満たすべき必須事項を定めている。基本的な構造は、PDCAサイクルを回すことにより改善が持続させることである。

すなわち、方針・計画（Plan）、実施・運用（Do）、点検（Check）、見直し（Act）というプロセスを繰り返すことにより、環境マネジメントのレベルを継続的に改善していこうというものであり、その基本的な流れは、図7・15のようになっている。

② ISO 14004

ISO 14000を補完するものであり、環境マネジメントシステムの原則、システムおよび支援技法の一般指針（ガイドライン）であり、構築した環境マネジメントシステムをさらに向上させるためのものである。

③ ISO 14064-66

温室効果ガスの排出量および吸収量の定量化やプロジェクトにおける温室効果ガスの排出量削減または吸収量増大の定量化、監視に関する規格である。

(3) 製造物責任法（PL法[*13]）

1) 概要

1995年に施行された法律であり、商品などの事故によって、消費者が被害（人の生命、身体・財産）を被った場合に、メーカーなどの責任を明確にするための法律である。被害を被った消費者側が、その対象となった製品の欠陥を何らかの形で立証できれば、メーカー側の責任が問える。シャンデリア照明の落下事故など、建築に付帯する建築設備はPL法の対象になりうる。

2) PL法とISO9001シリーズ

建築物や建築設備の運用においてISOの規格を導入する場合、PL法の要素を入れることが必要である。

リスクマネジメント体制の構築が必要となり、協力

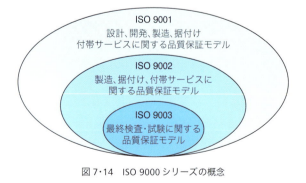

図7・14　ISO 9000シリーズの概念

[*12] EMS：Environmental Management System
[*13] PL法：Product Liability Act

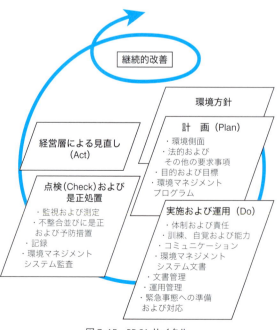

図7・15　PDCAサイクル

会社との情報交換を密接に行い、要求水準を満たしているかなどのチェックを常に行う体制づくりが不可欠となる。また記録の保管が重要なポイントとなる。

7・4　エネルギー政策と今後の動向

1　建築物省エネ法

(1) 概要

我が国の住宅・建築物関連のエネルギー消費量は全エネルギー消費量の3割以上であり、その増加も著しく、省エネ対策の抜本強化が必要不可欠なことから2015年7月、新たに「建築物のエネルギー消費性能の向上に関する法律（建築物省エネ法）」が制定された。

建築物省エネ法は、大きく①規制措置と②誘導措置の二つに分けることができ、施行時期は図7・16のとおりである。

1) 規制措置

大規模（2000m²以上）非住宅建築物の新築・増改築時に、省エネ基準適合義務や適合性判定義務が課される（同法11条、12条）こととなり、省エネ基準に適合しない場合は、建築基準法の確認済証が交付されない。また、住宅を含む中規模（300m²以上）建築物の新築・増改築時には、建築物エネルギー消費性能確保計画の届出義務（同法19条）が課され、計画が省エネ基準に適合せず、必要と認められる場合は、必要な措置を取るよう指示・命令等が出される（同法19条）。

2) 誘導措置

新築および省エネ改修時に作成された建築物エネルギー消費性能向上計画が省エネ基準の水準を超える誘導基準に適合していると所管行政庁に認められた場合に、容積率などの特例を受けられる（同法35条）ことや、省エネ基準に適合している旨の認定を受けた建築物やその利用に係る広告について基準適合認定表示をできることとし（同法36条）、省エネ化の誘導を図っている。

(2) 建築物省エネ法に係る基準

建築物省エネ法で適用される基準は、「エネルギー消費性能基準（省エネ基準）」「誘導基準」「住宅事業建築主基準」の三つがあり、それぞれ表7・9のようになる。

ここで、基準一次エネルギー消費量とは、基準仕様で算定した建築設備（暖冷房、換気、照明、給湯、昇

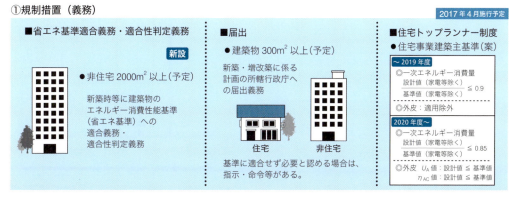
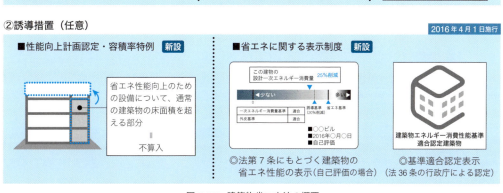

図7・16　建築物省エネ法の概要

表7・9　建築物省エネ法にもとづく基準の水準

		エネルギー消費性能基準		誘導基準（性能向上計画認定・容積率特例）		住宅事業建築主基準（案）[※4]
		建築物省エネ法施行（2016.4.1）後に新築された建築物	建築物省エネ法施行の際現に存する建築物	建築物省エネ法施行（2016.4.1）後に新築された建築物	建築物省エネ法施行の際現に存する建築物	上段：〜2019年度 下段：2020年度〜
非住宅	一次エネ[※1]	1.0	1.1	0.8	1.0	—
	外皮：PAL*	—	—	1.0	—	—
住宅	一次エネ[※1][※2]	1.0	1.1	0.9	1.0	0.9
						0.85
	外皮：住戸単位[※3]（U_A, η_A）	1.0	—	1.0	—	—
						1.0

※1：一次エネ基準については、$\frac{設計一次エネルギー消費量}{基準一次エネルギー消費量}$（家電・OA機器等を除く）が表中の値以下になることを求める。
※2：住宅の一次エネ基準については、住棟全体（全住戸＋共用部の合計）が表中の値以下になることを求める。
※3：外皮基準については、2013年基準と同等の水準。
※4：住宅事業建築主基準は2016年度中の公布予定（2年目施行）。

（出典：国土交通省「建築物省エネ法の概要」H28年2月版より抜粋）

降機）に係る一次エネルギー消費量であり、室用途ごと（201種類）・設備ごとに定められた単位面積当たりの基準一次エネルギー消費量に、室ごとの面積を乗じた値の合計値として算出される（図7・17）。

また、非住宅の窓や外壁などの断熱性能である外皮性能（PAL*（パルスター）[*14]）は、各階の屋内周囲空間（ペリメータゾーン）の年間熱負荷をペリメータゾーンの床面積で除した数値で定義され、単位はMJ/m²年である（図7・18）。

住宅の外皮熱性能基準は、ヒートショックや結露の

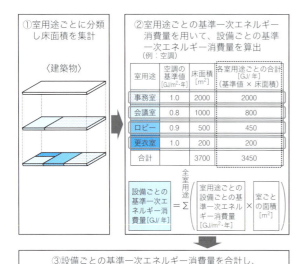

図7・17　基準一次エネルギー消費量の設定
（出典：国土交通省住宅局「省エネ基準改正概要」）

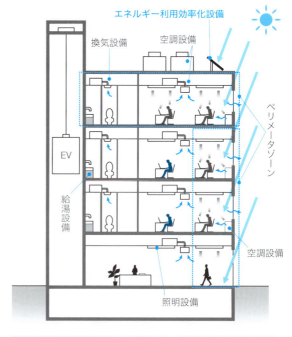

図7・18　非住宅の省エネ基準
（参考：国土交通省「建築物省エネ法パンフレット」）

防止などエネルギー消費では評価されない適切な室内温度分布の確保の観点から、外皮平均熱貫流率 U_A 値および冷房期の平均日射熱取得率 η_{AC} 値が定められている（図7・19）。

(3) 省エネに係る表示制度

建築物省エネ法では、省エネ性能に優れた建築物が市場で適切に評価される環境を整備し、建築物所有者の省エネ性能向上へのインセンティブを生み出そうと、表示制度を新たに創設している。

表示制度は、建築物の省エネ性能を表す表示（同法7条：図7・16下段中央）と、省エネ基準に適合していることを表す表示（同法36条：図7・16下段右）の2種類がある。

2　新しいエネルギーの動向

住宅・建築物に導入される主な新エネルギーは、太陽光発電や太陽熱利用、地中熱利用などがある。

太陽光発電は、太陽の光エネルギーを太陽電池（半導体素子）によって直接電気に変換するものであり、シリコン系太陽電池のほか、無機化合物系や有機系太陽電池が実用化されている。現在主流のシリコン系太陽電池では、建築物の屋上や屋根面に設置することが一般的であり、設置に際しては、耐荷重、耐風性能や防水への影響を考慮する必要がある（図7・20）。

2012年の再生可能エネルギーの固定価格買取制度（FIT[15]）の導入により、その導入量は飛躍的に伸びているが、天候による発電能力の変動が著しく電力会社による受入制限なども発生しており、今後は蓄電池などとの組合せも考慮する必要があろう。

有機系太陽電池は、軽量で着色可能という利点を持つが、現在は、効率と寿命が課題となっている。しかし、塗布型有機薄膜太陽電池や色素増感型太陽電池は、製法が簡便で、今後の技術開発により低コスト化が期待されている。

太陽熱利用は、太陽熱を集めて温水をつくる太陽熱温水器による給湯利用や、その温水を利用してソーラー吸収式冷温水発生機によって暖房や冷房を行う手法も開発されている（図7・21）。

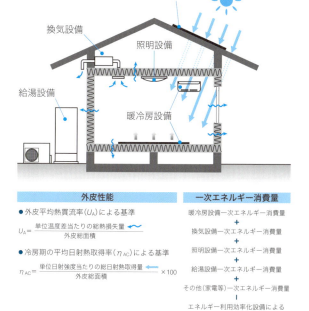

図7・20　屋上への太陽光発電の設置事例 (出典：大阪府HP)

図7・19　住宅の省エネ基準 (参考：国土交通省「建築物省エネ法パンフレット」)

＊14　PAL＊：Perimeter Annual Load
＊15　FIT：Feed-in Tariff

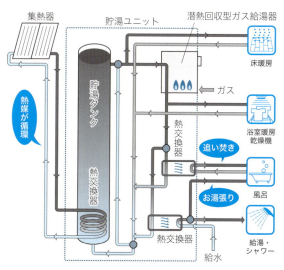

図7・21　太陽熱給湯設備

風力発電は、騒音や風況などの課題もあり、建築物に本格的に採用されている事例は少ない。

　地中熱利用は、地中の温度が地下10～15mでは年間を通じて一定していることから、直接地中にパイプを打ち込んで採熱し冷暖房に使用するクールチューブや、空調機の熱源として二次利用するヒートポンプ空調システムなどがあるが、イニシャルコストの高さが課題である（図7・22）。

　また、再生可能エネルギーではないが、都市ガスより水素を取り出し、空気中の酸素と反応させ、水の電気分解と逆の化学反応を起こすことで電気と水を生み出す燃料電池も実用段階に入っている（図7・23）。

　燃料電池は、これまで実用化されたものは表7・10のとおりである。固体高分子形（PEFC）が多かった

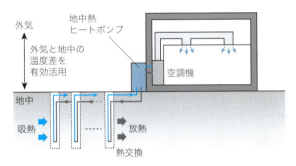

図7・22　地中熱利用ヒートポンプ空調システムの例
（出典：国土交通省「官庁営繕環境報告書 2014」）

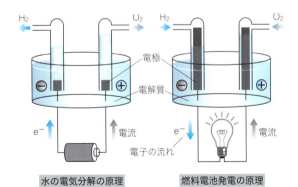

図7・23　燃料電池の原理（出典：資源エネルギー庁「エネルギー白書2014」）

表7・10　燃料電池の種類

種類	固体高分子形 （PEFC）	固体酸化物形 （SOFC）	りん酸形 （PAFC）
燃料	都市ガス LPGなど	都市ガス LPGなど	都市ガス LPGなど
作動温度	常温～90℃	700～1000℃	200℃
発電出力	～50kW	1～10万kW	～1000kW
発電効率	（35～40%）	（45～65%）	（35～42%）

実用化された燃料電池の種類。りん酸形は、最近は用いられない。

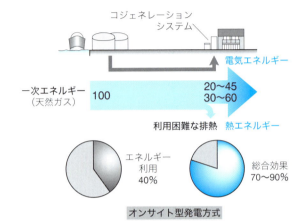

図7・24　コジェネレーションの仕組み（出典：大阪ガス㈱HP）

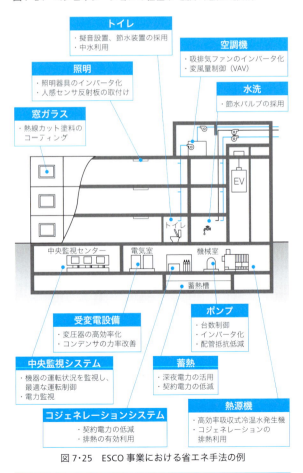

図7・25　ESCO事業における省エネ手法の例

＊16　ESCO：Energy Service Company

が、最近は、発電効率の良い固体酸化物形（SOFC）が主流になりつつある。

電気と熱を、コジェネレーションシステムなどを活用して効率的に利用できれば、高いエネルギー効率が確保でき、省エネに貢献できることになる。

コジェネレーションシステムは、燃料電池やガスエンジンなどによって、建物に必要な電力をつくり出すとともに、その排熱を給湯や空調に効率的に使うことで総合的なエネルギー効率を上げようという分散型エネルギーシステムである。従来の火力発電所からの総合エネルギー効率が40％程度であるのに比べ、コジェネレーションシステムにより排熱を有効に活用すれば、総合エネルギー効率が70～90％にもなるとされているが、いかに有効に排熱を活用できるのかがポイントである（図7・24）。

3　ESCO事業

ESCO[*16]事業は、アメリカで始まった省エネビジネ

ESCO事業

ESCO事業とは、Energy Service Companyの略称で、ESCO事業者はビルオーナーに対し、工場やビルの省エネルギーの診断をはじめ、省エネルギー方策導入のために、設計・施工、導入設備の保守・運転管理、事業資金の調達など、包括的な省エネサービスを行い、それまでの環境条件を損なうことなく省エネルギー改修工事を実現し、なおかつ省エネルギー効果を保証する事業をいう。

その報酬として、ESCO事業者は、ビルオーナーの省エネルギー効果（メリット）の一部をESCOサービス料として受け取る。ESCO事業は、国の省エネルギー政策とも合致した新ビジネスとして注目されている。

「包括的な省エネサービス」とは、以下のすべて、あるいは、いくつかの組合せで構成されている。

①省エネルギー方策発掘のための診断（コンサルティング）
②方策導入のための計画立案・設計施工・施工管理
③導入後の省エネルギー効果の計測（検証）
④導入した設備やシステムの保守（運転管理）
⑤光熱水費削減額の保証
⑥事業資金の調達（ファイナンス）

ESCO事業の仕組み（出典：大阪府HPより作成）

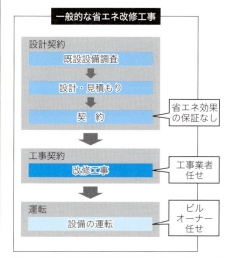

設計、工事、設備の運転管理のそれぞれの契約は、別々となることが多いため、省エネルギー効果を得ることは困難である。

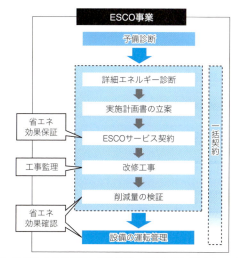

省エネルギー診断から改修工事、導入設備の運転管理に至るまでESCO事業者が包括的に携わり、初期の省エネルギー改修工事の計画を、省エネルギー効果の計測・検証まで責任を持って行うことができるため、省エネルギー効果の保証が可能となる。

一般的な省エネ改修とESCO事業の違い（出典：大阪府公共建築室「ESCO事業事例紹介パンフレット」）

7章　設備関連技術　191

スモデルである。シェアード・セイビングス契約のESCO事業では、ESCO事業者がビルの省エネ改修を行い、省エネ化によって節減される光熱水費の範囲内で後年度複数年にわたって改修工事費用を償還するモデルであるので、初期投資ゼロで、かつ、後年度負担の増加もなくビルの省エネルギー化をすることができ、既存ビルの省エネルギー化の有力な手法として注目されている。

ESCO事業で用いられるビルの省エネ化手法は、照明のLED化や空調ポンプ・ファンのインバータ制御によるVAV、VWV、高効率熱源機への更新、換気風量の適正化や衛生器具の節水、BEMSの導入、断熱の強化、コジェネレーションの採用や負荷平準化などである（図7・25）。

最も先進的にESCO事業に取り組んでいる大阪府では、庁舎や病院など70施設にESCO事業を導入し、平均約26％の省エネ化を達成し、累計で65億円を超える光熱水費の節減を図っている。

4 ZEB、ZEHへの展望

2014年4月に閣議決定されたエネルギー基本計画によれば、我が国は、2020年までに新築公共建築物等で、2030年までに新築建築物の平均でZEB（ネット・ゼロ・エネルギー・ビル）を実現することを目指すとされている。また、住宅については、2020年までに先進的な新築住宅で、2030年までに新築住宅の平均でZEH（ネット・ゼロ・エネルギー・ハウス）の実現を目指すとされており、ZEBやZEHも遠い将来の夢物語でなく現実的なスケジュールが設定されることとなってきた。

(1) ZEBの定義

経済産業省資源エネルギー庁に設置されたZEBロードマップ検討委員会（2015年12月）のとりまとめでは、ZEBは以下のように定義される（図7・26）。

1）ZEB（ネット・ゼロ・エネルギー・ビル）

年間の一次エネルギー消費量が正味ゼロまたはマイナスの建築物。定量的には、再生可能エネルギーを加え、基準一次エネルギー消費量から100％以上の一次エネルギー消費量を削減する。

2）Nearly ZEB（ニアリー・ネット・ゼロ・エネルギー・ビル）

ZEBに限りなく近い建築物のこと。定量的には、再生可能エネルギーを加え、基準一次エネルギー消費量から75％以上100％未満の一次エネルギー消費量を削

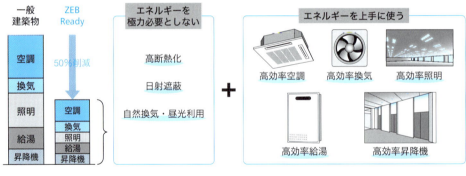

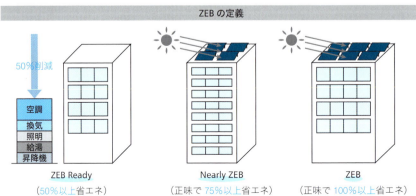

図7・26 ZEBの定義と評価 （出典：資源エネルギー庁HP「ZEBロードマップ検討委員会資料」より作成）

減する。

3) ZEB Ready（ネット・ゼロ・エネルギー・ビル・レディ）

ZEBを見据えた先進建築物として、外皮の高断熱化および高効率な省エネルギー設備を備えた建築物のこと。定量的には、再生可能エネルギーを除き、基準一次エネルギー消費量から50％以上の一次エネルギー消費量を削減する。

なお、このZEB Readyの省エネ基準は、ZEBやNearly ZEBも併せて満たす必要がある。

基準一次エネルギー消費量は、建築物省エネ法に定められた値である。

(2) ZEBの実現・普及に向けて

ZEBの実現に向けて、設備の高効率化や技術開発に加え、建築物のパッシブ性能の向上も必要である。

ZEBについては、中層以下の建物で達成されているものが出現しており（図7・27）、ZEHについても、戸建住宅などで達成している。

ZEB化は、今後の大幅な省エネ技術の進展と、太陽光発電などの効率向上・価格の低廉化というハードルがあるが、塗布型有機薄膜太陽電池が外壁に設置され、天井面には面発光の有機EL▶p.127が採用されるようになれば、建築デザインにも大きな影響を与えるかもしれない。

図7・27　ZEBを達成した大成建設㈱ZEB実証棟（提供：大成建設㈱）

演習問題

問1 建物の環境評価システムに関する次の記述が、正しいか誤っているか答えなさい。また誤っているものは、その理由を記しなさい。

1. GBTool はアメリカで開発され、世界の 20 ヶ国以上で使われている。
2. LEED は二酸化炭素がオゾン層へ与える影響を評価するシステムである。
3. BREEAM は世界で初めて開発された環境評価システムで、このシステムは地球環境、地域環境、室内環境を評価項目としている。
4. CASBEE はドイツで開発されて我が国に導入され、広く普及している環境評価システムである。
5. BEPAC はカナダで開発された、資源、エネルギー、オゾンなどに関する評価法である。

問2 東京に立地する一般的な事務所ビルにおいて A〜D に示す項目について、その構成割合が不適当なものを指摘し、その理由を述べなさい。

A 年間空調熱負荷

冷房	40%
暖房	30%
給湯	30%
合計	100%

B 一次エネルギー

熱源	20%
搬送(ポンプなど)	30%
照明	30%
その他	20%
合計	100%

C 35年ライフサイクル CO_2

建設時	20%
運用時	50%
修繕・更新時	25%
廃棄時	5%
合計	100%

D 40年ライフサイクルコスト

建設費	60%
運用・保全費	20%
修繕・更新費	10%
その他	10%
合計	100%

問3 建築設備の耐震計画で用いられる下記の語句について説明しなさい。

1. 建築設備の耐震基準
2. 耐震クラス
3. 局部震度法
4. 電気設備の耐震

問4 省エネルギー手法のなかで用いられる PAL * について、具体的に解説しなさい。

問5 環境に関する次の記述のうち、最も不適当なものはどれか。

1. CASBEE では、環境の評価を表す指標として、Q(環境品質)／L(環境負荷)によって導かれる BEE を用いる。「S ランク」「A ランク」「B＋ランク」「B－ランク」「C ランク」の 5 段階で総合評価している。
2. 35 年寿命を想定した一般的な事務所ビルのライフサイクル CO_2 においては、「運用段階のエネルギー・水消費による二酸化炭素排出量の占める割合」より、「設計・建設段階および廃棄段階による二酸化炭素排出量の占める割合」の方が大きい。
3. 地域冷暖房システムの活用は、ヒートアイランド現象の緩和に有効である。
4. 日本における ZEB(ネット・ゼロ・エネルギー・ビル)とは、年間の一次エネルギー消費量が正味(ネット)でゼロまたは概ねゼロとなる建築物である。

問6 建築設備の保全システムについて、下記の文章に当てはまる語句を、下記の(イ)〜(ニ)から選びなさい。

設備システムの定期点検や非定期点検によって、設備システムや設備機器の各部位の機能劣化・消耗を常時把握し事前に処置を行うものを(①)という。本システムには 2 種があり、(②)は、機能や性能の劣化を早期に見つけ適切な対策をとる。(③)は、一定の時間基準に従い、定期点検・交換によって、事前に故障や事故を防ぐものである。(④)は、設備の機能や性能の一部または全部を失ってから、修理や修繕を行うことである。

イ. 事後保全　　ロ. 時間基準保全
ハ. 予防保全　　ニ. 状態監視保全

問7 下記の項目と関係の深い語句を(イ)〜(ホ)から選びなさい。

① モントリオール議定書　　② 京都議定書
③ ISO9000 シリーズ　　④ PL 法
⑤ バスタブカーブ

イ. 故障率の経年変化
ロ. 消費者の保護
ハ. オゾン層破壊の防止
ニ. 二酸化炭素の排出規制
ホ. 品質管理活動

演習問題　解答

問1
1. ×：GB Tool は 1998 年にカナダを中心に 20 ヶ国で開発された。
2. ×：LEED は 1997 年アメリカで開発された、建築物の環境評価システムである。
3. ○
4. ×：CASBEE は 2002 年に日本で開発された環境評価システムであり、我が国で広く普及している。
5. ○

問2
A：空調熱負荷（年間負荷）は、事務所ビルでは冷房 60％、暖房 40％程度が一般的である。
D：40 年ライフサイクルコスト（LCC）は建設費 25％、運用・保全費 35％、修繕・更新費 10％、その他 30％程度が一般的である。

問3
1. 耐震基準は建築基準法によって定められているが、建築設備に関しては、「建築設備耐震設計・施工指針」（日本建築センター）や「空気調和・衛生工学会新指針 建築設備の耐震設計・施工法」（空気調和・衛生工学会）によることが多く、設備機器の据付けや固定が中心となっている。また、設備機器本体は、それぞれの関連の協会やメーカー各社の基準や指針に従っている。
2. 建築・設備維持保全推進協会等では、建築物はその用途によって耐震のクラスを決めており、その設備の重要度に応じてクラス S、クラス A、クラス B と定められ、それぞれの耐震対策が取られている。
3. 建物高さ、用途、地域などを考慮して、水平および鉛直の地震力を算定する方法である。
4. 移動、落下転倒などを防ぐために電気設備の固定や据付けを行う。電気設備機器の耐震性能はほとんどメーカー等の自主基準にもとづいて検討されている。これによって大きな地震後は軽微な補修や修理で機能を回復することができる。

問4
建物の外周から 5m 以内部分（ペリメーター部分）の熱負荷をいい、

$$\frac{ペリメータ部分の年間熱負荷 [MJ/年]}{ペリメータ部分の床面積 [m^2]}$$

で表される。ペリメータ部分は気温、日射の影響を強く受けるので、この部分の熱負荷を少なくするための判断基準となっている。

問5 〈正解 2〉
1. CASBEE では、建築物の環境品質として、Q1 室内環境、Q2 サービス性能、Q3 敷地内（室外）環境を、建築物の環境負荷として、L1 エネルギー、L2 資源、材料、L3 敷地外環境について、それぞれを構成している項目を 5 段階で評価する。この結果から、環境効率を表す評価指標の BEE（建築物の環境性能効率、Built Environment Efficiency）を、BEE ＝ Q（環境品質）／L（環境負荷）として総合評価する。総合評価の結果には「S ランク（素晴らしい）」「A ランク（大変良い）」「B ＋ ランク（良い）」「B － ランク（やや劣る）」「C ランク（劣る）」の 5 段階のランキングがある。
2. 建替え周期を 35 年とする場合、一般的な事務所ビルの $LCCO_2$（ライフサイクル CO_2）は、建設時 20〜25％、運用時 45〜60％、修繕時・更新時 25〜30％、廃棄時 5〜10％の比率といわれている。
3. ヒートアイランド現象の大きな原因の一つとして、建築物などからの排熱が挙げられる。地域冷暖房システムを採用すると、熱源が集中するためエネルギー供給の効率化が図られる。燃料の節約ができ、排熱量の低減ができ、ヒートアイランド現象の緩和に寄与することになる。
4. ZEB は、省エネルギー性能の向上、エネルギーの多面的な利用、再生可能エネルギーの活用などにより、建築物における一次エネルギー消費量を削減し、正味（ネット）でゼロまたは概ねゼロとなる建築物と定義されている。建築物における建築物・設備の省エネ性能の向上、エネルギー面的利用、オンサイトでの再生可能エネルギーの活用等により一次エネルギー消費量を削減する。

問6
①ハ　②ニ　③ロ　④イ

問7
①ハ　②ニ　③ホ　④ロ　⑤イ

付録

ギリシャ文字一覧

文字	小文字	読み方
A	α	アルファ
B	β	ベータ（ビータ）
Γ	γ	ガンマ
Δ	δ	デルタ
Z	ζ	イプシロン
E	ε	ツェータ（ゼータ、ジータ）
H	η	イータ
Θ	θ	シータ
I	ι	イオタ
K	κ	カッパ
Λ	λ	ラムダ
M	μ	ミュー
N	ν	ニュー
Ξ	ξ	グザイ（クサイ、クシー）
O	o	オミクロン
Π	π	パイ
P	ρ	ロー
Σ	σ	シグマ
T	τ	タウ
Υ	υ	ウプシロン
Φ	ϕ、φ	ファイ（フィ）
X	X	カイ
Ψ	ψ	プサイ（プシー、サイ）
Ω	ω	オメガ

SI単位と従来単位の換算表

項目	換算式
J（ジュール）	J＝1 Ws＝0.23889 cal
MJ（メガジュール）	1 MJ＝0.27778 kWh＝238.89 kcal
kWh	1 kWh＝860 kcal＝3.6 MJ
kcal	1 kcal＝4.1868 kJ＝1.1627 Wh
温度	$t\,°C=(t+273.15)\,K$
USRt	1 USRt＝12.6607 MJ/h＝3.51687 kW
JRt	1 JRt＝13.9002 MJ/h＝3.86116 kW
冷凍効果	1 kcal/kg＝4.1868 kJ/kg
比熱	1 kcal/kg°C＝4.1868 kJ/kgK
熱通過率（熱貫流率）	1 kal/m²h°C＝1.163 W/m²·K
圧力	1 MPa＝10.1972 kgf/cm²
気圧	1 bar（バール）＝0.1 MPa
水頭圧	1 mAq＝9.80665 kPa
真空圧	1 mmHg（Torr）＝133.32 Pa
応力度	1 kgf/mm²＝9.80665 MPa
	1 N＝1 Pam²＝0.101972 kgf
飽和空気（20°C）	比体積　0.8501 m³/kg（DA）
	定圧比熱　1.006 kJ/kg·K
水比熱（0°C）	4.216 kJ/kg·K
氷比熱（0°C）	2.039 kJ/kg·K
氷融解熱（0°C）	333.6 kJ/kg
仏馬力	1PS＝735.5 W＝2.6478 MJ/h
英馬力	1HP＝745.5 W＝2.6845 MJ/h

SI単位系の単位と接頭語

乗数	接頭語	記号
10^{18}	エクサ	E
10^{15}	ペタ	P
10^{12}	テラ	T
10^{9}	ギガ	G
10^{6}	メガ	M
10^{3}	キロ	k
10^{2}	ヘクト	h
10^{1}	デカ	da
10^{-1}	デシ	d
10^{-2}	センチ	c
10^{-3}	ミリ	m
10^{-6}	マイクロ	μ
10^{-9}	ナノ	n
10^{-12}	ピコ	p
10^{-15}	フェムト	f
10^{-18}	アト	a

索引

■英数
CASBEE（建築環境総合性能評価システム）
　……………………………………………181
DDC システム……………………………64
ESCO 事業………………………………191
ISO 9000 シリーズ……………………185
ISO 14000 シリーズ…………………186
ISO（国際標準化機構）………………185
LP ガス…………………………………103
PDCA サイクル………………………186
PMV（予測平均申告）……………………21
PPD…………………………………………22
ZEB（ネット・ゼロ・エネルギー・ビル）…192
ZEH（ネット・ゼロ・エネルギー・ハウス）…192
1 回線方式………………………………114
1 次エネルギー消費量…………………188
2 パイプ方式………………………………35
3 パイプ方式………………………………35
3 路スイッチ……………………………124
4 パイプ方式………………………………35

■あ
圧縮式冷凍機……………………………41
圧力水槽（蓄圧水槽）……………………76
圧力水槽方式………………………………74
泡消火設備………………………………168

■い
一時的制御（シーケンス制御）…………63
イナートガス消火設備…………………169
インダクションユニット方式…………47
インダクタンス…………………………110
インバートます…………………………95

■う
動く歩道…………………………………154
雨水管径……………………………………96
雨水の利用の推進に関する法律………101
雨水排水……………………………………93
雨水排水ます………………………………95
雨水利用…………………………………101
雨水利用システムの処理………………101

■え
エアカーテン………………………………52
エアバリア…………………………………52
エアフローウィンドウ……………………52
衛生器具設備………………………………96
衛生器具の設置数…………………………98
衛生器具類…………………………………81
エスカレーター設備……………………152
エスカレーターの安全対策……………154
エネルギーの使用の合理化等に関する法律
　（省エネ法）……………………112, 183
エネルギーの消費…………………………13
エレベーター機械室……………………151
エレベーター交通計算…………………146
エレベーター設備………………………142

エレベーター設備の計画フロー………145
エレベーターのゾーニング……………146
エレベーターの配置……………………146
エレベーターのピット床下部利用……151
エレベーターの福祉対応………………150
演色性……………………………………128

■お
屋外消火栓設備…………………………166
屋外設置用ガス機器……………………104
屋外に配置する機器……………………177
屋内消火栓設備…………………………165
温暖化効果ガス……………………………11
温熱環境要素………………………………20

■か
加圧給気防煙方式………………………172
外気冷房……………………………………58
階段通路誘導灯…………………………162
外部雷保護システム……………………136
外部環境条件………………………………25
開放回路……………………………………58
開放式ガス機器…………………………104
各階ユニット方式…………………………34
火災時管制運転…………………………147
火災の種類………………………………158
ガスエンジン・コジェネレーションシステム…85
ガス設備…………………………………102
ガス潜熱回収型給湯器……………………84
ガスヒートポンプ（GHP）………………44
ガス漏れ警報器…………………………104
ガス漏れ警報設備………………………164
化石エネルギー……………………………14
各個通気方式………………………………91
活性汚泥法………………………………100
合併浄化槽…………………………………72
合併処理浄化槽…………………………100
雷保護設備………………………………136
換気回数……………………………………28
換気設備……………………………………59
乾球温度……………………………………29
環境共生……………………………………12
環境配慮技術………………………………13
冠水時管制運転…………………………148
間接排水……………………………………90
幹線設備…………………………………120
幹線の許容電流…………………………121
幹線の配線方式…………………………120

■き
気温…………………………………………20
機械換気方式………………………………60
機械式圧送排水システム…………………94
機械室直上ロープ式エレベーター……143
機械室レスロープ式エレベーター……143
機械設備（空調・衛生設備）の耐震……180
機械排煙方式……………………………171
器具排水負荷単位法………………………92
逆サイホン作用……………………………81
客席誘導灯………………………………162

キャパシタンス…………………………110
吸収式冷凍機………………………………41
給水圧力……………………………………74
給水設備……………………………………72
給水配管材料………………………………79
給水方式……………………………………72
給水ポンプ…………………………………76
給湯温度……………………………………83
給湯設備……………………………………82
給湯配管材料………………………………86
給湯配管方式………………………………83
給湯負荷……………………………………83
給湯方式……………………………………82
給排水衛生設備……………………………70
共同受信設備……………………………134
局所換気……………………………………51
局所式給湯設備……………………………82
局部震度法………………………………180

■く
空気環境……………………………………20
空気調和システム…………………………32
空気調和設備………………………………20
空気調和方式………………………………32
空調機（エアハンドリングユニット）…47
空調配管系…………………………………57
空冷式ヒートポンプ（空気熱源ヒートポンプ）…43
躯体蓄熱……………………………………46
グレア……………………………………127
クロスコネクション………………………80

■け
警戒区域…………………………………161
系統連系設備……………………………116
下水道施設…………………………………72
下水道水の水質……………………………72
煙感知器…………………………………159
嫌気性処理方法…………………………100
建築基準法……………………………8, 112
建築設備……………………………………8
建築設備の維持保全……………………183
建築設備の耐震…………………………178
建築設備の耐震計画……………………179
建築設備のライフサイクル（LC）……180
建築物省エネ法…………………………187
建築物における衛生的環境の確保に関する
　法律（建築物衛生法）………………183
顕熱比………………………………………30
顕熱負荷……………………………………24

■こ
好気性処理方法…………………………100
公共下水道…………………………………72
公共用水域…………………………………72
光源………………………………………126
光源の色温度……………………………128
降水量………………………………………96
高置水槽……………………………………76
高置水槽方式………………………………73
構内交換設備……………………………135

索引　197

構内情報通信網（LAN）設備 ……………133
交流（AC） …………………………………109
交流無停電電源装置（UPS）……………119
氷蓄熱 …………………………………………46
国連気候変動枠組条約締約国会議(COP) …11
コジェネレーションシステム ………………44
固定価格買取制度（FIT）…………………189
小荷物専用昇降機 …………………………145
個別分散式空調システム ……………………33
コミッショニング ……………………………64
コンセント設備 ……………………………131
コンセント方式 ……………………………132

■さ
再生可能エネルギー ……………………15, 16
雑用水の水質基準 …………………………102
差動式感知器 ………………………………159
作用温度（OT） ………………………………21
三相交流 ……………………………………109

■し
自家発電時管制運転 ………………………148
自家発電設備 ………………………………118
敷地排水 ………………………………………93
自己サイホン作用 ……………………………89
事後保全 ……………………………………184
地震時管制運転 ……………………………146
自然換気方式 …………………………………60
自然排煙方式 ………………………………171
自然冷媒(CO_2)ヒートポンプ式給湯器 …85
湿球温度 ………………………………………29
実効温度差法 …………………………………27
湿度 ……………………………………………20
室内環境条件 …………………………………25
室内空気分布 …………………………………54
室内通路誘導灯 ……………………………162
室内の発生汚染質 ……………………………50
自動火災報知設備 …………………………159
自動式サイレン ……………………………164
自動車用エレベーター ……………………145
自動制御設備 …………………………………62
事務所の照明計画 …………………………129
湿り空気線図 …………………………………28
修正有効温度（CET） ………………………21
住宅の省エネ基準 …………………………189
集中利用形態 …………………………………98
受信機 ………………………………………160
受水槽 …………………………………………76
受水槽方式 ……………………………………73
受電方式 ……………………………………114
受変電設備 …………………………………112
受変電設備の構成 …………………………115
瞬間式加熱装置容量 …………………………87
瞬時最大給湯量の算定 ………………………86
省エネに係る表示制度 ……………………189
省エネルギー …………………………………10, 14
省エネルギー対策 ……………………………64
消火栓設備 …………………………………165
浄化槽の容量算定 …………………………100
上水の汚染防止 ………………………………80

使用水量 ………………………………………74
照度基準 ……………………………………125
蒸発作用 ………………………………………90
情報通信設備 ………………………………132
消防法 ………………………………………112
消防用設備 …………………………………158
照明器具 ……………………………………127
照明計算 ……………………………………129
照明設備 ……………………………………125
照明設備の省エネルギー …………………129
照明方式 ……………………………………128
乗用エレベーター …………………………144
除害施設 ………………………………………72
新エネルギー ……………………………15, 189
人荷用エレベーター ………………………144
寝台用エレベーター ………………………144
伸頂通気方式 …………………………………91
新有効温度（ET＊） …………………………21

■す
水撃作用の防止 ………………………………80
吸込口 …………………………………………54
水蒸気圧 ………………………………………30
スイッチ ……………………………………123
水道施設 ………………………………………71
水道水質基準 …………………………………71
水道水の水質 …………………………………71
水道直結方式 …………………………………72
水道の種類 ……………………………………71
水道用メータ …………………………………79
スイベルジョイント工法 ……………………86
水冷式ヒートポンプ（水熱源ヒートポンプ） …43
スプリンクラー設備 ………………………166
スポットネットワーク方式 ………………115

■せ
制震構造 ……………………………………179
成績係数（COP） ……………………………23
製造物責任法（PL法） ……………………186
静電容量 ……………………………………110
生物膜法 ……………………………………100
節水便器 ………………………………………99
絶対湿度 ………………………………………29
接地極（接地電極） ………………………138
接地設備 ……………………………………137
接地抵抗 ……………………………………138
設備荷重 ……………………………………177
設備に関連する建築計画の注意事項 ……176
設備用スペース ……………………………177
節湯シャワーヘッド …………………………99
全電気方式 ……………………………………36
全熱交換器 ……………………………………47
潜熱負荷 ………………………………………24
全燃料方式 ……………………………………37
全般換気 ………………………………………51

■そ
総合的評価手法 ……………………………181
掃除口 …………………………………………90
相対湿度 ………………………………………29

相当温度差法 …………………………………26
送風機（ファン） ……………………………48
ゾーニング ………………………………22, 77

■た
体感尺度 ………………………………………21
代謝量（作業量） ……………………………21
太陽熱利用給湯システム ……………………86
ダイレクトリターン方式 ……………………35
ダクト系の設計 ………………………………53
ダクト方式（全空気方式） …………………33
ダクトレス空調系 ……………………………51
タスク・アンビエント照明方式 …………129
多段制御 ………………………………………63
堅穴区画 ……………………………………172
ダブルスキン …………………………………52
単一ダクト方式 ………………………………33
単一パイプ方式 ………………………………35
単相交流 ……………………………………109
ダンパ …………………………………………56

■ち
地下外壁の貫通 ……………………………178
置換空調（置換換気） ………………………53
地球温暖化 ……………………………………12
地球環境時代 …………………………………11
地区音響装置 ………………………………160
蓄電池設備 …………………………………119
蓄熱方式 ………………………………………45
地中熱源ヒートポンプ ………………………43
着衣量 …………………………………………21
中央監視設備 ………………………………135
中央式給湯設備 ………………………………83
中央式空調システム …………………………33
昼光照明の利用 ……………………………130
中性帯 …………………………………………60
駐車場管制設備 ……………………………135
長周期地震管制運転 ………………………146
直流（DC） …………………………………109
直流電源装置 ………………………………119
直結増圧方式 …………………………………72
直結直圧方式 …………………………………72
貯湯容量と加熱能力 …………………………87

■つ
通気管 …………………………………………88
通気管の管径 …………………………………93
通気口 …………………………………………92
通気弁 …………………………………………92
通年エネルギー消費効率（APF） …………23

■て
定温式感知器 ………………………………159
抵抗 …………………………………………108
ディスポーザ排水システム ………………102
停電時自動着床装置 ………………………147
定風量方式（CAV） …………………………34
電圧 …………………………………………108
電気事業法 …………………………………111
電気設備 ……………………………………108

電気設備の耐震	180
電気方式	116
電動機	124
電流	108
電力	110
電力自由化	138
電力量	110
電話設備	133

■と

動的熱負荷計算法	27
動力設備	124
特殊継手排水システム	91
都市ガス	102
吐水口空間	81
トラップ	88
トラップの破封原因	89

■な

ナイトパージ	58
内部雷保護システム	137

■に

二位置制御	63
二酸化炭素消火設備	169
二重ダクト方式	34
二重トラップ	89
荷物用エレベーター	145
任意利用形態	98

■ね

熱慣性	24
熱源方式	35
熱水分比	30
熱的快適性	20
熱負荷	24
熱負荷計算	24
熱複合式感知器	159
燃料電池	190

■は

パーソナル空調	52
排煙設備	51, 170
廃棄物	183
排水・通気設備	87
排水・通気配管	90
排水管の勾配	90
排水口空間	90
排水再利用	101
排水再利用の処理	101
排水処理方法	98
排水立て管のオフセット	90
排水立て管の管径	93
排水の種類	87
排水方式	88
配線工事	122
配電方式	114
ハイブリッドヒートポンプ	44
配光曲線	130
バキュームブレーカ	82

パッケージユニット方式	33
発信機	159
梁、壁、スラブの貫通	177
バルスター	188
バルブ	59
半密閉式ガス機器	104

■ひ

ヒートポンプ	22, 42
ヒートポンプの成績係数（COP）	43
比エンタルピー	29
非化石エネルギー	14
光の波長と色	128
非住宅の省エネ基準	188
美術館の照明	130
非常運転時のエレベーター動作	149
非常警報設備	164
非常ベル	164
非常放送設備	164
非常用エレベーター	148
非常用照明器具の性能	163
非常用照明設備	162
非常用照明設備の設置基準	163
必要換気量	61
避難区画	172
避難口誘導灯	161
標準新有効温度（SET＊）	21
比容積	29
比例制御（P制御）	63
品質管理	184

■ふ

ファンコイルユニット（FCU）	46
風速	21
風量制御装置	56
不快指数（DI）	21
吹出口	54
複合制御（PID制御）	64
物品販売店の照明	130
フリーアクセスフロア	123
フロン	182
分岐回路	122
粉末消火設備	170

■へ

変風量方式（VAV）	34
弁類	79

■ほ

ボイラー	37
防煙区画	172
防火区画や防水層の貫通	178
防災設備	135
放射温度	21
放送設備	135
防犯設備	135
本線・予備線配電方式（2回線方式）	115
ポンプ	49
ポンプ直送方式	74
ポンプの特性	77

■ま

マルチゾーンユニット方式	34

■み

水蓄熱	46
水噴霧消火設備	168
密閉回路	58
密閉式ガス機器	104
未利用エネルギー	15

■め

免震構造	179
面積区画	172

■も

毛細管作用	90

■ゆ

油圧式エレベーター	142
有効温度（ET）	21
誘導サイホン作用	89
誘導灯設備	161
遊離残留塩素濃度	84
床吹出空調	51

■よ

用途区画	172
予備電源設備	117, 158
予防保全	184

■ら

ライフサイクルCO_2（LCCO$_2$）	12, 183
ライフサイクルアセスメント（LCA）	12, 182
ライフサイクルコストの構成	180
ライフサイクル評価法	182

■り

力率	110
リバースリターン方式	35
流量制御装置	59

■る

ループ通気方式	91
ルーフドレン	93
ルームエアコンディショナー	33

■れ

冷温水方式	34
冷却塔（クーリングタワー）	45
冷凍機	39
冷暖房負荷計算	26
レジオネラ属菌	45, 84
連結散水設備	168
連結送水管設備	168
連続的制御（フィードバック制御）	63

■ろ

廊下通路誘導灯	162
ロープ式エレベーター	143
露点温度	30

参考・引用文献

1章
- 工業技術計量研究所『国際単位系（SI）国際文書第8版（2006）日本語版』日本規格協会、1998
- 空気調和・衛生工学会『環境・エネルギー性能の最適化のためのBEMSビル管理システム』空気調和・衛生工学会、2001
- 空気調和・衛生工学会『第14版 空気調和・衛生工学会便覧〈1〉基礎編』空気調和・衛生工学会、2010
- 日本建築学会『建物のLCA指針 改定版』丸善、2013
- 資源エネルギー庁「エネルギー白書2015」
- 日本エネルギー経済研究所「エネルギー・経済統計要覧」2016
- 大阪府『改訂版 建築物の環境配慮技術手引き』2011

2章
- 空気調和・衛生工学会『空気調和設備計画設計の実務の知識 改訂3版』オーム社、2010
- 空気調和・衛生工学会『第14版空気調和・衛生工学便覧〈1〉基礎編』空気調和・衛生工学会、2010
- 空気調和・衛生工学会『第14版 空気調和・衛生工学便覧〈3〉空気調和設備編』空気調和・衛生工学会、2010
- 空気調和・衛生工学会編『空気調和設備の実務の知識 改訂第3版』オーム社、1991
- 空気調和・衛生工学会『環境・エネルギー性能の最適化のためのBEMSビル管理システム』空気調和・衛生工学会、2001
- 空気調和・衛生工学会『空気線図の読み方・使い方』オーム社、1998
- 山田信亮ほか『イラストでわかる建築設備』ナツメ社、2015
- 土井巖『よくわかる最新 建築設備の基本と仕組』秀和システム、2015
- 建築設備学教科書研究会編『建築設備学教科書 新訂第二版』彰国社、2009
- REHVA編『置換換気ガイドブック』空気調和・衛生工学会、2007
- 田中毅弘『ポイントで学ぶ 建築環境・設備学読本 第3版』森北出版、2010

3章
- 空気調和・衛生工学会『第14版 空気調和・衛生工学便覧〈4〉給排水衛生設備編』空気調和・衛生工学会、2010
- 建築研究所ほか『給排水設備技術基準・同解説2006年版』日本建築センター、2008
- 空気調和・衛生工学会編『給排水衛生設備 計画設計の実務の知識 改訂3版』オーム社、2013
- 空気調和・衛生工学会『SHASE-S 206-2009 給排水衛生設備規準・同解説』丸善、2009
- 建築設備システムデザイン編集委員会編『改訂版 建築設備システムデザイン─快適環境と設備の知識』理工図書、2013
- 建築設備学教科書研究会『建築設備学教科書 新訂第二版』彰国社、2011
- 大塚雅之『初学者の建築講座 建築設備 第二版』市ヶ谷出版社、2014
- 日本建築学会『建築環境工学用教材 設備編 第3版』日本建築学会、2011
- 日本建築学会編『設計計画パンフレット29 建築と水のレイアウト』彰国社、1984
- 国立天文台『理科年表 平成28年』丸善、2016

4章
- 建築の電気設備編集委員会『建築の電気設備』彰国社、2009
- 建築設備学教科書研究会『建築設備学教科書 新訂第二版』彰国社、2009
- 日本建築学会『建築環境工学用教材 設備編 第3版』日本建築学会、2011
- 国立天文台『理科年表 平成20年』丸善、2008
- LED推進協議会『LED照明ハンドブック 改訂版』オーム社、2011
- 小柴正樹「総論 LED照明の現状と将来」『照明学会誌』vol.94 No.4、2010
- 照明学会普及部『新・照明教室 光源 改訂版』照明学会、2007
- 照明学会『新編 照明基礎講座テキスト』第34期、照明学会、2013
- 照明学会『照明ハンドブック 第二版』オーム社、2003
- 照明学会『照明工学』オーム社、2012
- 城戸淳二『有機EL照明』日刊工業新聞社、2015
- 並木徹『電気施設と電気法規解説12版改訂』電気学会、2013
- 道上勉『[改訂版] 送電・配電』電気学会、2001
- 田辺茂『よくわかる送配電工学』電気書院、2011
- 大平典男、岡本裕生『電気製図入門』実教出版、2014
- 牧野俊亮『見方・かき方 屋内配線図 改訂2版』オーム社、2014
- 公共建築協会編『建築設備設計基準 平成27年版』公共建築協会、2015
- オーム社編『電気設備技術基準・解釈 2016年版』オーム社、2016

5章
- 日本建築設備・昇降機センター、日本エレベーター協会『昇降機技術基準の解説─建築基準法及び同法施行令2014年版』日本建築設備・昇降機センター、2014
- 日本エレベーター協会『建築設計・施工のための昇降機計画指針』日本エレベーター協会、1992
- 日本エレベーター協会『日本エレベーター協会標準集』日本エレベーター協会、1996
- 日本建築学会編『建築設計資料集成 設備計画編』丸善、1977
- 寺園成宏・松倉欣孝編『エレベーターハイテク技術─世界最高速への挑戦』オーム社、1994
- 渡部功編『日本におけるエレベーター百年史』日本エレベーター協会、1990

6章
- 空気調和・衛生工学会『第14版 空気調和・衛生工学会便覧〈4〉給排水衛生設備編』空気調和・衛生工学会、2010
- 日本電設工業協会『誘導灯及び誘導標識に関する指針』日本電設工業協会、2001
- 建築設備技術者協会編著『最新 建築設備設計マニュアル 空気調和編』井上書院、2012
- 消防建築法規研究会『消防設備基準の解説』日本消防設備安全センター、2015
- 日本電設工業協会技術委員会編『非常用の照明装置に関する指針』日本電設工業協会、1980
- 日本電設工業協会『防災設備に関する指針』日本電設工業協会、2004
- 国土交通省住宅局建築指導課建築技術者試験研究会編『基本建築関係法令集 法令編』井上書院、2013
- 消防法規研究会編『消防基本六法』東京法令出版、2016

7章
- 建築研究所監修『建築設備耐震設計・施工指針2014年版』日本建築センター、2014
- 『建築設備の耐震設計施工法』空気調和衛生工学会、2012、オーム社
- 『配電盤類の耐震設計マニュアル』日本配電盤工業会、2001
- 空気調和・衛生工学会『空気調和・給排水衛生設備維持管理の実務の知識』オーム社、2005
- 国土交通省住宅局「省エネ基準改正概要」
- 国土交通省「官庁営繕環境報告書2014」
- 資源エネルギー庁「エネルギー白書2014」
- 国土交通省監修「建築物省エネ法パンフレット」建築環境・省エネルギー機構（IBEC）、2016
- 大阪府公共建築室「ESCO事業事例紹介パンフレット」

著者略歴

【監修者】

村川 三郎 (むらかわ さぶろう)
広島大学名誉教授
1969年東京工業大学大学院理工学研究科修士課程修了、工学博士。1969年〜㈱竹中工務店、1978年〜広島大学工学部、同大学院工学研究科を経て現職。放送大学広島学習センター客員教授（2008〜2013年）、広島大学サステナブル・ディベロップメント実践研究センター特任教授（2010〜2013年）。一級建築士。
著書に『給水設備の負荷設計』（共著）『建築設備学教科書』『給排水・衛生設備計画設計の実務の知識』『水辺のまちづくり』（以上、分担執筆）ほか。

【編著者】

芳村 惠司 (よしむら けいじ)　　　　　　[1、2、6、7章]
武庫川女子大学、京都精華大学 非常勤講師
1968年名古屋工業大学大学院修士課程修了、博士（工学）。1968年〜㈱竹中工務店、2001年〜㈱サンウェル・ジャパンを経て現職。関西ESCO協会理事・事務局長、近畿経済産業局国内クレジット制度関連委員会委員長などを務める。一級建築士、設備設計一級建築士、建築設備士。
著書に『産業と電気』。

宇野 朋子 (うの ともこ)　　　　　　　　[4章]
武庫川女子大学生活環境学部建築学科 講師
2004年京都大学大学院工学研究科博士後期課程修了、博士（工学）。東京文化財研究所、電力中央研究所を経て現職。著書に『設計のための建築環境学』（共著）ほか。

【著者】

田邊 陽一 (たなべ よういち)　　　　　　[1、7章]
大和ハウス工業㈱総合技術研究所顧問
1980年京都大学工学部航空工学科卒業、三菱自動車工業㈱、大阪府住宅まちづくり部公共建築室副理事を経て、現在に至る。博士（工学）、技術士（衛生工学部門（空調）、総合技術監理部門）、弁理士。

永村 一雄 (えむら かずお)　　　　　　　[2章1〜4]
大阪市立大学 大学院生活科学研究科 教授（研究科長）
1980年東京理科大学理工学部建築学科卒業、工学博士。2000年大阪市立大学生活科学部居住環境学科教授、2003〜2004年大阪市住宅局参事（兼務）、現在に至る。空気調和・衛生工学会 技術フェロー。
著書に『拡張アメダス気象データ』（共著）。

ファーナム・クレイグ (Farnham Craig)　　[2章1〜4]
大阪市立大学大学院生活科学研究科 准教授
1994年Univeristy of Maine（USA）機械工学科卒業、2011年大阪市立大学大学院博士課程修了、博士（工学）。2013年大阪市立大学大学院、現在に至る。工学会設備士（空気調和・衛生工学会（空調））。

近本 智行 (ちかもと ともゆき)　　　　　[2章5〜9]
立命館大学理工学部建築都市デザイン学科 教授
1994年東京大学大学院博士課程修了、博士（工学）。1994年日建設計（環境計画室）を経て、2004年立命館大学、現在に至る。技術士（衛生）。著書に『改訂版　建築物の環境配慮技術手引き』（共著）『見る・使う・学ぶ　環境建築』（共著）ほか。

李 明香 (り みょんひゃん)　　　　　　　[2章5〜9]
立命館大学理工学部建築都市デザイン学科 准教授
2014年京都府立大学大学院生命環境科学研究科博士課程修了、博士（学術）。立命館グローバル・イノベーション研究機構専門研究員、九州大学大学院人間環境学研究院助教を経て、現在に至る。

坂本 和彦 (さかもと かずひこ)　　　　　[3章]
岡山理科大学工学部建築学科 教授
1979年京都大学工学部建築学科卒業、㈱竹中工務店を経て、2015年より現職。博士（工学）、設備設計一級建築士、技術士（衛生工学部門）。

中野 幸夫 (なかの ゆきお)　　　　　　　[4章]
関東学院大学理工学部電気学系 教授
1981年名古屋大学大学院博士前期課程電気工学専攻修了、電力中央研究所を経て、2014年より現職。博士（工学）。

安藤 康司 (あんどう こうじ)　　　　　　[5章]
三菱電機㈱関西支社 ビルシステム部 営業技術課
2006年電気通信大学電気通信学部知能機械工学科卒業。2006年三菱電機㈱入社、現在に至る。

図説 建築設備

2016年 9月15日　第1版第1刷発行
2017年10月20日　第2版第1刷発行
2023年 3月20日　第2版第4刷発行

監修者………村川三郎
編著者………芳村惠司、宇野朋子
著　者………田邊陽一、永村一雄
　　　　　　　ファーナム・クレイグ
　　　　　　　近本智行、李明香、坂本和彦
　　　　　　　中野幸夫、安藤康司
発行者………井口夏実
発行所………株式会社学芸出版社
　　　　　　　京都市下京区木津屋橋通西洞院東入
　　　　　　　電話 075-343-0811　〒600-8216
装　丁………KOTO DESIGN Inc. 山本剛史
印　刷………創栄図書印刷
製　本………山崎紙工

Ⓒ 芳村惠司・宇野朋子ほか 2016　　　　Printed in Japan
ISBN 978-4-7615-2628-3

JCOPY 〈(社)出版者著作権管理機構委託出版物〉
本書の無断複写（電子化を含む）は著作権法上での例外を除き禁じられています。複写される場合は、そのつど事前に、(社)出版者著作権管理機構（電話 03-5244-5088、FAX 03-5244-5089、e-mail: info@jcopy.or.jp）の許諾を得てください。
また本書を代行業者等の第三者に依頼してスキャンやデジタル化することは、たとえ個人や家庭内での利用でも著作権法違反です。